College(Un)bound:
The Future of Higher Education and What It Means for Students

カレッジ（アン）バウンド

米国高等教育の現状と近未来のパノラマ

Jeffrey J. Selingo
ジェフリー・J・セリンゴ 著

Miho Funamori
船守美穂 訳

東信堂

COLLEGE (UN)BOUND: The Future of Higher
Education and What It Means for Students
by Jeffrey J. Selingo
Copyright©2013 by Jeffrey J. Selingo
Published in the United States
by Amazon Publishing, 2013.
This edition made possible under a license arrangement
orginating with Amazon Publishing, www.apub.com
日本語版版権代理店：（株）イングリッシュエージェンシージャパン

Published by **TOSHINDO PUBLISHING CO., LTD.**
1-20-6, Mukougaoka, Bunkyo-ku, Tokyo, 113-0023, Japan

訳者はしがき

　本書は 2012 年、米国において大学授業料の高騰とそれに伴う学生ローンの増大が大きな社会問題となり、そして他方では、四年以内の大学卒業率が 4 割に満たず、大学の機能と効用について疑問の目が向けられた頃に執筆されました。米国経済は 2008 年のリーマンショックからまだ十分に回復しておらず、大学を卒業しても大卒に見合う職業に就けないために膨大な学生ローンの返済のみが大学卒業生を待ち受けるという事態も、こうした社会からの冷たい視線に追い打ちをかけました。米国では現在、若い世代の大学卒業率の国際ランキングが、親の世代のそれより低いことが問題となっています。この背景には、米国の学位取得率が他国に比べてもともと高かったなどの、近年大学が敬遠されつつあること以外の要因もありますが、こうした時代背景のもと、深刻に受け止められています。

　こうした状況に対して著者セリンゴ氏は、社会に有益な高度人材を送り出すとともに、個人には教育投資に見合うだけの豊かな人生を保証するはずの高等教育システムが破綻していると主張し、これを数多くの取材から得た学生のライフストーリーを本書にちりばめることにより、表現しています。大学を卒業しても借金地獄にあえぐ卒業生、中途退学を選択する学生、コミュニティ・カレッジにチャレンジする学生、オンライン教育も含めた複数の高等教育機関から単位を取得して学位を取得する学生など。それぞれのライフストーリーにのせて語られる学生の選択には、人生の選択としての重さが感じられます。その裏でセリンゴ氏は、厳しい大学経営を迫られ、サービス合戦や奨学金付与などにより、学生の獲得に腐心する大学を描き出しています。

　「カレッジ・（アン）バウンド（College (Un)bound）」というタイトルは、直訳するのであれば、「大学（解）放」です。高等教育が変革されることを通じて、大学が伝統的な高等教育とは別のかたちで存続することが想定されています。セリンゴ氏は特に、より社会にレレバントな大学教育が提供されることの必要性を指摘し、本書においていくつかの先駆的な大学の事例や当

該大学の学長との対話を紹介しています。大学が社会にレレバントな教育を提供することにより、社会に有用な人材が輩出され、卒業生が職を得ることが可能となる。それにより、社会における大学の存在の意味が再構築されることが期待されています。また学生の7割以上がノン・トラディショナル学生である状況下において、より流動的で弾力的な学修を可能とする大学教育も求められています。

　本書が執筆されたのが、大規模公開オンライン講座（MOOC）が世界の大学を席巻した元年にあたったこともあり、オンライン教育や付随する教育テクノロジーが、一つの解決の道筋として取り上げられています。オンライン教育は、学習の時間と場所に自由度を与えるため、働きながら学位取得を目指す社会人学生などに適しています。オンライン教育はまた、複数の大学から学位取得に必要な単位を獲得することや、学生一人一人の知識や学力に合わせた、パーソナル化した教育を提供することを可能とします。パーソナル化した教育は、学生が極度に多様化した高等教育ユニバーサル段階において、特に意味を持ちます。オンライン教育が十分に浸透していない日本からみると、これらは先進的すぎるイメージなのかもしれませんが、タイトルの「(Un)bound」に括弧が付いているのは、高等教育のこうした変化が、米国においても、伝統的な高等教育のかたちを残したかたちで緩やかに進むことが想定されているためです。

　セリンゴ氏は、高等教育クロニクル紙（Chronicle of Higher Education）の編集長であり、同誌にもたらされた情報から、高等教育を取り巻く環境の変化を読み取り、それを臨場感あふれる語り口で伝えています。本書は、大きくは三部構成となっており、第Ⅰ部では米国の高等教育の現状、第Ⅱ部では、この硬直した状況を打ち砕く可能性のある5つの破壊的力と教育テクノロジーの可能性、第Ⅲ部では現代に合致した新たな高等教育の形態を提示し、最後に多様な模索をする大学の事例を多数紹介しています。

　日本と米国の高等教育システムは、高等教育のマス化の進行や高等教育財政難などの共通する課題もある一方で、たとえば設置形態別にみた大学のあり方や教育テクノロジーの受容の度合いなど、異なる面も多々あり、本書で

紹介された米国における高等教育システムの破綻やそれに対する対応策などが、日本においてそのまま当てはめ可能なわけではありません。しかし日本の大学が類似の状況や岐路に立たされる可能性は高く、それなりに参考になると思われます。特に、本書にふんだんにちりばめられた、専門の学術書には見ない、学生や大学に関わる多数のエピソードが、高等教育の直面する課題を、現実味をもって検討させてくれることを期待しています。

　本書が、日本の高等教育の現状を再検討する際の参考となれば、幸甚です。

2018 年 4 月 10 日

船守美穂（訳者）

iv

目次／カレッジ（アン）バウンド──米国高等教育の現状と近未来のパノラマ

訳者はしがき　（i）

序 3
　ドロップアウトの危機　（5）
　リスクを厭う、自己満足の産業　（7）
　これからは皆が同じ経験をする訳ではない　（13）
　失われた10年　（14）

第Ⅰ部　どのようにしてこのようになったのか **17**
1. 信用保証に向けての激レース 18
　大学を売る　（20）
　隣人と張り合う　（28）
　世界で一番？　（35）

2. 消費者はいつも正しい 37
　誰しもがAを得るにふさわしい場所　（42）
　大学はなぜこんなにも高いのか？　（45）
　リゾート・キャンパス　（50）

3. 1兆ドルの問題 56
　安い授業料の日々は終わった　（61）
　学資援助を売る　（66）
　つじつまの合わない就職データ　（72）

第Ⅱ部　破壊 **77**
4. 高等教育を未来永劫変える5つの破壊的力 78
　2008年9月15日：終焉の始まり　（79）
　圧力1　赤字の海　（82）
　圧力2　州立大学において消えつつある州　（85）
　圧力3　授業料を満額支払う学生の供給が途絶えつつある　（88）
　圧力4　改善をみせるアンバンドル商品　（91）

目 次　v

　　圧力5　広がりつつある価値観のギャップ　（95）
　　大規模統合？　（97）

5.　パーソナル化された教育 ………………………………………………… 99
　　チューターがいつも見ている　（100）
　　入学における学生と大学のマッチメイキング　（104）
　　大学在学中、学生をより適切な進路へと誘導する　（108）

6.　オンライン革命 ………………………………………………………… 114
　　無償のエリート教育　（118）
　　講義室をなくす　（122）
　　学生のことを考えて科目をデザインする　（124）
　　オンライン、対面、両世界の組み合わせ　（126）
　　ハイブリッド・モデル——同程度に良いか、より速いぐらい？　（129）

第III部　未来 ……………………………………………………………… **133**

7.　学生の渦 ………………………………………………………………… 134
　　一人の学生と、多くの大学　（138）
　　座っている時間で学習時間を計る　（142）
　　既に知っていることに対して単位を得る　（147）

8.　価値の対価としての学位 ……………………………………………… 153
　　卒業生の収入により大学を選ぶ　（155）
　　大学の専攻は意味を持つのか？　（161）
　　大学に進学することだけが重要なのではない。大学を卒業することが重要である　（165）
　　究極の問い：質の高い高等教育とは何か？　（171）

9.　未来に必要なスキル …………………………………………………… 175
　　専攻をどのように選ぶか　（177）
　　科目は関係ない。認知的能力は関係ある　（182）
　　熱心な教員メンターを探そう　（184）
　　研究プロジェクトに没頭しよう　（185）
　　自分を変えてくれるグローバルな経験をしに行こう　（187）
　　クリエイティブになろう。リスクを取れ。失敗することを学ぼう　（188）
　　産業界のリーダーはリベラルアーツの価値を認める　（191）

vi

10. なぜ大学か?·····196

　　教育による階層化　（203）

結語·····208

　　アリゾナ州立大学の一つの未来　（208）

　　高等教育が未来に変わる5つの方向性　（211）

　　パーソナル化した教育　（213）

　　ハイブリッド授業　（214）

　　学位のアンバンドリング　（216）

　　流動的なタイムライン　（217）

　　大学を金銭的に見る　（218）

　　将来の学生　（220）

未来に向けて　（222）

　　ボール州立大学（インディアナ州）——学習における実用性を見る　（222）

　　ニューヨーク市立大学——新時代のコミュニティ・カレッジ　（224）

　　コーネル大学（ニューヨーク）——ビッグアップルに在する未来の大学　（225）

　　ドレクセル大学（ペンシルバニア州）——街を教室に　（227）

　　ジョージア州立大学——大学をより手に入れやすくする　（228）

　　ガウチャー大学（メリーランド州）——世界を体験するという条件　（229）

　　リン大学（フロリダ州）——大問題を探索する学部生　（231）

　　ノースイースタン大学（マサチューセッツ州）
　　　——代表的co-opプログラムのグローバル展開　（232）

　　ポートランド州立大学（オレゴン州）——都市再生の中心にて　（233）

　　セントメアリーズ・カレッジ（カリフォルニア州）
　　　——空き時間を利用する　（234）

　　サスケハナ大学（ペンシルバニア州）
　　　——学生を巻き込むための新しいカリキュラム　（236）

　　テュレーン大学（ルイジアナ州）
　　　——ハリケーンにより新しい経験が必要とされる　（237）

　　アイオワ大学——キャンパスにおける仕事を学習経験にする　（238）

　　ミネソタ大学ロチェスター校（UMR）——メイヨー・クリニックとの提携　（240）

目 次 vii

テキサス大学オースティン校──学習をゲームに転換する （242）

ウェイクフォレスト大学（ノースカロライナ州）
　──キャリア開発への着目 （243）

ウェイク・テクニカル・コミュニティ・カレッジ（ノースカロライナ州）
　──早期からの学位取得開始 （244）

ウェストミンスター・カレッジ（ユタ州）──履歴書への一瞥 （245）

ウースター工科大学（マサチューセッツ州）
　──プロジェクトベースの学位 （246）

未来のためのチェックリスト （248）

投資利益率（ROI）を計算しよう （248）

単位の持ち運び可能性を確認しよう （249）

大学はどの程度、テクノロジーに精通しているか？ （249）

大学の優先事項と学術的堅牢性についてセンスを持とう （250）

大学が学生の、第1ではなく、第5の職に向けて準備してくるかを確認しよう（251）

大学の財務的健全性を評価しよう （251）

謝辞 （253）

原注 （257）

データソース （267）

［解説］日本の高等教育に寄せて──訳者からのメッセージ （269）

本書の概要 （269）

日本で本書を読む意義 （271）

21 世紀高等教育に向けての模索 （279）

索引 （281）

著者紹介 （305）

カレッジ（アン）バウンド

米国高等教育の現状と近未来のパノラマ

序

　バーナーズビルはニュージャージー州北部、マンハッタンの中心街から35マイルほど離れたところにある19世紀植民地時代の家々の立ち並ぶ裕福な街である。小さな中心街とモダンな商店街もある。大学を卒業した者が移り住み、家庭を持ち、子どもが地域の運動場ですくすく育つのを眺め、そして子どもをバーナーズ高校卒業後に大学に送り込む、典型的なアメリカのベッドタウンである。

　豊富なアドバンスト・プレースメント科目[1]と、特別のインターナショナル・バカロレア2年制カリキュラムにより、750名の在校生を擁するこの街の高校は、全米でも最も優れた公立高校とみなされている。サマンサ・ディーツは2005年秋、この高校の最高学年になった。彼女はハーバード・モデル議会というディベートのクラブに在籍し、学生新聞でも活動をしていた。アドバンスト・プレースメントでは心理学をとり、そのほか英語、フランス語、環境科学などのインターナショナル・バカロレア科目も複数とった。GPAは3.9を維持した。そして、彼女の多くの同級生同様、卒業後は大学に進学予定であった。

　ディーツの家で大学に進学するのは、彼女が初めてであった。彼女の両親は、高卒であるにもかかわらず、堅実な技術職に就いていた。彼女の両親は彼女に大学進学を特別に押しつけることはなかったが、高校の先生やガイダンス・カウンセラーは四年制大学への進学を強く勧めた。このため彼女は6つの大学に願書を提出した──ニュージャージー州のラトガーズ大学、ド

---

1) アドバンスト・プレースメント科目（Advanced Placement Courses）：優秀な高校生が履修可能な大学レベルの科目

ルー大学、フェアリー・ディッキンソン大学、ニューヨーク州のホフストラ大学、ペンシルバニア州のアレグニー・カレッジとバックネル大学である。彼女は、補欠合格とされたバックネル大学以外は、全て合格した。

　春になり、大学を決める時期になると、ディーツは各大学からの学資援助のオファーを丁寧に吟味した。彼女にとっては、経済面のみが判断基準だった。フェアリー・ディッキンソン大学が最も多く、学資援助の提供を申し出ていた。ほぼ全てが奨学金で、後の返還が不要である。キャンパスは自宅から 20 分ほどのところにあり、自宅から通うことが可能なため、下宿費もかからない。フェアリー・ディッキンソン大学からのファイナンシャル・パッケージにより、当時 2.5 万ドルであった授業料の約半分を賄うことができる。決断は簡単であった。

　ディーツが見逃したのは、フェアリー・ディッキンソン大学の卒業率であった。6 年以内の卒業率が 2006 年に 38％のみで、他の候補となっていた大学より極めて低い水準であった。同じ地域のラトガーズ大学とドルー大学は 7 割以上の卒業率であった。フェアリー・ディッキンソン大学が大金を提供するといっても、ディーツが学位を取得できるチャンスは極めて低かった。

　大学に入学した初学期、彼女は科目を取れるだけ取った。さらに授業料を払うため、彼女は自宅近くのレストランでウェイトレスをし、レストランの切り盛りもした。毎晩、毎週末、彼女は毎週 25 時間働いた。「サンクスギビング[2]のころには、疲労困憊していました。一息入れる時間が全くなかったのです」と彼女は回顧する。大学では概ね順調で、ほぼ全ての科目で B を取得していた。「全く無意味なもののために、自分を殺しているような気分でした」と彼女は語る。「このお金は、貯金して、新しい生活を開始するのに使えるはずだったものです。レストランを切り盛りし、お店の会計や従業員の事まで対応していました。大学では実世界のことをほとんど学べないのに、こんなにも大金を払っていたのです」。

　追い打ちをかけるように、学期末に彼女が大学から受け取った通知には、ニュージャージー州の私立大学への補助が削減される危険性を通告していた。

---

　2)　サンクスギビング (Thanksgiving)：アメリカ合衆国の祝祭日で、11 月の第 4 木曜日に祝われる感謝祭。

危険なサインであった。来秋から授業料を更に多く払わなければいけない可能性が高いということである。

このため、彼女は大学からドロップアウトすることとした。

ドロップアウトの危機

サマンサ・ディーツの話は珍しいことではない。毎年40万人もの学生がドロップアウトするアメリカの高等教育に広く見られる、全米の傾向である[1]。

20世紀の大半、アメリカ合衆国は世界で最も優れたカレッジと大学[3]を有すると自慢していた——そして、それは正しかった。カレッジや大学が第二次世界大戦以降、退役兵を受け入れ、次世代を特徴づけることとなる分厚い中間層の形成に寄与していたころ、これら高等教育機関は世界の羨望の的であり、アメリカの威信のシンボルであった。これら機関は世界中から優秀な学生を惹きつけ、世界中で最も良い教育を受けた若いアメリカ人を卒業させていた。

今ではもうそうではない。過去30年間——そして特に新世紀の初めの10年間——アメリカの高等教育は失速した。最上位では、最もエリートで威信のある大学がまだ地位を堅持している——世界はまだハーバードやプリンストン、イエール、バークレー、スタンフォード、アマースト、ウィリアムズ、そして更に数十のブランド校に羨望のまなざしを向けている。

しかし、大多数のアメリカの学生が進学するカレッジや大学では授業料がコントロール不能なほどに高騰し、高等教育の生産性向上と低価格が要求される国際競争において、質はますます下がっている。大学に入学するアメリカ人学生のうち、学位取得に至るのは5割強のみである。裕福な諸国のなかでこれより低いのはイタリアだけだ。結果として、アメリカ若年層の高等教育卒業率は先進国中12位である[2]。ベビーブーム世代が退職するなか、こ

---

3) カレッジと大学（colleges and universities）：アメリカでは高等教育機関のことを総称して、この表現を用いる。全般に、カレッジは二年制のコミュニティ・カレッジやリベラルアーツ・カレッジ、大学は四年制の総合大学や大学院を擁する研究型大学であるが、厳密な使い分けはなく、大学の名称において逆に用いられている場合もある。本書では以降、単に「大学」とする。

の国は歴史上初めて、前の世代より教育水準の低い世代を有する危機に瀕している。
ているのである。

このような傾向は、米国経済にとって重大なリスクを意味する。大学卒業者が1ドルの収入を得るのに対して、学位を取得できず大学をドロップアウトした者は67セントしか稼げない。新世紀に入って、現在成人人口の約半数を占める高卒者の平均年収は1.9万ドルにまで大幅に下がった。これは、連邦政府の定める4人世帯の法廷貧困レベルより低い。学位を得るということは、若い人がアメリカンドリームを達成するという当たりくじを当てることにほかならない。四年制大学の資格証明は、貧困家庭の子どもが前進するための最善の――そしてもしかしたら唯一の――チケットなのである。高所得家庭（年収6.1万ドル以上）の子どもにとって学位は、最上位に上り詰める手段である。

ディーツがフェアリー・ディッキンソン大学を退学した4年後の2010年、彼女は近隣のラリタンバレー・コミュニティ・カレッジのクラスに登録した。それ以来彼女は一学期1科目、500ドルで履修している。彼女は高校のカウンセラーがコミュニティ・カレッジを勧めてくれれば良かったのにと思っている。しかしカウンセラーは、コミュニティ・カレッジは四年制大学に行けなかった人が行くところであると蔑んでいた。

ディーツは今24歳で、不動産会社で働いている。学位を要求されない職であるが、そのうち学位は取得しようと考えている。長期的に見ると学位を取得している方がメリットが高いという統計は聞いたが、現段階においてディーツは、大学に進学した高校の同級生より良い状態であると感じている。「彼らは大学を卒業して、私より酷い状態にあるわ」と彼女は語る。「彼らはまだウェイトレスやベビーシッターをしていて、学位を得ても、何も出来ていないのですもの。まだ家にいて、膨大な借金を抱えているの。私は遙かにいい生活を送っているわ」。

リスクを厭う、自己満足の産業

アメリカの高等教育は壊れている。

アメリカのもう一つの象徴であるデトロイトの自動車産業と同様に、高等教育産業も自信過剰で、変革に反対し、アカウンタビリティーに対して抵抗している。大学のリーダー達すら、我々が窮地に立っていると考えている。彼らの3分の1が、アメリカの高等教育が間違った方向に進んでいると証言している[3]。

2006年、アメリカの高等教育について検討をしていた連邦政府の委員会は一年がかりの検討の結果を最終報告としてまとめ、高等教育が自己満足に陥っていることについて警告を発した。「過去1年間の調査から、アメリカの高等教育がビジネスの世界で言うところの、成熟産業になったことが分かった。リスクを厭うようになり、時には自己満足に溺れ、そして不当に値段が高い」と述べる。「鉄道や製鉄産業など、自らの危機に直面しても自身を取り巻く世界の変化に対応できなかった、あるいは気づきもしなかった産業が、過去の歴史にはたくさんある」[4]。

高等教育界の変化は極めて緩やかである。アメリカの高等教育機関の多くは二世紀以上前に設立されており、さらに一握りの大学についてはアメリカ独立革命[4)]より以前に設立されている。大学において伝統は大事である。しかし一連の出来事──州立大学への州からの補助の縮小、連邦政府予算の膨大な赤字、世帯収入の縮小──が、新たなアプローチの検討の必要性を要求している。

変化に向けてのアイディアは、至る所にある。高等教育における変革のレポートや高等教育の将来に関する会議への招待状は、私のところに毎日のように舞い込んでくる。2012年4月、私はアリゾナ州立大学で開催された、この手の会議の最大級である教育イノベーション・サミットに参加した。

この会議は、「これに出席していなかった層」という意味で、特筆すべき

---

4) アメリカ独立革命（American Revolution）：18世紀後半に北アメリカの13の植民地が、独立戦争を経てイギリス帝国の植民地支配から脱却した。

であった。800 名ほどの参加者リストをざっと一覧したところ、ほとんど教育者がいなかったのである。学長、教授、そしてその他の大学キャンパスで仕事に忙殺されて毎日を過ごす人々は、会議に出席していなかった。

その代わりに、このアリゾナ州のスタートアップのオフィスパークで開催された会議には、教育面の企業家や CEO、そして投資家を惹き寄せていた。彼らは、教育の将来についての講演を聴き、そしてこの伝統に縛られた産業に大変革をもたらすと約束する、100 以上の企業のデモンストレーションを見に来ていた。

この会議で、軍隊の招集のような開会挨拶をしたのは、過去 10 年間の学長在任期で、活気のないアリゾナ州立大学を新しいアイディアの実験台へと変えた辣腕の変革リーダー、マイケル・クロー学長である。高等教育の病を聴衆に説明しながら、彼は最後にそれを、我々のほとんどが聞いたこともない言葉でまとめた――フィリオピエティズム[5]である。言い換えると、高等教育は伝統にしがみついている、ということである。大学に進学する学生は少ないし、卒業できる学生も少ないし、全般にお金がかかりすぎる。米国海軍軍人であった彼の父の言葉を借り、クローはこれを「あまりにも酷いパフォーマンス」であると称した。

クローは、その高等教育に対するビジネス的なアプローチから、学術界の一部からは蔑まれているが、この会議の聴衆からは共感を得た。ここの聴衆にとって、この時代遅れで伝統に固執する大学を改革し、そして勿論、そこから利益を同時に得る上で、学術の血統はまさに、不要なものである。投資家は未来の大学から儲けを得るために列を作って待っているのである。ベンチャーキャピタルは 2011 年に 4.29 兆ドルも教育関係の企業に投資をした。世界的な経済不況にもかかわらず同年、124 もの教育関係のスタートアップが資金を得た。これは、ドットコム・ブームのあった 1999 年以来の最高水準である。

高等教育を変革する新しいビジネスのアイディアは、高校生が大学に出願する方法（大学が未来の学生に、フェイスブックで「友達になりたい」とリクエス

---

5) フィリオピエティズム（filiopietism）：過剰な先祖崇拝。

トを出すなど）、科目の提供方法（一つのオンライン科目を15万人の学生が受講）、学生の資格認定方法（学位ではなく、ボーイスカウントに渡すようなバッジを考えて欲しい）など、広範に及ぶ。どの新しい方法も、この信用保証の市場で独占権を有し、それを維持したいという、伝統的な大学執行部の不安を高める。

　他の産業では「変革をしない者はビジネスから立ち去る」、と緯度90度のスコットデールの太陽の下で、ジェニファー・フリーモント - スミスはプログラムの合間に私に伝えた。彼女は、ソーシャル・メディアからマイクロソフト・オフィスのプログラムまで、必要な技術スキルを認証するための技術を提供する、ボストンにあるスタートアップであるスマートラー社の共同創立者である。「高等教育も同様であるべきである」と彼女は付け加えた。

　過去20年間の技術進展にもかかわらず、大学教育の提供方法に関わる変革はまだ端緒についたばかりである。大部分において今日の、キャンパスのある大学における生活は、10－20年前と変わらない——教室、寮、食堂、そして中庭 6)。ノート型パソコンやiPadが大学の講義室でユビキタスに使えるようになり、科目をオンラインで履修できるようになり、食堂には寿司があり、ほぼ誰もがスマホを持つようになったにもかかわらず、大学に通学し、幅広い教育を受けたり、専門職のトレーニングを受けたりという、基本的な図式の大部分は変わっていない。

　少なくとも現段階では。

　研究や発見、学生の成長を導くなど、大学には多くの目的がある。情報の伝達は、大学の根幹的な目的の一つである。そして近年、音楽からジャーナリズムに至る、長い伝統を有するコンテンツ・プロバイダーは、技術の進展によって変容し、中間業者の衰退を生んだ——レコード店、新聞、書店、出版社などである。次は大学の番か？伝統的な大学モデルが崩壊するだろうという噂が高等教育界の一角で最高潮を迎えた——iTunesが我々が音楽を購入する方法を永久的に変えたのと同様、学位取得のモデルを変革できるとされるニュースを見ない日はないぐらいである。

　もし全ての変革に転換点というものがあるとしたら、高等教育にとっての

---

6)　中庭（quad）：四方を大学の建物で囲まれた中庭。伝統的な大学建築に多い。

それは 2011 年の秋であったのかもしれない。スタンフォード大学のセバスチャン・スラン教授と、グーグルのリサーチ・ディレクターであるピーター・ノーヴィグが、人工知能に関する大学院科目を無料でオンライン上に提供した。500 － 1000 名程度の学生が受講すると想定されていた。しかし実際には 190 カ国から 16 万人が受講し、この試みは「大規模公開オンライン講座（MOOC）」の名称を得た。講座を修了した 2.2 万人の学生は公式の修了証を得た。スラン教授は完全正答もしくはほぼ完全正答であった上位 1000 名について履歴書を送るように促した。最上位の学生をシリコンバレーのテクノロジー企業に送ると約束したのだ。講座が終了するとスラン教授は、低価格でオンライン講座を提供する企業「Udacity（ユダシティ）」を立ち上げた。

　同年の秋に別のスタンフォード大学教授 2 名がオンライン講座を世界に発信し、20 万人の学生を惹きつけた。スタンフォード大学の講座の成功は、MIT、カリフォルニア大学バークレー校、ペンシルバニア大学、ミシガン大学、プリンストン大学、その他数十の大学の参加を誘発した——これらの大学も、自身のブランド力のある教育を世界に向けて大規模に発信する、というのである。このような試みの一つである Coursera（コーセラ）は、一年もしないうちに 30 以上の大学とともに 215 の講座を提供し、250 万人もの受講者の登録を得た。

　同時に、大学学位を実質的に低価格に提供する、という新しいアイディアが生まれた。これについて特徴的な取り組みをしたのは北テキサス大学である。同大学では執行部がベイン・アンド・カンパニーという、アメリカの企業の業務改革を支援することで有名なマネジメントのコンサルティング企業を呼び、ダラスにある分校の将来設計の支援を依頼した。ベイン社は、専攻の数を地域経済に関係あるものに絞り込み（ビジネスや情報科学など）、科目を一年中提供し、科目提供をハイブリッド化（オンライン科目と対面教育のコンビネーション）することを提案した。規定年限内に卒業する学生にとって、学士号は 1.8 万ドルとなる。

　北テキサス大学の事例やスラン教授の大規模オンライン講座はまさに、クレイ・クリステンセン教授が描き出す「伝統的な高等教育を覆す破壊的力」

である。ハーバード大学ビジネススクール教授であるクリステンセン教授
は、「破壊的イノベーション理論」の生みの親であり、最もオリジナルな新
しい商品が市場の底辺で生まれ、徐々に市場内を上昇し、最終的には確立し
ていた市場のプレーヤーを代替すると主張する。携帯電話は固定電話を、デ
ジカメはフィルムを代替した。この理論に基づき、クリステンセンはいくつ
ものベストセラーを執筆している。彼は高等教育がこのような変革に次に晒
されるだけ十分成熟していると確信しており、その主張を『革新的大学（The
Innovative University）』にしたためた。その夏、彼が企画した高等教育の次な
る変革に関する一日のセミナーで、私は彼に会った。「高等教育のコストが
法外に高いものとなったため、新しいモデルが必要とされている」と彼は語っ
た。「そしてイノベーションの歴史からすると、そのような変革は、高等教
育界の内部からは来ない。新規参入者から来る」。

　記者として私はこれまで何度も、将来来るであろう変革について聞いてき
たが、何も起きなかった。1970年代から10年ごとに、多くの場合、大学へ
の進学の意義に疑問が呈せられるような大不況の時期に、高等教育の終焉が
予言された。1976年、ニューズウィーク誌は、角帽とガウンを着用した大
学卒業生2名がシャベルと削岩機を持つ姿を表紙とし、評判となった。見出
しは、「大学は誰にとって必要か？（Who Needs College?）」であった。

　勿論、この予言は今から見ると大袈裟すぎ、現在の大学執行部に過信を与
えるものである。真実は実際には、我々が変革のスピードを過大評価しすぎ
る一方で、その影響の範囲を過小評価しすぎるということであろう。

　高等教育の変革の機はすでに熟している。すでにアメリカ人の10人中8
人が高等教育を受け、更に多くの学生が入学しようとしているのにもかかわ
らず、州政府は高等教育への財政支援を徐々に削減し、州立大学を金集めに
奔走させている。見方によっては、州の納税者による高等教育への財政支援
は、現在から1600万人も在学生が少なかった、1965年以来の低さである[5]。
学生の借金は総額3兆ドルを超え、1970年代終わり頃から四年制大学の年
間コストはインフレ率の3倍の速さで伸びた。2011年だけでも約1100億ド
ルもの学生ローンが借りられた。現在約5000万人ものアメリカ人がなんら

かの学生ローンを抱えている。これはメディケア[7]を得ている人口より少し多く、社会保障給付金を得ている人口と同じ規模である。

学生ローン借金の大規模な急上昇は、過去15年に見られるテクノロジー関連株や住宅のバブルを彷彿させる。次にバブルがはじけるのは高等教育ではないか？一部のエコノミストは、不動産や株は転売の際に人々が購入できない、もしくは購入したくない場合、横転し価値を失うが、学位はそのようなものではない、とこのような考えを却下する。しかし学生が一部の大学からの学位を過大評価すれば、ある種のバブルは存在する——そして、私はそのようなことが既に起きていると確信している。学位の価値は多くの場合、卒業生が得るサラリーで測られる。特にエリート大学の卒業生が、ウォール街の銀行やコンサルティング企業の高給の職を得る場合はそうである。しかしこのような企業はトップの大学の卒業生しかリクルートしない。ということは、どうでもよい「名無しの大学」の学位は年間5万ドルの価値があるだろうか？学位を得るのに3－4万ドルの借金をし、挙げ句の果て、良い就職口を得るのが困難であっても？

近年の大学卒業生の膨大な借金は、いいニュースのネタにはなるが、大学教育が個人が投資して獲得する私財であるとの見方を基本的にはする社会や政治家には、ため息がでるほどの影響力しかない。ある州の卒業生の平均的な借金が2.5万ドル超えたことについて、これを問題と考えるかどうか、ある州議会議員に私が質問したところ、「それがどうかしたのか？それは新車の値段と同じだ」との回答が返ってきた。しかしその新車のボンネットの下で、高等教育を得た者と得ていない者との間の格差を拡大させつつある、大きな社会の転換が起きつつあるのである。最も裕福な大学は、高校と同程度しか教育予算のない、それほど裕福ではない大学に比べて、一学生あたり1万ドルも多く、教育にお金をかけているのである。高校以降の高等教育がより多く必要とされているこの時期に、エリート大学は更に排他的になり、しかも誇らしげに、多数の応募者からますます少ない率しか、学生を毎春受け入れなくなっている（2012年、ハーバード大学は10人中9人の応募者を却下した

---

7)　メディケア（Medicare）：連邦政府の所管する、高齢者および障害者向け公的医療保険制度。

が、そのうち少なくとも 1800 名は高校卒業生総代であった）[6]。2010 年の難関上位 200 校の入学者のうち、アメリカ人の年収が平均以下の世帯（6.5 万ドル以下）の学生は、15％しかいなかった。これら大学の学生の 10 人中 7 人弱は、年収上位のグループ（10.8 万ドル以上）から来る[7]。

　この結果、米国の高等教育システムは能力主義から離れつつある。過去 10 年で、最裕福な家庭の学生の学士号取得率は 82％となり、最貧困家庭については 8％にまで落ちた。

これからは皆が同じ経験をする訳ではない

　18 年前、ちょうどインターネットが開始したところ、私はイサカ・カレッジという、在学生 6000 名の典型的な、寄宿制大学を卒業した（第三学年になるまでは電子メールのアドレスすらなかった）。今から 16 年後、私の一番下の娘が大学に入学することになるが、彼女が大学でどのような経験をすることになるかは、想像の域をでない。私が本書の執筆を思い立ったのは、学位取得までの多様な道筋を学生に示すとともに、私のような親御さんが、高等教育の将来に関する過剰宣伝と現実の区別を付けられるようにするためである。

　クレイ・クリステンセン信奉者——「破壊者（disrupter）」と呼ばれる——のように、大学の多くが将来、雲散霧消し、オンラインの模造品に代替されるとは、私は思っていない。無論、私の推測では、米国の 4000 超の大学のうち本当に安全なのは、安定した財源があったり、巨額の基金を有していたりする、500 程度の大学である。

　新聞や書店と異なり大学は、政府からの巨額な補助金や複雑な規制環境により市場の力から守られており、新聞をビジネスから追放したウェブページのように、自宅から大学を簡単に新設することはできない。これからの 10 年で数千の大学が逼迫した財政から閉鎖や統合を余儀なくされるとしても、大部分の大学は環境に適応するだろう。大学は都市と同じようなものである、とこの本を執筆する過程で多くの人が私に指摘した。大学は変化とともに、その過程で必死の努力をすることとなるが、基本的には発展する。

もしあなたが大学を卒業した親なのであれば、子どもが同じ道を辿ると想定するべきでない。技術革新により、大学の学位を得る選択肢が増えたのである。大学教育はどのようなものであるべきか、という共通認識はこの国にはすでにない。大学生という概念すら、単一の方法で表現することができない。私達が想像する 18 − 24 歳の典型的な大学生は、全米大学の入学生の 3 分の 1 より少し多い程度しかいないのである。大学生はそれぞれに異なる関心と学習スタイルを有し、このため一部の学生には四年制のリベラルアーツ・カレッジが適しているが、たとえば働いている社会人にとっては、オンライン学位の方がより良い選択なのである。

我々はアメリカの高等教育が一つの統合的なシステムだと思いがちであるが、統一している点など、どこにもないのである。カレッジや大学は幅広い多様な教育や社会サービスを一つのパッケージとして束ね、多くの場合、これを一つの物理的な場で提供する。この仕組みは持続不能な財務モデルのもと、崩壊しつつある。

それに代わり、複数のプロバイダが出現しつつある。この新たな競争相手を前に、一部の伝統的な高等教育機関はそのモデルを再構築しようとしている。そのような大学の一つにカーネギーメロン大学がある。ここでは特定の学問分野の教授と、学生の学習方法についての科学に長けた研究者がチームを組み、精巧なオンライン教育科目を構築した。これらオンライン科目は、カレッジや大学の教室におけるコンテンツの提供方法を変革しつつある。

情報提供と利用に関する技術革新により、高等教育の恩恵をより広範に、かつコスト削減をして、浸透させることが可能となった。同時に、全ての問題にこの技術をソリューションとして用いようとすることで、民主社会における生産的な市民を育成するための「全人的教育」を提供するという、高等教育の決定的に重要な役割が危機に瀕している。

失われた 10 年

本書は高等教育の将来に関するものである。第Ⅰ部では、どうして現在

のような状況になったかを説明する。しかし包括的な歴史を示すわけではない。実際、米国の高等教育が方向を失い、競争に勝ちランキングで上昇したいという、大学執行部のエゴにより破壊されたのはここ過去 10 年である、と私は確信している。私は 1999 － 2009 年を「失われた 10 年（The Lost Decade）」と呼んでいる。この 10 年は高校卒業生の拡大とともに、大学の次なる破局に向けての準備期間となった——政府補助の縮小と、学力は欠乏しているがより多くの学資援助を必要としている、多様な学生の拡大である。ドットコム・ブームのデイトレーダーや不動産バブルのときに不動産転がしをした人達と同様、大学執行部はこの期間、優秀な学生を追い求め、これら学生を競争大学から奪い取るために奨学金をふんだんに浴びせかけ、真の学習には全くつながらない豪勢な学生寮やレクリエーション施設、その他のアメニティを建設するのに、借金地獄にはまっていった。この失われた 10 年では「より多く（more）」が従うべき原則であった——より多くの建物、より多くの専攻、より多くの学生、より多くの科目、より多くの授業料。このような大事業を継続運行する授業料収入を獲得しつづけるために、社会で働くのに必要な厳格な学位プログラムを学生に提供するのではなく、学生を喜ばせ、おだてられる消費者のように扱った。「より多く」の時代はようやく終わりを迎えつつある。2008 年の金融危機以降、その兆候は見られるようになり、現在では「破壊者」が大学を車のバックミラーですでに見られるようになっている。

　本書後半では、伝統的な大学がどのように解体されつつあるかを紹介する——学生は 4 年間のキャンパスやその機能、1 セメスター 15 週間の科目や専攻、全員共通のパッケージに、つなぎ止められなくなってきている。ケーブルテレビの番組やチャンネルのパッケージを、自分の好みで選び組み合わせることができるようになった状態をイメージして欲しい。この後半の章では、学位取得の新しい道筋を提供する、キャンパスツアーに出かける。大規模オンライン講座の内部に皆さんを誘う。大学間で編入することで学位を取得する学生の渦にも入り込む。学生が自分のペースで学び、ある概念をマスターしたら修了証を得られる、コンピテンシーベースド教育の概念も説明す

る。教授が授業を反転することで伝統的な講義を改善しているのも観ること
となる。またオンライン科目やハイブリッド科目などのその他の方法も紹介
する。それでもやはり伝統的な高等教育の方法に関心を有する人には、投資
に対する見返りを比較する方法と、私立大学における 20 万ドルの学士号の
価値を見いだす方法を紹介する。最後の瞬間まで問われることの少ない、学
生の大事な決断も吟味する――まだ存在しないが経済界において将来最も急
拡大する、職につながる専攻の選び方である。個別の大学選びのガイドをす
る訳ではないが、本書では新しい発想で実験的取り組みをしている大学や、
まさに今未来が開けつつある大学のプロファイルを見ることとなる。

　本書を通じて私は、大学選びにあたり何をどのように学びたいか、将来の
何に向けて教育を受けたいかを明確にすることの方が、大学見学をすること
より重要であることを主張する。キャンパスツアーでは安っぽい装飾品が強
調される――素敵な学生寮、フリークライミング用の壁、テクノロジーのつ
まった教室など。そのようなもので惑わされてはいけない。賢い学生は教育
の質、単位の携行可能性、就職市場で役立つ学位やその他の信用の価値に注
意を向けるべきである。より多くの学生や親がこれらの事項について問いた
だすと、より多くの大学がこれらに注意を払うようになり、結果として、長
い目で見れば、アメリカの高等教育システムはより成功するであろう。

第 I 部

どのようにしてこのようになったのか

1. 信用保証に向けての激レース

　ニューヨーク市は金融、メディア、出版のセンターであると宣言している。しかし経済は技術革新の上に成り立っているため、マイケル・ブルームバーグ市長はある重要な要素を逃していると感じている——世界レベルの科学と工学の大学である。

　2010年末、市長はこれを変えることとした。ニューヨーク市に新しいキャンパスを建設する大学に一等地と1億ドルを提供すると発表したのだ。この発表は世界中の十数のトップ大学の間で総力戦を引き起こした。競争に参加していたのはスタンフォード大学、コーネル大学、カーネギーメロン大学、トロント大学、インド工科大学などである。スタンフォード大学のジョン・ヘネシー学長は提案書に付した手紙のなかで、新しいキャンパスが「ニューヨーク市をテクノロジーのリーダーの地位につけ、その経済基盤を多様化するポテンシャルがある」とした。スタンフォード大学と他の大学は、向こう30年間にわたる20億ドルもの新しい建設と、卒業生2000名の職をもたらすアイディアを売り込んだ。

　最終的にコーネル大学が、新しい自動車産業やスポーツチームを釣り上げようとしているかのような市のコンテストを、威風堂々と勝ち取った。ニューヨーク市にとって、経済、都市、文化の意味合いは同じぐらい高かった。大学が彷彿させる、涙を誘うようなノスタルジックなイメージ——木陰のある中庭、アイビーに覆われたネオゴシック建築、秋のフットボールの週末——にもかかわらず、米国の高等教育は過去20年間で巨大産業へと実際には発展しているのである。数字に目を向けて欲しい。現在、アメリカにはハーバード大学を頂点に、5300もの大学があるのである。それらは毎年4900億ドル

もの収入をもたらす。350万人もの雇用を生み、9900億ドルの資産を現金、投資、小都市のようなキャンパスとして、保有している。そして毎年財やサービス、人に4400億ドルもお金をかける。

　大学の影響力は勿論、金や人を越えたところにもある。アメリカの高等教育は、ニュース・メディアで頻繁に取り上げられる研究や専門家を通じて、世論を形成をする。学長や著名教授などの大学のリーダーは、政治家や企業のCEO、有名な記者などの高級サークルのなかを行き来する。「ウォール街を占拠せよ[1]」抗議運動のとき、ニューヨーク・タイムズにアメリカで年収上位1％にいる者のチャートが示された[1]。これには9300名の大学管理職と31672名の大学教授が含まれていた。これは病院管理者と会計士と同等の数である。勿論、どの大学長もが100万ドルを稼ぐ訳ではないし（45名のみである）、全ての教授が快適な職を得ている訳ではない（四年制大学の教授の25％しかテニュア[2]を有していない）。しかしトップにいる者にとって、アメリカの高等教育の職が、初等中等教育段階における職より、富と名声をもたらすことは間違いない。初等中等教育で全米年収トップ層のなかにいる者は1％に満たない。

　アメリカの多くの市町村で大学はトップ企業として、その地域の製造業や民間のビジネスにとって替わってきた。アメリカのビジネスの肖像ともされるコダックやゼロックス、ボシュロムなどの企業を生み出してきた町、ニューヨーク州ロチェスターでは、ロチェスター大学が2万人もの雇用を生む最大の雇用者である。フィラデルフィアからシャーロットに至るまで、これらの都市は自身を「医療と教育」天国として売り出している。他の産業、そしてより重要なのは、大学教育を受けた住民（勿論、高サラリー取得者である）を呼び込むためである。

　高等教育は、アメリカ大都市圏経済の要である――しかし一方でアメリカ大都市圏は、それ以外の米国の地域や都市からかけ離れつつある。大学卒業

---

　1)　ウォール街を占拠せよ（Occupy Wall Street）：社会・経済的不平等、拝金主義、汚職、企業、特に金融機関と政府との結びつき等に抗議をし、2011年9月17日にニューヨーク市ウォール街で開始した抗議運動。「我々は残りの99％だ（We are the 99％）」と、資産が増え続けている上位1パーセントの富裕層を批判した。
　2)　テニュア（tenure）：大学教員としての終身の地位保証。

生はこれまでにないほど、ごく少数の大都市に集中している——教育水準の最も高い都市と、最も低い都市との差は、1970年時点から倍に開いた[2]。アリゾナ州メサ（フェニックスの郊外にある、アトランタより人口規模の大きい都市）、セント・ルイス、そしてミネアポリスは、ニューヨーク市に倣い、大学誘致を開始した。メサ市長スコット・スミスは語る「自身と同じような都市をみると、教育だけでなく医療やビジネスなども含め、色々な機関が多様なサービスやオプションを提供しているのがわかる」[3]。これまでにミズーリ州はウェストミンスター・カレッジ、イリノイ州はベネディクティン大学、ペンシルバニア州はウィルクス大学の分校を設置した。

　現代版の製鉄所や自動車工場になるのにはコストがかかる。大学が都市や地域経済の中心的な役割を占めるようになるにつれ、大学はその当初の基本的な使命——学生を教育し、次なる大発見のための研究をすること——を見失った。かつてないほどアメリカの大学はあらゆるビジネス、ただし教育以外、に関わっているようだ。エンターテインメント、住宅、レストラン、レクリエーション、そして一部のキャンパスではプロのスポーツチームなどのビジネスに関わっている。大学が過去10年で企業的になるにつれ、大学はフォーチュン500社のように振る舞うようになった。執行部の給与は急騰し、理事会メンバーは高等教育に関わる知見ではなく、産業界とのつながりを基準に選ばれるようになった。大学は学生を消費者とみなし、学位プログラムを商品として売り込むようになった。

大学を売る

　ザキヤ・マワッキルはそのような消費者の一人で、偉大なる学位取得レースの参加者でもあった。フロリダ州ジャクソンヴィル生まれで、哲学と宗教の学士を得て、フロリダA&M大学を2003年に卒業した。当初はロースクールに進学のつもりでこれらの分野を専攻したが、四年生になり、考えを変えた。「ロースクールは自分に合っていない」と感じた。それでも彼女のメンターやアドバイザーは、就職に有利になるように、大学院に進学することを勧め

た。翌年、マワッキルはフォーダム大学で平和と平等の分野で修士号を得て、ニューヨーク市の非営利団体に職を得た。職を得ても彼女はより良い職を求めて求職していたが、探しても、誰にでもできる仕事か、十分の給与水準ではない職しかないことに気がついた。「さらに学歴を付けたら、より良い職に就けるに違いないと思った」と彼女は語る。

　マワッキルはコロンビア大学ティーチャーズ・カレッジに入学し、国際開発分野の修士号を得た。その後、フォーダム大学の博士号を 2010 年に取得した。マワッキルは現在ジャクソンヴィルに戻り、地域のカレッジにおいてパートタイムで教えている。10 万ドル以上の学生ローンを抱え、今になって自身の判断の一部を後悔している。就職活動先で助言されるのは、取得した学位の一部を履歴書に記載しないことである。「高学歴に見えすぎる、と言われるの」と彼女は語った。

　ニューヨークに住んでいたとき、マワッキルは学位プログラムの宣伝をたくさん浴びせかけられた。近年どこに行くにも、大学の宣伝を見たり聞いたりしない日はない。デンバー国際空港のコンコース B で目の当たりにする広告は一つおきに、高等教育機関のものである——コロラド州立大学、ワイオミング大学、コロラド・メサ・カレッジ、そして北コロラド大学である。機内の雑誌は、エグゼクティブ向けの MBA プログラムの宣伝でいっぱいだ。ワシントン DC のニュース専門のラジオ・ステーションでは、メリーランド大学キャンパスからサイバーセキュリティをもって提供される学位について、最低でも一時間に一回聞くことになる。日曜日の新聞は、社会メディアやサステイナビリティなどの最新のホットな職のための修了認定プログラムの詳細で、満たされている。グーグルでメール・チェックをしている人は、サザン・ニューハンプシャー大学のクリエイティブ・ライティング・プログラムか、ジョージ・ワシントン大学の政治マネジメント学位の広告を見ることになる。

　大学は、歯磨きや映画、自動車などのマーケティングで用いられている販売手法を、採用した。大学は近年徐々に、ブランド・キャンペーンのために巨額を費やし、将来の学生に自身の商品を売り込むようになっている。

アメリカン大学は自身を「アメリカのガリ勉屋の家（Home of the American Wonk）」というブランドとして印象づけるために、67.5万ドルを費やした。メリーランド州のロヨラ・カレッジは、自身のマーケティング・キャンペーンに100万ドル近くを費やした。ボストン大学は、自身のブランド・イメージを世界レベルの研究型大学として地元や地域の学校に焼き付けるために、約50万ドルを費やした。

　これらキャンペーンの一義的な目的と広告全般の拡大は、学位プログラムや大学を競争相手から差別化するためであるとマーケティング担当は言うが、こうしたプロモーションは都合の良い副産物を生んだ——大学学位に対するほぼ飽くことのない要求である。過去10年は、高等教育のあらゆるレベルで、学生数の急拡大が見られた——学部、大学院、専門職大学院である。現在、1800万人以上の学生が二年制あるいは四年制の大学に在籍しており、これに加えて更に290万人もの学生がロースクール、メディカルスクール、ビジネススクールに在籍している。これらは合わせると1990年代後半の在籍者数の3分の1に匹敵するほど、拡大している。

　過去10年の拡大の一部は、高等教育適齢期のアメリカ人により支えられた。しかし真の拡大は、厳しい就職市場において少しでも有利になるために、より多くの学位を取得するための競争による。無職の者や先のない職に就いている者にとって、大学から途切れることなく流れてくる宣伝の集中砲火は、就職における人事調書の束において、優位に立つ手段に見えた。成功のシンボルかつ第二次世界大戦以降の中流階級へのチケットであった学士号は徐々に、高校の卒業証書になり下がってきた。学位取得者の人数は膨れあがり、学位を必要としない職においても学位取得者がいるようになった。2008年に、単純事務またはセールスの職の5人に1人は学位を保有していた。サービス・ワーカーの1割、労働者の20人のうち1人が学位取得者であった[4]。

　大学はこの需要に対して、大量の新しい専攻をもって飛びついてきた。米国教育省が2010年に、多くの高等教育調査に用いてられている学位プログラム一覧を更新した際、10年前の1400プログラムに新たに300専攻が付け加わった。新たに加わったものの3分の1は二つの分野のみに集中してい

た。ヘルス職と軍事技術／応用科学である。その他急速に伸びつつある分野には、生物／生物科学と外国語／言語学がある。後者は 2001 年 9 月 11 日の同時多発テロの影響によるものかもしれない。1990 年代も専攻数において、同様の伸びが見られた。実際、今日の学位プログラム一覧の 10 中 4 専攻は、1990 年には存在しなかった。

　今日のほぼ全ての大学の学部教育プログラムに、これら新しい専攻は認められる。ボストン郊外にある在学生 1600 名のキャンパス、レセル・カレッジを見てみよう。一般的な歴史学、英文学、社会学の専攻に加えて、身体トレーニング、スポーツ管理、グラフィック・デザインの学位プログラムがある。これら専攻が職業訓練のような名称であり、4 年間の学費に 10 万ドル以上を負担する両親や、学生の今日のキャリアに対する意識の高さにより創設されたものであることを、レセル・カレッジの学術担当副学長ジム・オストロフは認める。投資に対して明確なリターンが必要とされているのである。「スポーツ管理の学位の職業訓練の度合いは、英文学と同程度である」オストロフは語る。「ライティングやオーラル・プレゼンテーション、クリティカル・シンキングを醸成するリベラルアーツを犠牲にするつもりはない。教養のある市民にとってこれは重要であるし、雇用主が欲するものでもある」。

　インターネットや技術によって変化をとげた現在の経済からしても、この大量の専攻の種類の拡大は驚異的にみえる。現在の労働力をみたときに、スポーツ管理やビデオゲーム・デザイン、アントレプレナーシップの学位や、大学院以上の学位を有している人は、ほとんどいない。ではなぜ、そのような学位が今必要なのか？

　もっとも一般的な回答は、雇用側がより特定で技術的なスキルを有する卒業生を欲しているので、これに応えるために大学が新しい専攻を創設したということであろう。以前はある業界に入ってから、郵便対応から管理者、CEO オフィスへとポストを上昇していくことができたと、労働エコノミストであるアンソニー・カーネベルは語る。ビジネス界にはジャック・ウェルチやボブ・アイガーのような成功物語（それぞれ GE とウォルト・ディズニーの底辺から始め、CEO にまでなった）であふれている。他方、今日、どの企業

の職においても、求められる専門的知識が多いため、一つの職種を選んだら、同じ職種で異なる業界を渡り歩くのが一般的となっている。「我々は職種のタコツボのなかで働いている」とジョージタウン大学の教育と労働力センター長でもあったカーネベルは語る。「ある職種で仕事をしだすと、再教育を受けずに異なる職種に替わるのは、もうほぼ不可能である」。

　勿論、雇用者のために専攻を立てるということは、大学側が卒業生に対する雇用者側の要求を知っており、それらニーズに迅速に対応できるということを、前提としている。しかし少し穿った見方をするのであれば、ブランドが需要を引き起こすために新しい商品を必要としているように（iPod、ジレットのフュージョン・カミソリ、新しい車のモデルなどを考えてほしい）、大学も競争相手に対して目立ち、学生を惹きつけられるように、新しい学位プログラムを必要としているのではないか。「これは単に収入拡大のための競争なのだ」とオハイオ大学の経済学教授であり、「大学の負担可能性と生産性センター」のセンター長であるリチャード・ヴェッダー教授は主張する。「こうしたプログラムを創設しているのは、ハーバード大学やイエール大学、プリンストン大学ではないのである。こうしたプログラムは、収入源獲得に必死な大学に最も多く見られるのだ」。

　ヴェッダー教授は大学の運営のあり方に対して批判的見解を述べることで知られており、高等教育の将来について検討を行ったジョージ・W・ブッシュ政権第2期の連邦政府委員会で委員を務めた。ヴェッダー教授と話した数日後、地元紙の広告が私の注意を惹いた「あなたのアイディア？私たちのプログラムが答えです。考える人、行動する人、クリエイター、起業家、企業内事業家を求めています。メディア・アントレプレナーシップ修士号に即座、ご応募下さい。20ヶ月のエグゼクティブ向けプログラム。土曜日と平日夜間のみです」。このアメリカン大学のプログラムは、コミュニケーションの分野において職が僅少の時期において、コミュニケーションの学位に対する需要を喚起するために作られた新商品として、好例である。しかし、生まれながらの資質であるリスクテイクが大部分を占めるはずの企業家精神というのは、どのように学習するのだろうか？またメディアの動向を注視して

いる洞察力のある観察者すらこの業界のデジタルの将来を予言できないこの時期に、メディアの企業家精神というのは、どのように教授するのだろうか？

このようなプログラムにどのような学生が応募し、どのような質問をするかを見るために、私はアメリカン大学の説明会に出かけた。コミュニケーションの修士プログラムのためのオープンハウスで、ある晴れた5月の朝、二十数名の希望者が、この学位に関する熱弁を聴きにやってきた。最終的にわれわれはプログラムごとに少人数グループに分けられ、我々7名のグループは新設のメディア・アントレプレナー学位について更に説明を受けるために、地下の教室に向かった。プログラム創設者の一人であるエイミー・アイスマンは、この学位プログラムが2年間の計画や多様な承認のすえ、数ヶ月前に大学理事会の承認を得たことを説明した。全米で二つしかないプログラムの一つであるという。「これまで、とても多くの方から関心を寄せていただきました」と彼女は説明した。そして我々は部屋を一巡し、お互い自己紹介をした。入学希望者のほとんどは20代後半から30代前半のようであった。多くが職に就いていたが、更にスキルを獲得して群を抜き、出世しようとした。ほとんどの者が新規事業のアイディアを有しており、この学位プログラムがそのアイディアをさらに前に進めてくれると期待していた。

アイスマンは学位取得に必要となる10の科目を説明した——ビジネススクールとコミュニケーションなどの科目の組み合わせで、20ヶ月かけて夜間や週末に履修しなくてはならないというものである。最後の科目は卒業制作で、「潜在的な投資家や産業界のリーダーのパネル」の前で、学生がプロジェクトまたはプロポーザルを披露する、と彼女は説明した。しかし、「潜在的投資家」が実際に投資をするためにいるわけではない、と注意深く付け加えた。自身のビジネス・アイディアで賞金を得る抜群の機会である、と学生が誤解しないためにだ——これは全米で人気の高い「アメリカン・アイドル[3]」というテレビ番組ではない。次は質問タイムで、履修できる科目について多くの質問が寄せられた。履修科目一覧に載っていないビジネス科目やコミュ

---

3) 「アメリカン・アイドル」（"American Idol"）：全米規模で行なわれるアイドルオーディション番組で、高い人気を誇っている。

26　第 I 部　どのようにしてこのようになったのか

ニケーションの科目を取りたい学生がいた。自分のニーズに合わせて科目履修をするために、アラ・カルトのメニューが欲しいのである。今は iTunes から楽曲を一つだけ買える 2012 年なのだ。これらの入学希望者は、ビジネス系あるいは法学の科目を数コマだけ履修する、あるいは自分のアイディアに授業料分の額を投資する方が本当は良いのだろうが、そうしたのでは学位という信用保証が得られないのである。45 分の質問タイムが終了しても、誰も費用について質問しなかった。このため、大学側が配布した資料やパンフレットを確認したところ、探していたものを見つけた。授業料が単位時間あたりで記載されていたが、簡単な計算で最低でも 41,970 ドルがかかることが分かった。更に諸経費がかかり、合計はらくに 4.2 万ドルを超える。

　これら入学希望者だけが修士号を望んでいるのではない――修士号は高等教育で最も急速に伸びつつある学位である。2009 年に約 69.3 万人が修士号を得た。これは 1980 年代からの倍の数である。現在の修士号保有者数は、1960 年代の学士号保有者数とほぼ同じである。学士号が新しい高校の卒業証書になったのと同様、修士号は新たな学士号となりつつあるのである。そして博士号が新たな修士号となるのは、おそらく単なる時間の問題であろう。これは学位のねじれ、あるいは学位インフレーションと呼ばれ、ほぼ全てのキャリアの領域に蔓延している。現在の経済において、もう一つの学位は時に必要である。多くの場合は数科目履修すれば十分である。しかし被雇用者が雇用市場で十分な能力を有していることを完全な学位しか証明しえないため、皆が学位を取得しなくてはいけなくなっている。これは学位の専制支配とも呼べる。

　学位インフレーションの最も顕著なのはおそらくヘルス・ケアの分野であろう。ここではほぼ全ての職において、20 - 30 年前に必要としていたのより多くの学位を必要とする。数十年にわたり、薬剤師、理学療法士、ナース・プラクティショナー[4]になるのには、学士号があれば十分であった。今では薬剤師になるのには博士号が必要となった。理学療法士とナース・プラクティショナーも数年後には博士号が必要となるだろう――教育期間が長くなった

---

4)　ナース・プラクティショナー（nurse practitioner）：上級看護師資格の一つ。

からといって、患者へのケアが良くなったという証拠はほぼないというのに。

　大学だけが学位のねじれの恩恵を受けているわけではない。緊縮財政の穴埋めとして、州政府はインテリア・デザイナーからアスレチック・トレーナーまで、専門職となるためのライセンスを導入し、収入源としたのだ。多くの場合、認証評価を受けている教育プログラムを経ないと、ライセンス取得が可能な試験を受けることすらできない。これは専門職団体が州に対してロビイングした結果として導入された——これら専門職団体は、大学が提供するこれら教育プログラムを認証評価することで収入を得る。

　高等教育の認証評価制度はとても難解である。しかし学生と親は、地域と専門分野と、二種類の認証評価があることだけは、最低限知っておくべきである。地域の認証評価は大学全体を対象とし、10年に一度、大学に対して認証を与える。認証評価を得ていない大学の学生は連邦政府の学資援助や学生ローンを得ることができないため、認証評価を得ていない大学は長くは存続ができない。専門分野の認証評価は、教員養成から景観設計、ビジネススクールまで、特定の専門分野について認証する。この専門分野の認証評価は特に問題が大きい。この認証評価は必須ではなく、かつ、質の良い教育プログラムの目印にもならず、しかし大学のコストだけはつり上げる。

　専攻の数が増えたのと同時に、専門分野別の認証評価機関の数も増えた。現在高等教育には61もの専門分野別の認証評価機関が存在する。これら認証評価を得るためには最低でも2.5万ドル必要であるにもかかわらず[5]、一部の大学は、全ての専門分野別の認証評価を取得することを目標として設定した。なおこの費用には、認証評価基準の変更に伴うコストは含まれていない。認証評価基準は、博士課程の学生を指導できる専任教員の数から教育プログラムが運営される施設状況まで、幅の広い事項に及ぶ。サザン・ニューハンプシャー大学のポール・ルブラン学長は、同大学のビジネススクールについてAACSB[5)]から認証評価を得るために毎年200万ドル必要であると算

5）　AACSB（Association to Advance Collegiate Schools of Business）：ビジネススクールを認証評価する専門分野の認証評価機関。ハーバード大学、スタンフォード大学、ウォートン・スクール（ペンシルベニア大学ビジネススクール）などのトップスクールをメンバーとし、国内では慶応義塾大学と名古屋商科大学が認証評価を得ている。

28　第 I 部　どのようにしてこのようになったのか

出した。ルブランは、同認証評価にそれほどの価値はないと判断した[6]。

　ルブランの判断に続く学長は少ない。一般には、認証評価が大学の評価を高め、大学が認証評価を得ているかどうかについて学生が注意を払うと思われている。しかし認証評価を通して守られるのは高等教育であり、入学希望者ではない。消費者の関心に基づいて運営を行っていると専門分野別の認証評価機関は言うが、認証評価機関は大学の会員組織であり、監理対象である大学と、全く同一の人々によって運営されているのである。大学に対してした措置や認証評価の却下の理由について公式に説明する認証評価機関は少ない。それにもかかわらず、大学はこれら認証評価機関から認証を得たと吹聴するのである。

　この認証評価に関わる大学の振る舞いについて私が好きな事例は、ニュージャージー州のスティーブンス工科大学が最近出したプレスリリースである。この大学は、「トライステート・エリア[6)]において唯一 PMI 認証を得ている大学」と宣伝した。PMI 認証は、プロジェクトマネジメント協会[7)]（近年成長した職業メジャーである）によるものである。スティーブンス工科大学はこの機会を利用して、プロジェクトマネジメント・プログラムの――他に何があろうか――修士課程による拡大を宣伝した。

隣人と張り合う [8)]

　高等教育は、その使命のねじれにも晒されている。どの大学も、どのような学生を入学させたいか、社会に対してどのように貢献したいかについて、特定の使命を有している。しかし多くの大学が自身の使命に満足できず、序列の上位にはい上がろうとする。高等教育における威信は、企業にとっての利益と同等なのである[7]。

---

　6)　トライステート・エリア（tri-state area）：3 州にまたがる地域。このように呼ばれる地域は米国に複数存在するが、ここではニューヨーク州、ニュージャージー州、コネチカット州それぞれの一部をカバーする、ニューヨーク・メトロポリタン・エリアを中心とした地域を指す。
　7)　プロジェクトマネジメント協会（Project Management Institute, PMI）
　8)　隣人と張り合う（Keeping up with the Joneses）：1913 年から 28 年間新聞に連載された漫画のタイトル。ジョーンズというありふれた名前の隣人と張り合うカリフォルニア州ロングビーチの家庭の様を描き、「ジョーンズ家のやつらに負けるな」というタイトルであった。

クロニクル・オブ・ハイヤー・エデュケーション紙で勤めた 15 年のあいだ、私はこの競馬のような競争を、毎日のように見てきた。何百という大学長が、広報担当職員の軍団と、つるつるした高級なパンフレットの束と、数センチメートルもある戦略プランを携えて、我々のワシントン・オフィスにやってきた。売り込みの口上はだいたい以下のようであった。「我々は○○のランキングのトップ・テンに入りたいと考えている。このために我々は以下のうちのいくつかを組み合わせて実施することを計画している。新しいメディカルスクールの建設、先進的な教育プログラムの創設、連邦政府からの多額の研究助成の獲得、スター教授の獲得、これまでリクルートしたことのない上位層の学生の獲得する」などである。

これら大学は、自分たちがより高い次元に移りつつあると他大学に知ってもらうために、自分たちの壮大な野心がニュースに載ることを期待しているのだ。一部の大学は無償のマスコミ報道で十分と考えるが、一部の大学は自身の偉業を宣伝するために、広告キャンペーンをはる。テキサス工科大学「次なる偉大な国立研究型大学への道」、北テキサス大学「15 の研究クラスターへの投資」、リーハイ大学「研究は大事だ」。

毎春、クロニクル紙の紙面およびウェブサイトはこのような広告で埋め尽くされる。なぜか？それはある特定の読者層にこの時期に印象を与えることが、特に重要だからである。4 月は、US ニューズ＆ワールド・レポートが毎年だす全米大学ランキングのための調査票において、全米の大学長、プロボスト、入試担当官が各大学を 5 段階評価する時期だからである。一部の大学長は、学生の選抜性や教員 – 学生比、財源などのランキングの他の指標を改善するより、競争大学が持つ自身のブランド・イメージを変える方が容易だと思っている。

US ニューズや他のランキングの指標により大学は、自身の学生が教室で実際に何を学ぶか以上に、自身の大学より上位にある大学が何に予算を投入しているか、どのような学生を入学させているかを、執拗に知ろうとするようになる。このようなランキングの上位に上がろうとする大学とカレッジの努力は、基本的には骨折り損である。大学ランキングの上位に食い込みた

いと過去に表明した学長の数を数えてみるとよい。ゆうに50大学以上あり、しかし上位20位には20大学しか食い込めないのだ。過去一世紀、米国大学ランキング上位の大学やカレッジは実際には変わっていない。USニューズの大学ランキングの場合、その指標は州立大学には不利となっている。たとえば1989年、上位25大学のうち州立大学は5大学あった。2011年には3大学しかない（カリフォルニア大学バークレー校とロサンゼルス校（UCLA）、バージニア大学）。この期間にランキングを実質的に向上できたのは、私立大学である[8]。

　大学間のランキング競争は蔓延しており、入学希望者に対してのみ行われているわけではない。もう一つ激しい競争が行われているのは、連邦政府から得ている研究資金の獲得額の競争である。このランキングで首位なのはジョンズ・ホプキンス大学で、一年で15.8億ドルも連邦政府からの助成金を獲得する。このランキングで上位にあればあるほど、スター教授を惹きつけ、更に多くの研究資金を獲得できる、と大学は信じている。

　研究ランキングで上位に食い込もうという競争は、学生とその家族にとって真の負担となる。この競争で有利になるために、授業料を投資することに大きな意味があると大学は信じているのだ。過去10年で上位100大学の約4分の1は研究予算を倍増した。しかしこちらの事実も知って欲しい。この100大学のうち約半数はランキングの順位を落としたのだ。もっとも落ち込みが激しかったのは、ニューヨーク州立大学ストーニーブルック校、ユタ大学、ニューメキシコ州立大学であり、これら大学は過去10年で、合わせて1.57億ドルも研究予算を拡大させているのである[9]。

　研究予算をより多く獲得し、大学の威信を高める必勝法はメディカルスクールを設置することである。20年間ほど設置数に変化がなかった後、過去10年に10以上のメディカルスクールが新設された。フロリダ州ほどこの新設数が多かったところはない。1990年代後半、向こう20年間で20万名もの医師が不足するとの推測がなされた。医療の専門家は、迅速かつ安価な解決方法として、既存のメディカルスクールにおける入学者拡大とともに、医師養成の要として、地域の病院のインターン・ポスト拡大を提案した。

しかし一部の大学長と地域の政治家は異なる戦略を有していた。彼らは大学へのメディカルスクールの追加を、自身のレガシーであるとともに、他の高等教育機関に対して自分達も加わったことを示すシグナルであるとみなしたのである。このため彼らはまず州の高等教育理事会、そしてその後に議会で、大学に新たなメディカルスクールを設立できるようにロビイングをした。まずはフロリダ州立大学が最初であった。州の高等教育理事会がメディカルスクール新設の提案を却下したところ、立法府の議員がこれを覆し、更には理事会を解散してしまった。数年後、二つの意欲的な大学、フロリダ国際大学とセントラルフロリダ大学が新しい理事会と議会の説得に成功し、メディカルスクールをそれぞれのキャンパスに設置した。これは向こう10年間5億ドルの納税者負担の上に成り立つ。両大学が第一期生を入学させようとしていたころ、フロリダ州は不動産価格の暴落により完全なる経済危機に陥っていた。更にその後3年間で州政府は州立大学への運営費補助を11％削減し、結果として授業料の高騰、提供科目の縮小、教職員の解雇が進んだ。しかしフロリダ州には新しいメディカルスクールがあったのである——毎年の運営費は2000万ドルである[10]。

　メディカルスクールは成長しようとする大学にとって高価な買い物かもしれないが、ロースクールはそうではない。ロースクールはお金のかかる研究施設を必要とせず、学生を大教室に押し込めることが可能である。実際ロースクールは大学に格式と収益とを同時に与える。ロースクールの収益はあまりにも大きいため、一部の大学はその授業料の3割を英語科や歴史学科などの赤字の学科の補填に回している。このためロースクールが十分にあるということはないようである。就職市場が厳しく、多くの州で弁護士が供給過剰であるにもかかわらず、ロースクールは学生定員を拡大し続けている。2010年に史上最大となる5.2万人もの学生がロースクールに入学した（その後、入学者数は減少している）。その間、アメリカ法曹協会（ABA）は過去10年で18もの新たなロースクールを認可した。これに加えて6校のロースクールが認可待ち、開設段階、あるいは企画段階である[11]。

　大学長や州の政治家がロースクールを設立しようと手練手管をこねている

ため、現業の弁護士は全員、法廷から放り出されかねない。テキサス州を例に見てみるとよい。厳しい財政状況のもと、議会で4つのコミュニティ・カレッジの閉鎖が議論されていた2011年に、彼らはダラスのダウンタウンにある北テキサス大学におけるロースクールの新設を承認した。事前になされた州からの委託調査では、テキサス州において求人数以上の弁護士が毎年輩出されているとの報告がなされていた。また同調査には、ロースクールを新設するには向こう5年に約5500万ドルが必要なこと、他方すでにある州立のロースクールの学生定員を同じだけ増やす場合は130万ドルのみが必要と記されていた。にもかかわらず、力ある地域の政治家グループの後ろ盾を得て、大学の関係者は次のように主張した。「ダラスには2つの私立のロースクールがある。一方、ダラスより規模の小さい地方都市であるヒューストンには3つのロースクールがあり、そのうち一つは公立である」。これと同様の「私も！（me-too）」の主張をマサチューセッツ大学は、ボストンから1時間南にある経営に苦しむ私立の南ニューイングランド法科大学院を買収し、州で初めての公立のロースクールの設立の承認を2009年に得るときにした。このときの問題は、南ニューイングランド法科大学院がアメリカ法曹協会の認証評価をすでに二度も却下されていたことである。この認証評価を得ていないと、在学生は42の州における司法試験の受験資格がない。結局、マサチューセッツ大学の新設のロースクールが自己改善をし、暫定の認証評価をABAから取得するまでに、合併から3年以上の年月と、数百万ドルにのぼる州予算が必要となった。

　なぜ教養もあり、理性的でもあるとされる大学のリーダーらはエビデンスを無視して、学位プログラムや研究科、学位をさらに増設しようとするのか？西カロライナ大学心理学教授のブルース・ヘンダーソンはこの現象を、彼の所属する大学と類似の大学について、過去20年間研究した。前身が教員養成大学で、過去半世紀に一連の修士課程や、場合によっては博士課程の開設により、総合大学になった大学についてである。セントラル・ミシガン大学、東ケンタッキー大学、ミネソタ州のセントクラウド州立大学などである。これらは地域の州立大学または総合大学と呼ばれ、フラッグシップ研究

型大学とコミュニティ・カレッジにはさまれ、州立の高等教育機関のなかで真ん中の目立たない子とみなされてきた。これら大学は多くの州で教員の大部分を養成しているにもかかわらず、この第一の使命は、膨大なお金と人員を要する数十もの修士課程や博士課程を開設し、研究を追求する教員を雇用し、学部教育で得たお金を高額な大学院プログラムに回している過去数十年のうちに、脇に追いやられた。その結果として、基金も遥かに小規模で、教育プログラムの質も低く、卒業率も低い、州のフラッグシップ大学の希釈版のような大学ができた。ヘンダーソンが自身の研究を通じて解明したのは、これら大学の教員が、学長から末端の教員にいたるまで全員、自身が研究者となるために教育を受けた大学を再現したい、と思っていたということである。しかし、これら大学の学生は教員の学生時代と同レベルにはないのである。「我々は皆、研究大学で博士号を取得し、立ち居振る舞いを学んだ。そして、誰もが自分のクローンを作れるような大学で教えたいのである」とミネソタ大学で博士号を取得したヘンダーソンは語る。「西カロライナ大学に着任したときはショックであった。ここに順応するか、永遠にここで不幸でいるかの二者択一であると、自分なりに悟るまでに数年かかった」。

　上昇しようとしているのは研究面で光ろうとしている大学だけでない。全てのカレッジが、もしかしたら近年では金目の面で、この傾向に侵されている。上昇志向の大学は、優秀な学生をよりランク上の大学からおびき寄せるために、メリット・ベースの奨学金を浴びせかけるとされる。高校で優秀な生徒にとって、これは朗報である。しかし成績のほとんどが「良」で、更に経済的に困窮している生徒にとっては、これは悪い知らせである。このようなメリット・ベースの奨学金を支給するために、これら大学は全学生について授業料を値上げし、授業料を負担できる学生を入学させ、経済的支援を必要とする学生の入学者数を圧縮したからである。この戦略は、一部の大学——つまりジョージ・ワシントン大学、ボストン大学、ニューヨーク大学である——についてはうまくいった。しかしその裏では、これら人気のある大学に入学するために膨大な借金を背負い込んだ一部の学生の犠牲がある。

　この戦略がうまくいかなかった大学についても、ニード・ベースドの奨学

34　第Ⅰ部　どのようにしてこのようになったのか

金からメリット・ベースの奨学金[9]への移行は続いている。米国教育省に
よると、1990年代中盤、州立大学も私立大学も、ニード・ベースドの奨学
金をメリット・ベースの奨学金の倍、支給していた。現在、ニード・ベース
ドの奨学金よりメリット・ベースの奨学金を得ている学生数の方が多く、か
つ、平均受給額もメリット・ベースの奨学金の方が多い。奨学金はメリッ
ト・ベースであるべきだ、と考える読者も多いだろう――実のところ、奨学
金はいつの時代もメリット・ベースであったのである。学生は奨学金を得る
にはまず入学ができなくてはいけなかったし、奨学金を受給し続けるには一
定のGPAを維持し続けなくてはならなかったのである。現行で変わったの
は、奨学金が不釣り合いに高所得家庭の学生に付与されるようになったこと
である――これら学生は高等教育を負担でき、かつ、何があっても大学に進
学するにもかかわらず、である。それもこれも、大学の威信を高めるだけの
ために、変わった。

　威信のある大学に向けてのレースは、キャンパス全体で永遠に繰り広げら
れる。教授連――特にテニュアを得たいと考えている者――は研究や、大規
模大学ではさらに大学院生に、時間をより多く費やすようになっている。こ
れは多くの場合、大学院教育のコストを補填する学部生の犠牲の上に成り立
つ。典型的な一週間として、教員は学生指導、授業準備、そして実際の授業
時間に11時間を費やす[12]。そして、このようなことでもしなければ来ない
であろう優秀な学生を獲得するために、お金のかかるプログラムを複数開
設する――オナーズ・カレッジ[10]から素晴らしい短期留学プログラムまで。
カレッジや大学が発展し、その使命を展開すること自体に問題はない。しか
し、学生が複数の学位を取得して他者と差別化を図ろうとするのと同じよう
に、差別化しようとする大学の大多数が、同じようなことを図る大学どうし
で金太郎飴のようになってしまうのである。

---

　9)　ニード・ベースドとメリット・ベースの奨学金：ニード・ベースドの奨学金が、学生の経済的な必要
　　　性に応じて給付されるのに対して、メリット・ベースの奨学金は学生の学力など、その能力に基づいて
　　　給付される。
　10)　オナーズ・カレッジ（honors college）：米国の大学には学内の成績上位者を対象に特別の教育プログラ
　　　ムを用意し、卒業証書にもこれを記す大学がある。学生にとっては優秀であるという証となり、就職活
　　　動等において有利となりうる。

世界で一番？

　アメリカの高等教育システムについて語るとき、我々は初等中等教育の失敗と高等教育の成功を語りがちである。大学のコストが高いことに不満をもらしながらも、アメリカの大学が世界で最も優れていると信じるようになっている。アメリカの学位取得者の 25 − 34 歳人口における割合が経済協力開発機構（OECD）17 カ国中 12 位であることを考え合わせたとき、これが本当にそうだと言い切れるのか、私にはよく分からない。1995 年におけるこの数値は、アメリカが一位だったのである。

　もしかしたら、これは単に時代の流れなのかもしれない。謙虚さは、どうやら時代遅れとなっている。2011 年秋のワシントン・アイディアズ・フォーラムにて参加した啓発的な講演において、ニューヨーク・タイムズのコラムニストであるデイビット・ブルックスは、我々が「拡大認識した自己（"expanded conception of self"）」の時代に生きているとした。彼によると、このような認識は、我々が近年体験した消費、分極化、そしてリスクの拡大などの現象を引き起こす。「我々は、謙虚さから、自己拡張の文化へと移行したのだ」とブルックスは語った。

　ブルックスの講演は、そのフォーラムにおいて同日午前中に教育、ビジネス、そしてシンクタンクのリーダー十数名と私がアメリカの高等教育システムについて行った活発な議論の後の、良い締めくくりとなった。2 時間の議論の末、システムの改善方法について、入室した時点と同じぐらい、意見の一致が見られなかった。実のところ、このそれぞれに立場の異なる参加者は、システムが何をすべきなのかについてすら、共通認識を得られなかったのである。

　高等教育界は、未だ需要があるため、慢心している。応募者が多数いるのに、授業時間を学生の都合に合わせる必要はあるのか？学生がより多くの借金を抱えることを厭わないのに、なぜコストを抑える必要があるのか？学生が平凡な大学院プログラムに群れ集まってくるのに、なぜ入学希望者のためにより良い就職状況のデータを集めなくてはいけないのか？US ニューズの

悪評高いランキングの編集者であるブライアン・ケリーは、「大学は、経済のその他のセクター全てが直面しているプレッシャーを感じていないようである」と語る。

　しかし、過去10年に開設された多数の学位プログラムやロースクール、メディカルスクール、そして研究力の煌びやかな外装の一枚裏には、より醜い現実がある。消費者第一主義のもとにある学生と、授業終了と同時に次の職へと急ぐ非常勤講師とに埋め尽くされ、啓発される学びの時間が極端に少ないキャンパスである。

2. 消費者はいつも正しい

　ルイジアナ州立大学（LSU）の基礎科学の学部長は一つ問題を抱えていた。バトン・ルージュのキャンパスでは文系学生を対象とした生物学入門の科目において、ペナルティーなしで履修登録取消のできる1週間前に入っていたが、6割の学生が落第しつつあったのである。誰もまだ「優」を取得していなかった。既に2割の学生は落第していた。学部長は思い切った決断をすることにした。この科目を担当していたドミニク・ホンバーガー教授を担当から外すことにしたのである。学内の科目の全てがホンバーガー教授と同様の落第率を誇ったならば、大学は学生を卒業させることは永遠にないだろう、と彼は後に語った。「学生のためだ」と学部長は、1979年からLSUに勤めるこの教授に伝えた。新任の教授は過去に遡及して、一回目の試験の点数を25点分、全学生を対象にかさ上げした[1]。

　2010年春に起きたこのLSUのホンバーガー事件は全米全ての大学に警告を発した。しかし多くの教員にとってこれは単に、スタンダードの悪化、成績インフレーション[1)]、そして、実はこれが最も重大なのかもしれないが、教室において教員の権威が消失し、学生が優位に立ちだしている、という証拠の一つに過ぎなかった。その他の者にとっては、キャンパスにおける厳格さの終焉のサインであった。入学初日に教授が学生を前に、右の学生を見て、左の学生を見て、3名のうち1名しか卒業はできない、と学生に伝えるという時代は過ぎ去った。教授連は現在、学生が利便性、気楽さ、エンターテインメントを期待していることを知っている。

---

1) 成績インフレーション（grade inflation）：米国では成績評価が甘くなり、「A」が乱発されていることが問題となっている。

38　第 I 部　どのようにしてこのようになったのか

　大学は、消費者——この場合は学生である——満足が第一のビジネスに変容しつつある。大学は教授を、スーパーマーケットのレジ係やレストランのウェイターと同様、サービス・プロバイダーと見なすようになったのだ。この移行は、失われた 10 年における 4 つの主要な展開により引き起こされている。

　価格上昇：この 10 年、年間授業料の上昇がインフレ率を上回り、四年制の州立大学では 68％、私立大学では 39％も上昇した。2003 年に、授業料、諸経費、寮と食費に 4 万ドル以上を要求する大学は 2 大学しかなかった。2009 年には 224 大学がこの閾値を超え、加えてさらに 58 大学が 5 万ドル台に達していた。奨学金や学資援助を通じて多くの学生が値引きをしてもらっていると言っても、このような価格上昇を前に、大学が大きな買い物で投資であり、単なる通過儀礼ではないことを、一般家庭は認識せざるを得なかった。結果として、学生は入学すると全てのものの値札を確認をするようになった。教室における体験も含めて。

　非常勤講師：ハリウッドで演出される大学教授のイメージ——ツイードのジャケットを着て、放課後に学生とたむろする——はジャケットの流行が廃れたのと同じぐらい時代遅れだ。四年制大学の教員の約半数が非常勤講師である（そしてコミュニティ・カレッジではこの比率はより高い）。一部の講師は、別の職のある専門家で、本職の傍ら教え、小遣い稼ぎをしたい輩である（ちなみに小遣いとは多くの大学において、一クラス当たり 2.5 千ドル程度である）。しかし多くの非常勤講師は博士号を有し、テニュア付きのフルタイム研究職に就きたいと考える者である。大学は経費節約および流動的な経済において柔軟性を確保するために、フルタイム教員の雇用を減らし、非常勤講師を益々拡大している。学期毎に雇用される非常勤講師が契約更新をしてもらえるためには、学生からの良い授業評価が必要である。授業評価を確実に良くする方向の一つは、成績評価を甘くすることである。

回転ドア：大学は、学生を大学に保持し、素早く卒業させることに腐心するようになった。二年生に進級する学生および卒業する学生の比率は、US ニューズのランキングにおいて重要な指標である。結果として、大学はこれら指標を改善するように、より注意を払うようになった。このためにはまず、優秀な学生を入学させるか、授業中で学生がどのようにしているか、どのような成績を得ているかを注意深くトラッキングする必要がある。大学執行部のみがそれに注意を払っているわけではない。州の立法者も注視しており、ルイジアナ州、オハイオ州、テネシー州、そしてその他いくつかの州においては、卒業率の高い大学により多くの運営費補助を割り当てる。

ミレニアル世代（The Millennials）：1982 年以降に生まれたアメリカ人世代は、失われた 10 年の始まりに大学に入学した。この世代は頻繁に「私・世代（Me Generation）」と呼ばれる。まず自分の要求を第一に置く世代と考えられているからだ。

　教室は、学生－教員－大学執行部間の巨大な、気に入られ大会の場となった。それぞれが自分の役を演じると、誰しもが勝者となれる。学生は良い成績を得るし、非常勤講師は毎年契約更新をしてもらえるし、フルタイムの教員はテニュアを得る、または悪い成績を得たことに対する学生からの不満に対処する時間が軽減されるし、大学執行部はボーナスあるいはより高いランキングというかたちで報いられる。ユティカ・カレッジやニューヨーク市立大学、ニューヨーク州立大学のいくつかのキャンパスで心理学を教えていたことのある非常勤教員ステフェン・ハムペは、近年大学の授業評価がデパートにおける顧客満足度調査と気持ち悪いぐらいに似通っていると指摘した。「講師はあなたのニーズに合っていましたか？」「情報はあなたにとって分かりやすいように提示されていましたか？」といった質問がなされる。学生はこれに対して、教材がどれだけ面白かったか、授業がどれだけ楽しかったか

40 第Ⅰ部 どのようにしてこのようになったのか

といったコメントをさらに加える。しかし、どれだけ学んだか、科目内容が
どれだけチャレンジングだったかについてはほとんど指摘がない。「1980 年
代に私が学生であったときは、教員はクラス全体を教育することが求められ
ていました。いまは、各学生が個々人に合ったパーソナルなサービスを期待
しているのです」とハムペは言う。

　学生が自身を、満足されるべき消費者とみなすにつれ、学生は教室の前に
立つ教授をパフォーマーとみなすようになった。コンサートや映画に行くの
と同じように、彼らは熱中したいし、納得を得たいし、楽しみを得たいので
ある。教室に学生の気を散らせる要因が増えるとともに益々、パフォーマー
としての教授への期待が高まった。以前学生は新聞を読むか、寝るかの選択
肢ぐらいしかなかった。今では学生は電子機器で武装して教室にやってき
て、外界とつながっている——キャンパスのワイヤレス・ネットワークのお
かげで。ハーバード大学の学生新聞「ハーバード・クリムゾン」は、教員の
面白さ度を測る「フェイスブック指標」という新しい言葉を生み出した。教
授が教科書にある文言を読み上げ出したり、つまらなかったり本論とは関係
ないと思われる逸話を話し出すと、学生はフェイスブックやインターネット・
サーフィンを始める。それでも、これが米国で一番良いとされる大学なのだ。
クリムゾン紙の記者の一人は、ハーバード大学（あるいはこの件に関してはど
の大学でも良い）が学生の注意を惹くためのこの競争に乗らないのであれば、
大学は自ら、大学における教育体験を無意味なものとする危険に陥ると主張
した。「教授は、学生により良いサービスを提供するために常に教育方法を
改善し続けなくてはいけないサービス・プロバイダーとして、自身をみなさ
なくてはならない。学生の興味を惹き、社会にインパクトを与えるために知
識を応用したいという要望に、常に応え続けなくてはならない」[2]。

　これは非現実的な期待であろうか？多くの学生やその親はおそらくそうは
思わないが、大学教授はそのように感じる。高等教育について多くの書き物
をしているバージニア大学メディア研究のシヴァ・ヴァイディアナサン教授
は、「学生は対価を払っているからといって、自分は特別のレベルのパフォー
マンスを学生に対して負っていない」と語る。彼に言わせると、大学は市場

の要求から隔絶していなくてはいけないところである。

大学教授は教室において何しろ、たぐいまれな課題に直面しているのだ。教授によっては300名の学生を対象に大講義室で講義をするのに長けている。他方、十数名の学生のゼミを、右に出る者はないほど得意とする者もいる。しかし多くの大学は大学教授にいずれも求める。メディア研究を面白く話すのは簡単だが、数学はそうもいかない。ヴァイディアナサン教授は『グーグル化の見えざる代償 ウェブ・書籍・知識・記憶の変容（"The Googlization of Everything（And Why We Should Worry）"）』の著者として、スピーカーズ・サークルのレギュラー・メンバーである。この会の参加者が、大学の学生から見たら理屈に合わない期待を彼に対して持っているか、彼に聞いてみた。「勿論だ」と彼は答えた。「私は彼らとは全く異なる関係性をもっている。彼らに対して、シラバスのチェックリストを網羅する必要はないし、一定の内容をカバーする必要もない。そして成績評価をする必要もない」。

そんなことにはお構いなしに、学生はますます大学教授の評価をするようになっている。トリップアドバイザーで最近泊まったホテルの評価とコメントをするのと同じ感覚で、学生は消費者フレンドリーなウェブサイト "RateMyProfessors" で大学教授の授業の楽さや分かりやすさを（ヒット（hot）していれば唐辛子で）5段階評価する。成績評価の厳しい大学教員はRateMyProfessorsでは一般に振るわない、とフォーダム大学の人類学教授レイコ・グッドウィンと語る。「全般に、学生の95％は自分の成績にしか関心がない」と大学教員歴20年の彼女は語る。「彼らは知識の獲得には興味がないようである」。

高等教育における顧客第一主義の考え方をはじめに取り込んだのは営利大学であった。フェニックス大学のような類の大学に牽引され、営利大学は利便性第一を謳い（州をつなぐ高速道路沿いのオフィスパークにおける夜間の開講）、入学者数が鰻登りに急上昇するのをみた。今日、大学生の10人に1人がデブライ大学、エベレスト・カレッジ、グランドキャニオン大学などの営利大学に在籍している。

営利大学は多様な方法でそれぞれ運営されている一方で、多くの場合、共

通のビジネス戦略を有する。多くの場合、本社の少人数の教員が企画開発したカリキュラムに基づき、非常勤講師が教育活動を行う。事実上キャンパスを有さない。あるのはオフィスビル内の教室だけである。年間を通じて開講しており、ほぼ毎月入学が可能である（秋、春、または夏だけではない）。授業時間は短時間に圧縮されたり（学生が仕事のスケジュールの合間を縫えるように）、学生同士のみで会い、それを授業時間数にカウントするといったことがなされたりする。しっかりしたオンラインのオペレーションを有しており、学生ごとの個別ニーズに合わせたパーソナルな教育が提供できるように、数百万ものデータを収集、分析している。

営利大学の顧客の大部分は働く社会人であるため、彼らの広告には利便性と柔軟性が謳われる。複数の要求が同時に満たせるということが大事なのである。伝統的な大学の教授によると、この考え方は彼らの教室にも浸透しつつある。「どの程度の頑張り、大変さ、時間が必要かに対する認識は、『全てこなせる』と宣伝しつつ、実際には何をしなければいけないのかについて全く語らない広告に大きく影響を受ける」とボストン周辺の5つの大学で90程度の科目を非常勤講師として担当したことのあるランス・イートンは言う。そして伝統的な大学が経費節減やオンライン教育の導入をしようとする際、これら大学は営利大学の方法を真似るようになってきている。両者のモデルは将来加速的に収斂する可能性がある。テクノロジーにより教育が学生ごとにパーソナル化していることへの期待をもって、学生が入学してくるようになってきているからである（これについて、後に詳述する）。

誰しもが A を得るにふさわしい場所

もしかしたら大学はいつの時代も休暇の延長だったのかもしれず、期末試験のために徹夜の連続をした、と今日の両親が単に自慢をしたいだけなのかもしれない。しかしよりありえるのは、顧客としての学生という視点が高等教育のシステマチックなレベルの低下を招いているということである。成績や到達度テスト、卒業率などのエビデンスは驚くべきである。学生は、大学

の学業期間をするりと通り抜けていく——そもそも卒業にまで至るのであればであるが。

「全ての課題をこなしたので自分はAを得るにふさわしい、と学生は言うのです」と東ケンタッキー大学の非常勤講師であるデボラ・ルイスは語る。多くの教授が私に語るセリフである。Aは現在、全米で最も多く与えられている成績であり、実に全成績評価の43％を占める（1988年にAは全体の3分の1以下であった[3]）。成績表を見ても意味がなくなったので、大学院も雇用者も、成績表を成功の有力な指標として見ることをやめてしまった。学内においても、成績が何を意味するかの十分なコンセンサスはない。同じ科目を異なる教員が担当する場合、これらをそれぞれ履修する二人の学生の成績がどのようになるのかはクジを引くようなものである。ホンバーガー事件を受けて、大人数授業についてルイジアナ州立大学で行った調査によると、たとえばアメリカ史においてある教授はAをクラスの5％以下にしか与えず、別の教授は3割以上に与えていた[4]。しかもこの成績インフレは、レベルの低い大学においてのみ起きている訳ではない。実際、レベルの高い大学においても成績インフレが過去数十年存在したということが調査により判明しているのである（そして一般には私立大学においてこれは特に蔓延している）。2001年、ボストン・グローブ紙はハーバード大学の同年の卒業生のなんと91％がオナーズ[2]を得たとレポートした[5]。これは出席するだけで全員にトロフィーを与えるようなものである。

学生は実は頭が良くなってきているのではないか？残念ながら、過去数十年の複数の標準テストの結果によると、そのような事実はない。学生がより勤勉になり、その結果として優秀な成績を修めるようになっているのか？学生達の弁によると実際には、より楽をするようになり、更に良い成績を得るようになっているのだと言う。問題は、学位の価格が上昇しているのに対して、その紙切れを得るために必要な学習量が逆方向に移行していることである。大学で学生がどの程度学ぶのか、誰も分からない。高等教育にこんなにもお金を使うのに、教室で実際に何が起こっているのか、またそれが学位の

---

2) オナーズ（honors）：優れた成績を得たものに与える称号。

価値にどのように転嫁されるのかを測る決定的な指標がどこにもないのである。考えても見て欲しい。我々が車を購入するとき、燃費から安全性試験の結果まで、あらゆる指標が揃っているのだ。類似の車を比較するのに客観的な指標を参照でき、年月の経過とともにどの車がその価値を維持するかも分かる。しかし、人生のなかで最も高額な買い物の一つの場面において、大学は単に自分たちを信じて欲しいとしか言ってこなかったのである。

この信頼は揺らぎつつある。学習を測る方法が現在はあり、その筆頭は大学学習評価（CLA）[3]である。CLA は、小論文のみによって行われる試験で、一連の材料を学生に与え、それらを組み合わせて説得力のある主張をするように求める。500 以上の大学が、自大学のカリキュラムや教育の質を測るために用いている。しかしその結果を、平均だけであっても、公表している大学は僅少である。数年前、二人の研究者が大学在籍期間中に三回（入学時、2 年次修了時、そして卒業直前）CLA を受けた 24 大学 2300 名の学生サンプルについて、その成績をトラッキングした。この画期的な研究成果は 2011 年の『学業的漂流[4]（Academically Adrift）』という本に結実した。この本は大学の教員間で、それがアカデミックな研究に立脚していたこともあり、極めて話題となったが、本来あるべきほどには世間一般で話題とならなかった[6]。

しかし多くの高等教育関係者はそうであって良かったと思っているだろう。何しろこの本によると、大学在籍の初めの 2 年間において 45％ の学生はライティング、複雑な推論、クリティカル・シンキングのスキルにおいて進歩がないというのだから。更に 4 年たっても、この状況にはほぼ改善はなかった。36％ の大学が改善を示すことができなかったのである。「アメリカの高等教育は、大部分の学生にとって、限定された、もしくは学びのない場と特

---

3) 大学学習評価（Collegiate Learning Assessment; CLA）：大学における学習成果を評価するために開発された米国の標準テスト。学生個人を評価するというよりは、当該大学がどの程度学生に付加価値を付けたかを機関評価する。学習内容そのものではなく、クリティカル・シンキングや論理的推論、問題解決、文章によるコミュニケーション・スキルなどを測定する。

4) 学業的漂流（Academically Adrift）：2011 年にシカゴ大学出版された、Richard Arum と Josipa Roksa 著の本のタイトル "Academically Adrift: Limited Learning on College Campuses（『学業的漂流：大学キャンパスにおける限定的学び』）" の簡略形。入学時と二年生修了時の学生の成績やその他標準テストの成績を比較し、クリティカル・シンキングや複雑な推論、ライティングなどの一連のスキルについて成長が見られないという調査結果をレポートしたもの。高等教育界を中心に、全米を震撼させ、大きく話題となった。

徴づけられる」と著者のリチャード・アラムとジョシパ・ロクサは言う。多くの学部生にとって「明確な目的なしに大学を漂流するのは明らかである」。

この研究者達によると、このようである理由は、厳しさが十分でないからである。この研究によると、学生は一週間に平均 12 時間学習するが、その大部分はグループ学習である。多くの学生は、一週間に 40 頁以上のリーディングを要求する科目や、一学期間に 20 頁以上のレポート提出を求める科目は取っていなかった。独りで学習をした学生や、教員の基準が高かったり、一定の分量以上のリーディングやライティングを要求されていたりした学生の成績はやや良かった。人文系、社会科学系、理学系、数学は成績が良かった。成績が最悪だった専攻はというと、教育学、ソーシャル・ワーク、そして米国の大学で最もポピュラーなビジネスであった。

これら学生が卒業後どのようにしているかを知るために、著者達はその後、900 名以上の学生を卒業後に再調査した。驚くことなかれ、CLA で成績が悪かった学生は卒業後も苦しんでいた。これら学生はトップの学生に対して 3 倍もの失業率を誇ったし、親と同居している率が 2 倍であったし、クレジット・カードで使い込みをしている場合が多く、新聞を読んだり、政治について議論をしたりすることが少なかった[7]。「典型的な大学に学生を送り込んだからといって、厳格な教育を受けると期待することはできない」と、大学入学前のティーネージャー 4 児の父であるアラムは言う。「これら大学が自己規律するなどと信じてはいけないのである」。

大学はなぜこんなにも高いのか？

もし学生がほとんど学びもせず大学を卒業するのであれば、何のために授業料を払っているのだろう？大学が大人になる前の長いお休みの期間なのであれば、なぜこんなにも授業料は高いのか？

この質問を頻繁に受ける。そのときは、自称データ・マニアであるジェイン・ウェルマンを紹介することにしている。彼女のデルタ・プロジェクトは、高等教育機関がどこで収入を得て、どこで支出しているかについて、最も優

46 第I部 どのようにしてこのようになったのか

れたレポートを輩出している。2011年にオバマ大統領が大学のアフォーダビリティーを促進しようとした際、10大学長とある著名な財団の長、そしてウェルマンをホワイトハウスに招いた。ウェルマンはルーズベルト・ルームで大統領の真向かいに座り、大学授業料の高騰を取り巻く難題についての議論を整理する手伝いをした。

変化を意味する数学記号からネーミングされたデルタ・プロジェクトは、2006年に開始した。ウェルマンの研究は、大学の費用に関する様々な神話を打ち砕き（たとえば、教員の給与やテニュアを費用高騰のせいにしてはいけない）、州立大学、特にコミュニティ・カレッジが州政府の高等教育への予算大幅削減により最も打撃を受けていることを示した。2012年に私はウェルマンとカリフォルニア州で開催された「黄金州における高等教育の将来」と題する会議に一緒に参加した。彼女は高等教育界で別の職に移る直前であった。高等教育がなぜこんなにも高額なのかについて調べたデルタ・プロジェクトの6年間で何を学んだかを彼女に聞いた。

彼女はぶっきらぼうに、パワーポイントのスライドの束を取り出して、自分の主張を論拠だてながら説明してくれた。私はこの本の執筆のための調査を開始したところで、過去15年間このテーマに関わっていたことから大体のことは知っていると思っていた。しかしウェルマンが説明しだすとすぐに私は授業料高騰の背景の理解について、自分が他の親御さんや学生、政治家、そして大学教員や執行部と変わらないことに気がついた。ウェルマンの研究は、私たちが、自分たちが考えているのとは別のものに対して支払いをしていることを示していたのである[8]。

福利厚生費：人件費の約4割を福利厚生費が占める。これの大部分は健康保険に充てられる。別の言い方をすると、授業料収入の約1割はそのまま医療給付金として出て行くのである。

支援スタッフ：健康保険費のみが授業収入を吸い上げているのではない。収入の多くが、教室には足を全く踏み入れないスタッフの人件費に振り

分けられるのである。「我々のキャンパスは過去20年間、問題解決または新しいソリューションを提供してくれる人材を雇用し続けた」とカリフォルニア大学バークレー校のフランク・イヤリー副学長は語る。「我々は課題に対して技術ではなく、人材を放り入れていたのだ」。なぜ大学がこんなにも経費がかかるのか大学長に聞くと、優秀で教養ある教授に十分な対価を払う必要性を説かれる。しかし実際には、多くの四年制大学において教員は全教職員の半分に満たない場合が多い。そして失われた10年において、学生支援、執行部、維持に関わる経費は教育に関わる経費より遙かに急拡大した。大規模州立大学において学生支援経費は19%、執行部は15%、運営と維持は20%上昇した。教育の上昇率は10%のみである。「調達やIT、人事部などは、現在の水準ほどは必要ないのである」とウェルマンは語る。これはまさに、バークレーやノースカロライナ大学チャペルヒル校などの大規模州立大学が近年、ベイン・アンド・カンパニーに大学の事業運営の見直しをしてもらったときに発見した事実である。両大学においてベインは、1億ドルもの経費節約を非学術領域において見いだした。

アメニティと個別ケア：フリークライミング用の壁は、大学のコストの議論の象徴のような存在となった。失われた10年に建設された学生のレクリエーション施設（これについてはすぐにもう少し説明する）はいつも批判の対象となる。最も無駄なのは流れるプール（Lazy River）で、何かというと、流れの中で学生がゴムボートで漂うことの出来るテーマ・パークである。アラバマ大学がこのようなものを持っている。ボストン大学もだ。テキサス工科大学は自身のホームページで、「学生レジャー・プール」を「大学の至宝」とする。「全米の大学で最も大きなレジャー・プール。645フィート（約2km）のレイジー・リバーがデザインの中心である」であるとのことだ。失われた10年において私立大学ではどこでも学生支援経費が25%から33%上昇した。失われた10年の終盤、私立の研究型大学は校内スポーツやキャリア・サポート、学生団体、カウンセリ

ングなどに対して、フルタイム学生一人当たり3400ドル近くを支出していた。実際、学生が個別ケアを期待するようになったため、大学側は多くのアドバイザーを雇用したのである。こうしたポストは大学の専門職の約3分の1を占め、大学管理職の3倍以上ともなる[9]。これらの専門職は膨大な経費を必要とするだけでなく、学生が問題解決から自ら学ぶという機会を奪っている。

これだけかかっても大丈夫だから、これだけかかるのだ：失われた10年の大部分、高等教育に対する需要は膨大であった。ビジネスの基本によると、需要が供給を上回ると、価格は上昇する。つい最近まで実際、学生や両親はどの大学に行くのであっても、いくらでも負担した。

　大学予算は信じられないほど複雑で、お金の流れを追うのはほぼ不可能である。大学はマーケティングや広報にどの程度支出をしているのか？これは、フォーチュン500に名を連ねる大企業の多くが一瞬で回答できる指標である。高等教育ではそうはいかない。「その値を出したいのなら、がんばってね」とエリザベス・スカボローは言う。スカボローは高等教育のマーケティングの教祖的存在で、シンプソン・スカボローというブランディング会社の社長である。大学のマーケティング関連予算は、アドミッションや募金活動、大学競技など、キャンパス横断的に散らばっていると彼女は語る。大学予算の勘定科目ではないのである。

　この透明性の欠如が、大学で授業料が賢明に使われていないのではないかという市民の不信感に繋がる第一の要因である。大学のキャンパスは一つの大きな証券取引所の立会場のようなものである。お金が余裕のあるところから足りないところへ、定常的に流れているのだ。たとえば、大人数講義は収入源である。大勢の学生を一つの教室に押し込めて、TAを少数あてがうだけだからである。この収入の余剰は、学部後期課程の少人数のセミナーや理系の実験等の演習などの余分なコストを補填する。「英語の授業が化学の授業を下支えしていたというのが現実なのである。化学の授業があった間だけ

ではあるが」とウェルマンは語る。

　大学によっては寮や部屋について実際のコスト以上に課金し、その収入を他の運営経費に回す。そして更には授業料ディスカウントというものがある。これは授業料を高く設定し、その一部を奨学金と称して学生に還元する仕組みのことである。この授業料ディスカウントにより、大学に進学することが、飛行機に乗るのと同じような感覚になる。一律の値がついているはずなのに、隣の同級生がいくら払っているか全く分からないからである。ウェルマンの分析によると、世界的景気後退 5)以降の私立大学の授業料の値上げは、ほぼこの値引きにより相殺されている。なんと言っても、私立大学の初年次学生の平均ディスカウント率は 42％なのである。これは経済的に恵まれない学生や、大学側から強く要望されている学生（学力優秀なスーパースター、スポーツ選手、チューバ奏者）にとっては、極めてお買い得であり、同時にこれらは、全額負担可能な裕福な学生の授業料により賄われる——しかし、これら裕福な学生は多く負担したからといっても、特別に何か得ることは何一つない。

　更に問題なことに、大学が連邦政府に毎年報告する財務統計は、何についてどのように支出されたかを十分に捉えたものとなっていない。たとえば「教育」という分類を見てみよう。通常、これは「教育」にかかった経費の総額であると思うだろう。この項目はほぼ教員の人件費総額であるが、学生相談に関わる経費は含まれていないのである。さらに、連邦政府に提出されるこれら数値は、会計監査されることがない。このため、大学がどの程度軽微な間違いをしているか、あるいは意識的に粉飾をしているか、追跡することが不可能なのである。私の経験によると、大学がなんらかのデータの間違いを見つけるのは決まって、なんらかのメジャーな報告や他のメディアから注目を受けたときである。たとえばジョージ・メーソン大学は過去 10 年間、執行役員とプロフェッショナル・スタッフが驚くほど、急拡大したように見えていた——職員／学生比が 121％も急増していたのである。この数値がニュースに取り上げられると、大学当局は教育省とともにこの数値を手早

---

　5)　世界的景気後退（Great Recession）：リーマンショック以降、2000 年代後半に起きた世界的な景気後退を指す。景気後退の程度は国により異なる。

く修正した。大学のシステムを入れ替えたときに、ある職員の職種が誤って分類されていたことが発覚したとのことであった。このような出来事をみると、他の数値がどの程度正しいのか疑わしくなる。

リゾート・キャンパス

　大学が消費者を満足させるビジネスであるという究極の証拠は、どこかの大学キャンパスを単に歩いてみるだけで、近年は分かるのかもしれない。伝統的な大学キャンパスはいつの時代も気品のある場であった。アメリカの景観建築の父であるフレデリック・ロー・オルムステッドは、優れたデザインによるキャンパスは、学生の嗜好、性向、気質を形成するとあるとき言った。キャンパスが今日のようなリゾートとなるとは、オルムステッドも想像しなかっただろう。

　私が大学に入学した1990年代初め頃、大学の寮の部屋は、病院のそれと同じぐらい素っ気なかった。193平方フィートの箱形で軽量ブロックの壁で、私の場合はさらに2名のルームメイトと部屋を共有していた。浴室も共同であった——しかも1フロア全員で。2年次になると、新しい寮に移ることになった。ルームメイトはまだいたし、壁は依然として軽量ブロックであったが、贅沢が一つあった——浴室が部屋に付いていたのである。

　これは、大学が教室における教育とは全く関係のない、より贅沢で異国風の設備を建設するという、10年にわたるアメニティ装備競争を開始する直前のことであった。競争の目的は、近隣の地区や他州の隣人に対抗することに他ならない。学長の言を借りれば、新世代の両親や学生の要望に応えるためである。大学にフリークライミング用の壁が作られるようになった時期は、ミレニアル世代がキャンパスに入学するようになった時期と符合する。この世代の多くは、兄弟と部屋を共有したり、親と洗面所を共有したりしたことがない。であるならば、どうして大学への入学とともに、そうしなければいけないのか？

　大学はキャンパスに新しい宿泊施設を建設することの要求に応えている。

過去の寮（*dorm*）は居住空間（*residence hall*）となり、複数の部屋を有するスイートを複数の学生で共有する形式となっている。学生ごと個別のベッドルームや洗面所を有することもある。旧式の寮も若干のリフォームをしてまだ存在するが、地方の州立大学からボストン大学などの都市部の裕福な私立大学まで、新しい建物は至るところで建設されている。ペンシルバニア州にあるインディアナ大学は近年、2.7億ドルを投じて学生寮を全て、旧式なものから新しいスタイルにした。新しいスイートは、ワイヤレス・インターネット、電子レンジ、冷蔵庫を装備し、カーペット敷きとなっている。「学生の要求と関心にかなう生活空間を提供することは肝要である」と、学生担当副学長のロンダ・H・ラッキーは語る[10]。ボストン大学はチャールズ川沿いに26階建てのガラスとスチールのタワーを、ウォークイン・クロゼットと床まで届く鏡とともに建設した。あまりにも素晴らしいため、子どもが入居する際、「親の開いた口がふさがらない」と、ボストン・グローブ紙が報じたほどである。「学生は美を好み、その美は与えられるべきである」と、同大学学生担当副学長のケネス・エルモアは語る[11]。

　このアメニティ装備合戦は勿論、新しい入居施設の建設に留まらない。施設新設の決定と同じぐらいのスピードで、学生会館や食堂、レクリエーション・センター、演劇のためのアートスペースを建設するために、クレーン車と建設業者は過去10年間、キャンパスを覆い尽くしてきた。ゲッティスバーグ・カレッジは、ボルダリング[6]・エリア付きの55,000平方フィートのレクリエーション・エリアに、2700万ドルを投じた。ドレクセル大学は、ウォーキングとジョギング用のトラックを有する84,000平方フィートのレクリエーション・センターに、4500万ドルを費やした。メンフィス大学は、劇場、フード・コート、24時間オープンのコンピュータ・ラボを有する、169,000平方フィートのキャンパス・センターを建設するのに、5000万ドルを費やした。そして、カリフォルニア州立大学ノースリッジ校は、1.25億ドルの舞台芸術センターを計画するのに10年かけた。これは2011年にオープンした[12]。

　この新しいアトラクションを将来の学生やその両親に見せびらかすため

---

6)　ボルダリング（bouldering）：ロッククライミングの一種。ロープなしで数メートルの大きな岩を上る。

に、キャンパスツアーも作りかえられた。アドミッション担当は、このツアーを「黄金マイル」や「100万ドル・ツアー」と呼ぶ。キャンパスツアーほど、学生の最終的な決断の決め手となる要素はないからである。結果として、大学のキャンパスツアーは、単なる情報伝達——これはいずれにしてもホームページでみた方が有効ではあるが——というより、体験を得るようなものとなってきた[13]。秘密裏に雇われるコンサルタントは、ツアーの悪いところ——たとえば、ツアーで逆戻りする（ツアーの歩みを遅くする）、どのキャンパスにもある、とくに特徴のない建物を見せる（図書館等）など——を指摘するなど、ツアーの総点検を行い、数千ドルを請求する。このようなコンサルタントのなかで最も著名なジェフ・カッレイは、ディズニー・ワールドに何度も訪問した経験を活かし、これをキャンパスツアーに当てはめる。彼の会社、ターゲット X（TargetX）は200大学近くに助言をしている。たとえばヘンドリクス・カレッジ（この大学のキャンパスツアーで学生とその両親は、自分達のみに個別に合わせたパンフレットと行程表をもらえる）、アメリカン大学（来客は、VIP として個別パスをもらえる）、ヨーク・カレッジ・オブ・ペンシルベニア（ガイドがツアーの途中で、教員を紹介する）などである。

　学生とその両親は、「より良い寮や、ハイスピード・インターネット、そしてより美味しい食事のために、授業料が値上がりすることを喜び」、肯定的に捉える消費者でい続ける、とジェイン・ウェルマンは語る。大学が休戦を宣言する理由はどこにもない。とは言っても、ハーバード大学が寮を全て、監獄のようなものに置き換えたとしても、学生は入学し続けるであろう。結局のところ、教育の質が大事なのである。

　ニューヨーク・タイムズの記者が「大学がとても到達できないようなアメニティの頂点、温水プールに滝、プールの滑り台を遙かに超えるものは何か」と、ヒューストン大学のキャンパス・レクリエーション担当ディレクターのケーシー・アンジビーノに問うたところ、彼女は答えることができなかった。「あるべきだと思うが、それが何かは私には分からない」と彼女は同紙に回答した[14]。

　もしかしたら、少なくとも現時点において、そのような限界は存在しない

から、答えられなかったのかもしれない。もし私の言うことを信じられない
のであれば、ノースカロライナ州にあるキャンパスを見てみるとよい。この
ハイポイント大学は私が今までに訪ねたことのないような大学である、とい
うのでは全く言い足りない。一つには、ここのキャンパスツアーはゴルフの
カートで行われる。ツアーを開始し、ガリレオやジェファーソン、アリスト
テレスの銅像の前を通過すると、見えないように仕込まれたスピーカーか
ら微かなクラシック音楽がきこえてくる。コーナーを回るたびに、両親や
学生の呆気にとられた顔をみることができる。封切り映画が上映される映
画館、ステーキハウス、野外の温水プール、キャンパス中にある無料の食
べ物、アイスクリームの循環車（定価3.98万ドルの授業料に含まれる）。この
大学は全米で唯一、WOWのディレクターを雇用している大学かもしれない。
このディレクターの仕事は、在学生と未来の学生を喜ばせることと、そして
勿論、コンソルジュ・デスクを監督することである。これは本当に大学なの
である——リッツ・カールトンではない。コンソルジュのカウンターで学生
は、お勧めのレストラン情報を得たり、洋服をドライ・クリーニングに出し
たり、図書館の本を返却したりできる。これらは全て、モチベーショナル・ス
ピーカー[7]で億万長者であり、2005年に学長となった、ニド・クベインの
構想なのである。さらに多くのものが計画されている。新しい学生寮、健康
科学院、薬学部、そしてスポーツ競技場。これら諸改修の2020年までの費
用は、21億ドルに達すると見込まれている。ムーディーズの信用格付けでは、
同大学の借金を取るに足りないものと評価し、同大学を、低い自己資本比率
で最も巨額な資金を動かす米国の高レバレッジ機関のうちの一つとした。学
生に対する過剰なサービスは、無料の宣伝効果を広範にもたらした——ただ
し、全てがハイポイント大学執行部に歓迎されているわけではない。ビジネ
ス・ウィーク誌は2012年にハイポイント大学を紹介し、1.65億ドルを超え
る借金に鑑み、同大学が「財政的損害」を避けることができるかについて疑
問を呈した（同大学は、年間1.05億ドルの収入しかないのである）。「バブル大学」
という見出しは記事の内容をよく物語っていた。

---

7) モチベーショナル・スピーカー（motivational speaker）：聴衆をやる気にさせる演説家。

54　第 I 部　どのようにしてこのようになったのか

　ハイポイント大学は間違いなくアメニティ・レースの最前線にあるが、大学の野望のために借用証書の山を抱えているという意味では、同列の大学が沢山ある。失われた 10 年に大学の改善に多大な投資をした大学は、これらを大学基金や寄付でまかなうことはしなかった。彼らは、時には自分たちの限度を超えて、借金をしていたのだ——現在の大学の財務モデルが永続し、自分たちの投資がいつかは回収されると信じて。理事会も大学も、「建設せよ。されば学生は入学する」と考えていた。そうこうしているうちに、大学の借金総額は 2000 年時点から倍増し、3000 億ドルを超えた。これら途方もない施設は、クリスマスに新しいキラキラとしたオモチャをもらった子どもと同様、大学のリーダーを有頂天にし、学生に上流生活の気分を与えたが、借金による実質的なコストに注意を払うものは少なかった。さらに、学生の実際の学びに対しての、これらアメニティによる意図せざる結果に気づく者はもっと少なかった。フリークライミング用の壁、フード・コート、そして映画館は、学習以外の選択肢をたくさん提供していたのだ。

　大学は楽しみを与えるべきではないと言うつもりはない。しかし、本来学業のために大学に入学をしているのに、学生がそれに割く時間が僅少であるというのは事実である。『学業的漂流』の調査によると、学生は週に 26 時間、授業やラボ、研究などに費やす。自分たちの時間の半分以上である推定 86 時間は、交友やレクリエーション、大学が気前よく提供した娯楽に費やされていた。予想に違わず、同調査によると、教室や研究以外に費やす時間が多いほど、大学学習評価テスト（CLA）の成績は低い。さらに悪いことに、経済的に恵まれない学生ほど、こうしたどんちゃん騒ぎの悪影響を受け成績が低く、卒業後のセーフティ・ネットから外れることが多い。ミシガン大学の社会学者、エリザベス・アームストロングがインディアナ大学の初年次女子学生 53 名を対象とした調査で、恵まれた家庭の学生は一般に、家族の支援を得て、学部時代の低い成績の埋め合わせをしているということが判明している[15]。

　「消費者はいつも正しい」というメンタリティーは、学生に対して何よりも、権利者意識を植え付けた。ハイポイント大学はコンソルジュ・デスクを有す

唯一の大学かもしれないが、過剰なほどに多く、自由に使えるプロのカウンセラーやアドバイザーのもとで、学生はトラブルは誰かが自分の代わりに解決してくれることを期待するようになっている。豪華な宿泊施設は権利者意識を醸成するだけでなく、多様な人と付き合ったり、トラブルを解決したりする学習の機会を僅少なものとしている。彼らの前の世代は、ランダムに組み合わせられた同級生と、狭い相部屋で共同生活を送ることを通して、こうしたスキルを素早く獲得していた。今では多くの大学が、洗練された SNSツールを用いてマッチングを学生間で行うことを許している。

　大学は、タフな世界に十分に準備できていない学生世代を輩出しているだけでなく、これら機関と同様、借金に首まで浸かった世代を生み出している。

3. 1兆ドルの問題

　ケルシー・グリフィスが高校最高学年時にオハイオ北大学を訪問したとき、彼女はここのキャンパスに一瞬で一目惚れした。合同メソジスト教会により設立された、在学生 3600 名のこの私立大学は程良い規模で、マーケティングのコースと女子学生向けの社交倶楽部の生活もあり、元気一杯の 18 歳の女の子の探し求めていたものそのものであった。グリフィスにとってオハイオ北大学における生活は、オハイオ州の北西 30 分にある、彼女の出身地である田舎のホームタウン、オタワから出る第一歩を意味していた。

　グリフィスは質素な家庭の出身であった。彼女は 5 人姉妹の一人であった。彼女の父親は救急医療隊員で、母親は幼稚園の先生であった。当時 3 万ドル程度であったオハイオ北大学の授業料と諸経費は負担するのには少々厳しく、大学の入試関連資料や巧みな売り込み資料に、「初めて目の当たりにする定価価格の衝撃を乗り越えるように」と度重ねて書いていなかったら、同大学は敬遠されていただろう。

　「私は本当に頑固だったのです」とグリフィスは思い出す。「両親が十分な収入を有さないから、この大学には行けないと、誰にも言わせなかったのです」。

　誰か——もしかしたら大学自身が——どこかの段階で彼女に、オハイオ北大学の学費は負担不能であると告げるべきあった。しかし、高校最終学年の春に学資援助の連絡が届いたころには、彼女は入学をすでに決意していた。この学資援助のパッケージが、多大な学生ローンより成り立っていることを彼女はほとんど気づかなかった。また学資援助のカウンセラーも、この私立大学に進学することの利点のみを強調し、卒業後の毎月の支払いを明示する

ことはなかった。

　年を重ねるごとに、彼女の学資援助は学生ローンで補填され、最終学年になりようやく大学が奨学金額をあげ、借金が更に増えることが避けられた。しかし2012年5月の卒業時点でグリフィスは驚くなかれ、12万ドルものローンの借金をかかえていた。フルタイムの職もなく、グリフィスは地元に戻り、毎月900ドルの借金返済を稼ぎ出すために3つの異なる仕事をした。「学生時代は、借金というものが具体性を持たなかった」とグリフィスは語る。「それほど大したことのように思えなかった」[1]。

　グリフィスの借金は異常なほどであるが（卒業後に10万ドル以上の学生ローンを抱える学部生の負債主は1％未満である）、普遍的なのは、「気分」で大学選択がなされていることである。近年、一部の生徒にとって大学選びは、中学段階ですでに始まる。高校1年生に入学する頃には、すでに特定のキャンパスに心を決めている。しかし家や車などの人生の主要な買い物と異なり、大学選びにおいて多くの家庭はどの程度実際に費用がかかるのかを認識しておらず、さらに重要なことに、最終決定の数週間前まで、どのようにこれを経済的に負担することになるのかを厳密には知らない。高校最終学年の3－4月のこの時期、大学のセールスの謳い文句は、冷血な経済的現実を帯びたものに変わる。このプレッシャーのもと、一部の家庭は誤った経済的決断を行う。学生は他にどうして良いのか分からないためであり、親は子どもを失望させたくないからである。

　ケルシー・グリフィスがオハイオ北大学を卒業した週末、彼女の記事はニューヨーク・タイムズの一面を飾った。学生の借金負担というテーマのシリーズの記事の一つとしてである。その春、米国における学生ローンの総額は、クレジット・カードや自動車ローンなどの他の家計の借金が縮小していたにもかかわらず、1兆ドル越えを記録した。巨額の、切りの良い数は人々の注目を集める。この節目ともなる1兆ドル越えは、前年の秋に起きた「ウォール街を占拠せよ」抗議運動と、高等教育機関の授業料値上げについてオバマ大統領が警告を発したその冬の一般教書演説に続いて起きた。学生ローンに関する話題は、ほぼ毎日のように見出しを飾っているかのようで

58 第 I 部 どのようにしてこのようになったのか

あった。

この話題に乗り、タイムズはそのウェブサイトに洒落たインタラクティブなグラフィック画面を作り、大学名を入力すると、学生が卒業時までにため込む負債総額と、学生ローンの借り入れをした学生の割合を表示するようにした。私はいくつかの大学名を入力してみた。ロチェスター工科大学、該当無し。ノースカロライナ大学チャペルヒル校、再び該当無し。ドレクセル大学、該当無し。

何か間違っていたのだろうか？細かい注意書きを見ると、データが大学の自己申告によること、多くの大学が参加していないことが分かった。データは、US ニューズ＆ワールド・レポート、ピーターソンズ[1]、カレッジボード[2]を含むいくつかの機関が行う毎年の調査によるものであった。問題は、これらの調査に大学が回答をしていなかったり、負債に関わる回答欄を空のまま回答したりしていたことである。実際、全国四年制大学のうち約半数しか、負債平均額と、借り入れをしている学生の比率との両データを、提供していなかった。ニューヨーク・タイムズのレポート以降、オハイオ北大学はこの調査に回答をもうしないと宣言した。

未来の学生が大学選びにおいて実際に関わる費用を見積もるのに、こんなにも重要なデータを大学が提供しないというのは、一体どういうことか？どうしてこの重要な情報を共有しないのか？実際にどの程度の費用がかかり、どの程度の学資援助を得られるかについて大学はある意味、家庭にあまり多くは、そしてあまり早い段階においては、知って欲しくないのである。

ケルシー・グリフィスと同様、大学は未来の学生の感情にまず働きかけ、いくらかかろうとも、この大学に入りたい、という気持ちにさせたいのである。大学選びにおいて経済的負担可能性も勘案されるように、議会は最近、奨学金を得たあと大学の費用が実際にどの程度かかるかを学生が計算できる「正味価格計算機」を大学のウェブサイトに置くことを義務化した。大学選

---

1) ピーターソンズ（Peterson's）：米国大学についての情報提供会社。大学全般のデータに加えて、学生ローンの情報を提供する。

2) カレッジボード（College Board）：アメリカの大学入試で利用される大学進学適性試験（SAT）や、高校生に大学レベルの講義を提供する AP プログラム（Advanced Placement Program）を主催する非営利団体。大学入試や大学教育、学資援助等に関わる各種の情報提供も学生、親、大学等に対して行う。

びの際は、必ずこの計算機を大学のウェブサイトで確認されたい。一部の大学はこれすらも、隠したがっているのである。

　学生の負債に関するデータは、極めて幅広い、負債者のグループ別についてしか存在しない。米国教育省はたとえば、大学の設置形態別（公立または私立）、家庭収入別、そしてその他いくつかの類型別に学生の負債額を提示している。この数字は、同省が四年ごとに行う調査によるものである。カレッジボードやニューヨーク連邦準備銀行を含むその他の機関も、学生ローンの借入者に関するデータを提供しているが、彼らもまた、大学別にはこのデータを出していない。これら調査からは、学士号取得者の3分の2が、高等教育を受けるために、連邦政府あるいは民間の銀行から、ローンを借り入れていることが分かる。1990年代初期は45％であったその割合が、ここまで拡大している。全借入者についての平均負債額は2011年に、2.7万ドルであった。4人に1人が2.8万ドル以上を借り入れ、借入者のうち1割は5.4万ドル以上の負債を抱えている[2]。

　表面上、この値はパニックするほどではないように見える。しかしこの数値は、米国の学生ローンの負債の実態をほとんど語っていない。実態は各大学のその数値、ただしその数値が得られればであるが、のなかに隠されている。ニューヨーク・タイムズのインタラクティブ機能に立ち戻ろう。今度はプリンストン大学と入力する。2011年について見ると、プリンストン大学では卒業生の23％の者しか負債を抱えておらず、その負債平均額は5,225ドルのみである。過去10年間プリンストンは、他の裕福なエリート大学と同様、ローンを奨学金パッケージの一部として、なくしてきた。つまりプリンストンの大学生がローンを借り入れるとしたら——実際そうしているように——、それは授業料以外の支出分を賄うためのみである。プリンストン大学の負債レベルを、オハイオ北大学のそれと比較してみよう。オハイオ北大学では学生の85％が、平均4.9万ドルの負債を負って、卒業する。

　卒業時点ですでに、オハイオ北大学の卒業生はプリンストンの卒業生に比べて4.4万ドルも多く負債を抱えている。これは向こう10年間、毎月430ドルの支払いを意味する——金利が3.4％と甘く見積もればである。大学の

学位は、卒業後にどのような職を得るか以上に価値のあることである。しかし、卒業後にローンを返すことを考えると、卒業後の初めの数年にどの程度の収入を得られるかは重要な要素である。Payscale.com によると、プリンストン大学卒業生の平均初任給は 5.69 万ドルである。オハイオ北大学のそれは 4.48 万ドルである。10 年後にこの差は拡大し、プリンストン大学生はオハイオ北大学生より毎年約 3.7 万ドル多く収入を得る。別の見方をすると、プリンストン大学の卒業生の毎月の返済は毎月の給与の 1%のみであるのに対して、オハイオ北大学の卒業生は給与の 13%を負債返済にあてなくてはならない。

　プリンストン大学はオハイオ北大学より入学選抜が厳しく、卒業生は世界中の民間あるいは公的セクターの、最も優れた職に就く。誰しもがプリンストン大学に入りたいわけではないし、入りたいと思ったからといって入学できるわけではない。オハイオ北大学の卒業生の一部はプリンストン大学の卒業生より遙かに多くの収入を得る。両者の比較は極端すぎるかもしれない。しかし、ケルシー・グリフィスの家庭を含め、想定される負債額と想定される給与額を比較する、ということをする家庭はほとんどないようである。

　ニューヨーク・タイムズにケルシーの話がのった後、学資援助の専門家でミシガン州立大学の学部長でもあるドン・ヘラーは、なぜ彼女がオハイオ北大学に行くためにこんなにも負債を抱え込むことにしたのか不思議であるとした。彼によると、オハイオ州では 11 の州立大学がマーケティングの学士号を提供している。そのうち 2 校、ボーリング・グリーン州立大学とトレド大学は正味 6 千から 7 千ドル、オハイオ北大学より安い。

　「オハイオ北大学が魅力的に見えたのは分かるが、かかる費用とそれに伴って借り入れをしなくてはいけない額の現実も含めて、魅力的でなくてはいけない」とヘラーは自分のブログに書いた。「学資援助の提供額も含め、入学許可に応じるかどうかの最終決断をするのは、学生とその家族なのである」。

　大学のために負債をこれほど借り入れる家庭というのは、無責任なのだろうか？卒業後、どの程度負債を返却しなくてはいけないか、大学側は十分に明示しているのだろうか？学生の負債はどの程度から、限度額を超えている

というのだろうか？卒業生の何割が最終的にローンを返済しきるかについて、大学にも責任がよりあったとしたら、大学は学生にこれほどまでに借り入れをさせるだろうか？学生ローンの借入れのしやすいことで、授業料を低額に抑える圧力が弱まっていやしないだろうか？

そもそも高等教育を受けるのに、どうしてこれほどまでにローンに依存するようになったのだろう？このトレンドを逆転させることはできるだろうか？あるいは、大学をより負担しやすいものにすることはできるのだろうか？これらの疑問は、将来の高等教育の負担の方法について新たなシステムをデザインする上で、答えていかなくてはいけないものである。

安い授業料の日々は終わった

授業料の高騰について、学生やその両親は数十年にわたり愚痴をこぼしてきたが、卒業生の負債負担拡大にかかわる懸念は、比較的最近の現象である[3]。

1900年代の初めの半世紀、アメリカ人の学生の8割を教育する州立大学の平均授業料はゆうに年間100ドル以下であった。学資援助は珍しかった。授業料が低額で、学位の取得が比較的容易であったからである。第二次世界戦の終焉は、復員軍人援助法（G.I. Bill）の施行により、所謂「高等教育の黄金時代」の幕開けとなった。同法は、年間500ドルの授業料手当と、毎月75ドルの生活費を補助した——多くの大学において、必要とされる授業料より遙かに多い額である。結果として大学入学者は、第二次世界大戦以前は150万人であったのに対し、戦後は復員軍人援助法により200万人以上となった。

1950年代および1960年代初期に多くの州は、大学入学者数を拡大するために、授業料を低額で維持しようとしていた。その目的のためには低額の授業料が最も公平で最も簡単な方法である、と立法府の議員は主張していた——この方法は、事務手続きが少なく、かつ、納税者全員に同じだけの助成を提供した。しかし1960年代後半になると、戦後に徐々に伸びていた授業料の、伸びのペースが速まった。ベビーブーム世代が大学教育の需要に拍車

62　第Ⅰ部　どのようにしてこのようになったのか

をかけ、大学側はこれに対して、新しい建物や新しい教員に莫大な費用をかけることで応えた。カレッジボードが授業料を記録しだした 1971 － 72 年度には、州立四年制大学の授業料平均は 376 ドル、1964 年のそれより 44％高かった。

　1960 年代中盤まで、連邦政府の高等教育に対する役割は限定されていた。これは 1965 年の高等教育法の成立とともに変わった。この包括的な法律は史上初めて、政府の保証する学生ローンを設立したのだ。1972 年、この法は改定され、困窮する学生を直接支援する新しい奨学金制度（後にペル奨学金と名称変更）と、州が独自に学資援助プログラムを設立するインセンティブとが設けられた。1979 年には全ての州が奨学金プログラムを独自に運営しており、このプログラムにつぎ込まれる納税者の税金は、1980 － 90 年代にかけて顕著な成長を見せた。

　しかし各州はその 20 年間において同時に、州立大学に直接配分される予算の削減を開始した。多くの州は、「高額の授業料、高い経済支援」の精神を採択した。これは、州立大学の授業料が全ての学生について値上がりする一方で、その大学における収入が経済的に困窮する学生に州政府から再配分されることを意味する。一部の州、特にカリフォルニア州とノースカロライナ州は、「低額の授業料、低い経済援助」モデルを維持し、州立大学に対して気前の良い補助額を注ぎ込み続けた。私がクロニクル・オブ・ハイヤー・エデュケーション紙のレポーターとしてノースカロライナ州を取り上げた 2001 年には、ノースカロライナ大学システムの授業料と諸経費は年間約 2000 ドルであった（2012 年には、同州のフラッグシップ大学であるチャペルヒル校の授業料は 7000 ドルであった）。

　州立と私立大学の授業料高騰のペースに合わせて、連邦政府による高等教育支援の役割も拡大した。同時に、連邦政府が大学教育を負担する家庭を支援する方法も変わった。1980 年には、学資援助の半分以上が奨学金として支給されていた（つまり、返還の必要がなかった）。現在、この状況は逆になっている。学資援助の約 4 割がローンの形態を採る。1980 年代、授業料が毎年インフレ率を超える値上がりをしていた頃、レーガン政権の教育系幹部は、

連邦政府が学資援助予算を毎年拡大させることで、授業料の値上げを間接的に誘発しているのではないかと疑った。ニューヨーク・タイムズに1987年に掲載された影響力のあるエッセイにおいてウィリアム・J・ベネット教育長官は、「近年の学資援助の拡大により、高等教育機関は無邪気に授業料を値上げできた」と指摘し、激しい論争を引き起こした[4]。彼は、学資援助がなければ、通常の市場において消費者が価格を統制するのと同じように、家庭は高額の授業料を払うことを拒否しただろう、と論拠した。ベネット仮説として知られるこの理論は、数十名の研究者が過去25年間において精査し、多様な結果が得られている。

しかしこれだけは明らかである。学生が連邦政府から借り入れられる上限額について議会が厳しい制限を設けている一方で、学生やその家族が大学のために借り入れているお金の総額は2000年から倍増している。つまりこれは一般に考えられているのと異なり、「学生ローン」が単一の製品ではないことを意味する。学生ローンには多様な種類があり、家庭は多くの場合、一つの学生ローンでは足りないとき、異なる学生ローンでも借り入れをする——ただし、より悪い借り入れ条件で。

学生ローンのプロセスは極めて複雑で、この業界をずっと追ってきた者にとっても、難解である。毎年この迷路に放り込まれる両親や学生の窮状は、想像を絶する。

2012年春に私がオーランド郊外の高校で出会った最高学年の学生とその親の小グループを見てみよう。それは大学を決定しなくてはいけない5月1日の1週間強ぐらい前のことで、彼らは学資援助の条件について数名のカウンセラーと相談するために平日の朝、集まってきていた。長年の自分にぴったしの大学探しの末、最後の決断の時が来たのだ。多くは、複数の志望校からの学資援助条件の結果を待っていたのである。今が決断の時であった。

グループ別の短時間の意見交換の時間があった後、親と子はカウンセラーとの個別相談に入った[5]。席につくと、科学に関心をもつ、がっしりした体の17歳のマットは、北東の都市部の大学が志望校であると教えてくれた：ドレクセル大学、ビラノバ大学、フォーダム大学、そしてホフストラ大学。

小さなテーブル越しに、カウンセラーは学資援助の条件を広げた。皆でそれに一つずつ目を通しながら、カウンセラーは自分で作成したカンニングシートをチラチラと見ていた。なぜそのようなことをしているかは、すぐ分かった。学資援助のレターを理解するのはほぼ不可能だったからである。どのレターもそれぞれにフォーマットが異なり、難解な略語やローンと奨学金の組み合わせを用い、両者の境目を曖昧にし、余計に混乱を作っていた。最もひどいものは、これがとてもお買い得であると生徒にアピールする。このような慣行を取り締まる者はいない。自動車や家を購入したり、クレジット・カードのために証明したりするときと異なり、大学は標準的な情報公開のフォームを提示しなくて良いのである。

　マットの学資援助の条件はどれもスタッフォード・ローンを含んでいた。いくつかのレターは、これがローンであることを明確にしていたが、いくつかは単に「スタッフォード（Stafford）」という用語を用い、その直後に「補助あり（subsidized）」あるいは「補助なし（unsubsidized）」という言葉を続けていた。マットの母親はすでに混乱していた。彼女はカウンセラーに、その違いを説明するようお願いした――ローンにおけるこのような記載を彼女が初めて見たとは思えないのだが。カウンセラーは、マットが初年次に連邦政府のスタッフォード・ローンの最高額である5500ドルを借り入れても良いことを説明した。そのうち3500ドルは連邦政府の補助を受けるため、在学中あるいは猶予期間となる卒業後6ヶ月の間は利息を課されない。残りの2000ドルについては、利息が累積する。カウンセラーは更に、マットがスタッフォード・ローンから4年間で借り入れられるのは2.7万ドルが最高で、これは彼の志望校のどれをとっても、初めの一年にかかる額より少ないことを説明した。

　カウンセラーは再び、自身のカンニングペーパーをみた――ローンを助成金や奨学金からきれいに分離したエクセル・シートだった。分離すると、個々の大学の条件を比較しやすくなるのである。マットの母親は、なぜ大学がまず、マットとその家族が自費負担すべき額を提示しないまま、どれもローンを組み込んでいるのか質問した。「必要以上にローンを借り入れなくてはい

けなくなってしまっては困るでしょう？」と彼女は聞いた。カウンセラーは
うなずいた。この混乱のなかで、大学のための必要以上の借り入れが始まる
のである。

　カウンセラーのシートで、ローンの列はさらに二つのローンの種類に分か
れている。志望校のうちの2大学、ドレクセル大学とビラノバ大学は、学資
援助のパッケージに親共同負担ローン（Parent PLUS Loan）を含む。ドレク
セル大学の親に課されるローンは初年次に1.5万ドル以上である。カウンセ
ラーは、このローンについてはマットの母親が自身で申請し、マットではな
く母親自身が返済義務を負うと説明する。この政府保証のローンは近年、親
が子どもの大学教育を負担するための一般的な方法になったのだ。親共同負
担ローンの総額は過去10年で倍になった。ある面、親は他にお金を工面を
する方法がない。不動産破綻により、失われた10年のときのように容易に、
持ち家を担保に借金をすることが出来なくなったのだ。学生対象の民間融資
に対する取り締まりの強化が更に一部の借入者の状況を悪くした。利息約
8％の親共同負担ローンが実質、子どもをどうしても大学に送り込みたい切
羽詰まった親の最後の頼みの綱なのである。その結果として、一部の大学で
は膨大なローンが流れ込んでいる。ドレクセル大学ではたとえば、この親共
同負担ローンの平均借入額が、2000年水準のほぼ3倍である2.4万ドルとなっ
た。

　マットの母親が更にいくつか質問をすると、カウンセラーはイライラして
きた。すでに10分程度経過しており、外では親子が列になって待っている。
マットはまだ決断できていなかった。別れる手みやげとして、カウンセラー
はマットに例のシートを渡した。廊下でマットの母親は、カウンセラーに聞
き損ねた質問を私にしだした。親のローンの額が気になっているのは明白だ。
「4年間ずっとこの借り入れをしなくてはいけなくなったら、どうすればよ
いのでしょう？」と彼女は質問する。6万ドル以上借り入れをしてしまう可
能性がある。マットは3人の子どものうち一番上であること、彼女とご主人
が最近、退職年金に向けての積立額を増額したことを彼女は説明した。この
積み立てを完全に取りやめた方が良いのか、彼女は悩み出しているのだ。私

は、自分が大学の学費負担の専門家からほど遠いことを説明しつつ、しかし多くのファイナンシャル・プランナーが、子どもを大学に行かせるために年金の積み立てを控えることは避けるように助言すると伝えた。結局のところ、年金のためにはローンの借り入れはできないのである。

　数週間後にマットと再会したとき、彼は、親の負担が最も低いフォーダム大学に決めたと伝えてくれた。「親が心配だったのです」と彼は語る。「まだ僕の妹たちも大学に行かせなくてはいけないし、親にいつかは引退してもらいたかったのです」。

　マットの大学探しのフラストレーションを聞き、経済的な問題になった段階で特に、なぜこんなにも少数の人しか生徒とその親を助ける人がいないのか、不思議に思った。大学の学資援助担当者はマットとその家族を支援するどころか、学生を大学に入学させる歯車の歯の一つになってしまったのだ。そして失われた 10 年に一時期、学生から利益を得るために、執行部の一部は銀行と積極的に結託していたのだ。

学資援助を売る

　2005 年 7 月 4 日、ムッとするような暑い週末に、全米の大学から 3000 名以上の学資援助担当者が、毎年の全国大会のためにニューヨーク市に集まった。ヒルトン・ニューヨークで開催された集会は、産業界のコンベンションの典型であった。ヒルトンの大宴会場のランチの席で、ニューヨーク・ジャイアンツのランニングバック[3]であるティキ・バーバーが、NFL[4]の名ランニングバックとしての長いキャリアからリーダーシップに関する教訓を引き出しつつ、プロのアメフトにおけるストーリーで、聴衆を魅了した。マンハッタン・ミッドタウンのホテルでは 4 日間にわたり、効率的なオフィス運営から連邦政府規則の遵守方法までについて数百ものセッションが、学資援助の担当者向けに繰り広げられた。パネル・ディスカッションの合間に参加者は、

---

　3)　ランニングバック（running back）：アメフトのポジションの一つ。
　4)　NFL（National Football League）：米国最上位のプロのアメリカンフットボールリーグ。

宣伝用のペンやテレビ、コンピュータ、ボーズのヘッドホン、ロブスターのディナー券などの景品くじで客を呼びこむ、数十の企業が自社製品を紹介するブースのある展示ホールで、たむろした。

この大会が、他の高等教育関係の大会に比べて際立っていたのは、この大会の夜な夜な起きたことであった。ある大学担当者のグループは、ロックフェラー・センター65階のレインボー・ルームで接待を受けていた。学資援助カウンセラーの別のグループは、銀行やその他の金融業者からの厚意により、満員御礼のブロードウェー──ウィケッドやプロデューサーズを含む──の一階前席を陣取っていた。特に素晴らしかったのは、イーストリバーのディナー・クルーズであった──200名が、メイシーズが主催する毎年恒例の花火大会の一等席を得た。「この素晴らしいショーとディナー、プレミアム・ビールと共に、ダンス、DJ、景品、そして、その他の色々なお楽しみが満載です！」と宣伝がされていた。ディナーのメニューは、アーティチョークにキッシュ、ポートワインで甘み付けされたデミグラス・ソースがかかったフィレ・ミニョン、トリュフ入りのマッシュポテト、そしてヴァローナ（Valrhona）のキャラメル・アイスクリーム添えチョコレート・タルトであった。クルーズは7万ドル以上し、JPモルガン・チェースが負担した[6]。

銀行員はみな同じことが目的だった──大学推薦の金融機関リストに連なるための確約を得ることである。連邦政府から学生が借り入れできる額は失われた10年において、大学のコスト高騰のペースに追いつかなかった。連邦政府の学資援助からあぶれた学生は他の手段を探すしかなかった。家やその他の資産を担保にローンを組めない者にとって、残された少ない選択肢は、民間金融程度しかなかった。民間金融はそれまで大学院生、特にメディカルスクールやロースクール、ビジネススクールに入学する者が主に利用していたものである（つまり、規制からはずれる高金利のローンであっても、最終的には返済のできる人たちである）。

大学推薦のリストに載ることは、金融業者にとって一攫千金のようなものであった。このリストは、大学がローンを探す学生に提供する一覧である。その一覧から金融業者を選ばなくてはいけないという訳ではないが、9

割の学生がそのようにしていた。大会での景品等のほかに、金融業者は学資援助担当者に臨時のスタッフや袖の下を提供していた。稀なケースではあるが、学資援助担当者が時には自らが推薦した金融業者の株を保有していたり、理事会の一員であったりした。テキサス大学オースティン校の学資援助担当者は金融業者からの心付けをアイスクリームやハッピーアワー、バースデーケーキのように扱っていた。

学生も、（金融業者がそのリストに載るためにディスカウント・ローンを提供した場合）時には恩恵を受けたが、多くの場合、両者の癒着は大学側の支持もあって、学資援助のスケールの拡大につながった。ニューヨークにおける度を過ぎた大会の 1 年後、ある金融業者はそのリストに載ることを切望するあまり、ニューヨーク・タイムズの日曜版に 2 頁見開きの全面広告を掲載し、学資援助担当者が袖の下や賄賂を受け取っていると告発した。この広告はニューヨーク州検事総長オフィスの関心を惹き、850 億ドルの学資援助業界の広範な調査につながった。2 年間の調査の結果、人を欺くような商慣習や手続き、広範な賄賂の受け渡しが存在することが明らかとなった。この調査により、50 の大学と金融機関間で総額約 2080 万ドル規模の和解契約がなされた[7]。

この捜査は銀行と大学を、大学生を借金地獄で苦しめる悪者に仕立て上げた。しかし家族がいつも罪のない犠牲者であるとは限らない。ナタシャ・ヴァン・ドレンの場合を見てみよう[8]。彼女の娘のマライヤは、サザン・ニューハンプシャー大学（SNHU）に行くと心に決めていたが、ナタシャは一年生になるためのデポジット 500 ドルが払えなかった。そこで彼女はポール・ルブラン学長に電子メールを書き、この 500 ドルを適用しないようお願いした。ほとんどの学長は毎年、同様の懇願書を受け取る。しかし、ルブランは、ナタシャがこの程度の少額のデポジットを負担できないのに、授業料をどうやって支払うつもりなのか、疑問に思った。マライヤの学資援助の条件を見てみると、初年次に 7000 ドルを借りられることになっていることが分かった。しかしそれでも 1 万ドル足りないため、その他の追加的なローンを組まないといけなくなる。これではサザン・ニューハンプシャー大学を経済的に

負担できないと判断し、ルブランはマライヤの母に電子メールでそのように
告げた：

> マライヤがSNHUに心から入学したがっているのは分かりますし、私
> たちも相当な額の助成金（約1.2万ドル）を申し出ています。しかし、
> 初めの2年間はより経済的に負担しやすい二年制のカレッジに行き、そ
> の後編入をするということは考えられないでしょうか？彼女はそれでも
> 2年間は我々と共に学べ、SNHUの学位も取得でき、かつ、経済的なコ
> ンディションはずっと良好なものとなります。ぜひご検討されてくださ
> い。マライヤを入学させたくなくて、このようなことを言っているので
> はありません。この大学に入学したいという熱意が、経済的な状況に関
> する彼女の判断を鈍らせていると思うからです。また、仮にデポジット
> をここで受け取らなかったとしても、残りの1万ドルの追加的資金を見
> つけることができるか不安です。

感情が経済的な判断を鈍らせることを、ルブランは見抜いていた。しかしナ
タシャ・ヴァン・ドレンはこのような回答に不服であった。そこで彼女はも
う一度ルブランにメールを書いた。

> これは、私の懇願が何にも繋がらなかったことを意味するのでしょう
> か？大学はいつも、大学の授業料を負担する方法は必ずあると言ってい
> ます。収入の75％が家賃に費やされる家庭に、1万ドルを負担させよ
> うというのは、馬鹿げています。

ルブランはもう一度、コミュニティ・カレッジを勧め、自分も経済的理由に
より第一希望の大学に入れなかったと伝えた（彼の父は石工で、彼の母は工場
労働者であった）。

> 時に、どうしても数合わせが出来ないときがあります。収入の75％を

家賃に必要とする家庭はここの教育を負担できないというのはまさに、私が憂慮した点です。彼女を 2 年後に酷い苦境に陥れたり、仮に卒業ができても首まで借金に浸からせたりしたら、彼女のためになりません（どんなに成熟していても、高校生が借金のインパクトを正しく認識できるとは思えません）。

　ナタシャ・ヴァン・ドレンはルブランの助言を「ヒドイ」と決めつけ、無視した。ナタシャはコミュニティ・カレッジに行っており、娘にはもっと良い大学に行って欲しいと思っていた。デポジットのためのお金をようやくかき集めた頃には、サザン・ニューハンプシャー大学の寮に空きがなくなっていた。このためマライヤはヴェルモントにある四年制の私立大学マールボロ・カレッジに行くことになり、初年次に 1 万ドルの借金をすることになった。

　ルブランのように、自分の大学に入学しないように勧める学長は滅多にいない。ジョン・セックストンは、さらに大きな規模で、これを試みた学長であるが、やはりあまり成功したとは言えない。セックストンはニューヨーク大学（NYU）の学長である。年間 6 万ドル近くかかる、全米で最も高額な大学である。世界で最も地価の高い場所にある。学生規模が大きいにもかかわらず、大学基金が比較的小規模のため、競争しあっている大学ほどに寛大な学資援助パッケージは提供できない。2010 年のクラスの平均借金額は 4.1 万ドルであった。

　セックストンと一緒に参加したオールバニでのディナーで、彼は NYU の学生の 4 分の 1 が大学にフルタイムで通いながら、二つも職をもっていると語った。「そんなに働いていたら、大学教育の意義を十分に受益できない」とセックストンは拳で机を叩きながら言った。

　この白ヒゲの元ロースクール教授は熱血で愉快な男で、ルブランと同様、質素な家庭出身であり、自大学の学生の借金が拡大しつつあることを憂慮していた。勿論、学生の一部が脱落しても、彼の大学の場合は問題はない。いくらでも入学希望者はいるからである。NYU はその授業料にかかわらず、全米で最も人気の高い大学の一つなのである。1970 年代と 1980 年代初頭ま

で同大学は、コミューター・スクール[5]と呼ばれていた。今では、プリンストン・レビューの「行きたい大学リスト」で常にトップ入りし、3名のうち2名をふるい落としながらほぼ毎年、入学志願者記録を塗り替える。

　結びの主張をする優れた弁護士のように、セックストンもまた、思考が混乱することはないようである。彼は、高校生に大学への夢と経済的な現実とを如何にバランスさせるかについて、蕩々とアイディアを繰り出した。大学の合格通知に、NYU が経済的には向かないかもしれないと記すことを彼はあるとき提案した。周囲は、人生の夢が実現したような瞬間にそのようなことを告げるのは不適切であると反対した。その代わりに大学はシステマチックに、学生が学資援助の通知を受け取った直後に電話をしだした。家族の中で初めて大学に行く学生[6]や、NYU が提供できる学資援助と自身で負担しなくてはいけない額のギャップが大きい学生がターゲットであった。2000近くの連絡がなされた。

　「ほとんど意味がなかった」とセックストンは顔を曇らせながら言った。「これは一部の家庭では難しい話題なのだ。親は子どもの期待を裏切りたくないのだ」。

　この試みは一年で取りやめられた。NYU とサザン・ニューハンプシャー大学のケースは、色々な論点を提示する。学生が負担しようとしている借金について大学はどこまで警告すべきなのか。学生に助言をしない大学——場合によっては、学生をミスリードする大学——は、学生が行う決断について究極的に責任があるのか。これは現在ロースクール卒業生について展開されている議論であり、この議論の成り行きは高等教育全体にインパクトを与える可能性がある。

---

5)　コミューター・スクール（commuter school）：学生の大多数が自宅から通い、学生寮がほとんどない大学。

6)　家族の中で初めて大学に行く学生（who were first in their famility to go to college）：通称、"first time students"。親も含め、家族からそれまで誰も大学に進学したことがない場合、大学に何を期待して良いのか、どのような負担が生じるのかについて、見当が付かないことが多い。このため、こうした学生にはよりきめ細やかなケアが必要である、と米国では近年特に考えられるようになっている。

72　第 I 部　どのようにしてこのようになったのか

つじつまの合わない就職データ

　2006 年夏、キャサリン・クーパーがロースクールに願書を出していた時期、彼女は US ニューズのロースクール・ランキングの特定の指標に特に注意を払っていた——卒業 9 ヶ月後の就職率である。「卒業後は、信頼できる職が欲しかったのです」とワシントン州出身の彼女は語った[9]。

　クーパーは 10 以上のロースクールに願書を書き送ったが、LSAT[7]のスコアが平均程度とあって、ほとんどが不合格であった。それでもいくつかの合格通知があり、ニューヨーク法科大学院はそのうちの一つであった。このロースクールは、マンハッタン南端部にある、このロースクールから 1 マイル離れたニューヨーク大学と頻繁に混合される。この大学はおそらくこれで得をしているのだろう。ニューヨーク法科大学院は全米のロースクールの下 3 分の 1 にランクされるが、授業料は年間 4.8 万ドルで、これはハーバード大学より高い。2009 年、法律事務所の採用が大規模に減退するなか、同ロースクールはそれでも入学定員を約 3 割拡大した[10]。

　クーパーは 2007 年秋にここに入学した。彼女は春までに、法律事務所の夏のアソシエーツ・ポジションに 10 以上申し込んだが、一つも採用には至らなかった。翌年は、より良い成績を得ていたにもかかわらず、MTV ネットワークスの無報酬のインターンシップが最も条件が良かった程度である。2010 年春、彼女は 10 万ドルを超える学生ローンをかかえ、他方では就職の見通しもなく、卒業した。そこで彼女はニューヨーク法科大学院に対して反撃に転じ、水増しした就職率と給与統計で未来の学生を欺いている、と 10 以上のロースクールを起訴した。「私は、自分の不調のなかでも最悪の状態にありました」と彼女は語った。

　この起訴は最終的には、棄却された。就職の可能性があるかについて、大学志願者は十分情報を得ていた、とある裁判官が判決を下したのだ。それはそうかもしれないが、その情報が大学自らが提供したものであった場合

7）LSAT（Law School Admission Test）：米国のロースクールの多くにおいて入学に際し要求される試験。論理的推論、分析的思考、読解、小論文からなる。

は特に、信頼に足るかについて疑問は残る。US ニューズのロースクール・ランキングをみると、上位 25 位以内でなくてもほぼ全てのロースクールが、比較的高い就職率と 6 桁台の給与中間値を誇っていることが分かる。この調査は、数字をねじ曲げるためのようなものである。法律以外の分野であっても、定職でなくても、なんらかの仕事をしていれば卒業生は、「9 ヶ月後に就職」に該当しているとみなされるのである。ジョージタウン大学はこの数字をでっち上げるためにある年、同大学のロースクールのアドミッションにおいて一時的なポストを設け、まだ求職中の卒業生に対して宣伝した。このポストはたった 6 週間だけのもので、その就職調査の時期にうまくはまっていた[11]。

　同様の訴訟が複数、ロースクールに対してなされた直後、私は米国北東部のある大きな私立大学に以前勤めていた高等教育分野の法律家に会った。このような起訴にメリットがあるのか、私は彼に聞いた。なんといっても、これらロースクールのどれ一つとして、職を約束していたわけではないのである。彼はタバコ会社に対してなされた訴訟を引き合いに出した。消費者はタバコの危険性について警告はされていたが、集団訴訟で勝訴し、タバコ会社はこれ以上の訴訟を回避するために、州に対して莫大な額を支払った。学生ローンの借金が膨らむにつれ、大学への入学勧誘の宣伝文句が暗示した内容に対する学生の苦情が、タバコの例と同様に、巻き起こるだろうと彼は推測する。酷く欺かれたと感じた場合、学生の一部は裁判を起こそうと思い立つ可能性がある。

　現段階では大学は学生ローンを紹介したら、それから関係を絶つ。これを返済するのは学生の責任である。卒業 2 年後に債務不履行を起こす学生が多すぎる場合のみ（近々 3 年となる見込み）、大学は困った事態に置かれる。これが起きた場合、大学は連邦政府の学資援助プログラムに参加する権利を失うのである——ほとんどの大学にとって死刑判決と実質的に同じである。しかし連邦政府プログラムへの参加権をなくす大学は、実際はほとんどない。ローンの返済に学生が卒業後何年も苦しんでいようと、大学は新しい世代の学生にローンを紹介し続ける。

74　第Ⅰ部　どのようにしてこのようになったのか

　もし学生がローンを借りた結果に対して大学がより責任を有するように
なったら、大学は学生にローンを紹介することに対して、より慎重になるだ
ろうか？もし大学がたとえば銀行のように、自身の予算からお金を貸し出す
としたらどうだろう？銀行は一般に、給与や資産、その他の借金、そして勿
論、あなたの信頼度などの基準に基づき、お金を貸す。大学入学のための学
生ローンは、将来返済するという約束だけでお金を借りることのできるほぼ
唯一の手段である。だから政府がこのローンを保証するのである。そうでな
ければ、どのような銀行もお金を貸さない。

　このようになった場合、どの程度の借金が学生については限度なのか、と
いうことが問題となる。銀行は、相手の収入と購入したい家の代金を知って
いるため、簡単に貸付金額を算出できる。高等教育の場合は、専攻や大学、
GPA に基づき、卒業後の収入の予測値を利用することができる、と学資援
助に関する二大ウェブサイト FastWeb.com と FinAid.org の出版元であるマー
ク・カントロヴィッツは語る。連邦政府は、学資援助の返済は収入の 15％
以内に留めるべきとしている。もう一つの目安として、学部時代の借入金額
は、卒業後一年目に得られると期待される収入額に納めるべき、というもの
がある。その目安からすると、多くの大学卒業生はうまくやっているように
みえる――返金の借入総額は 2.5 万ドルで、初任給は約 3.6 万ドルだからで
ある。

　エコノミストはよく、教育に関わる借金は良い借金であるという。大学卒
業生の失業率が低く、学位取得者の生涯賃金が高いことを考えると、学生ロー
ンは良い投資のように思われる。勿論これを、職が見つかっていない、ある
いは学位を必要としない職に就いている、近年の大学卒業生に言ってはいけ
ない。前の世代に比べて、今日の大学卒業生はグローバル経済の競争に晒さ
れており、収入も制限されている可能性がある。大学学位は経済的に有利と
は考えられるが、学位取得にいくらかけてもお得な訳ではない。教育に関わ
る借金は良い借金かもしれないが、良いものが多すぎても損害を与えるだけ
である。

　高等教育が直面している問題は、過剰な借り入れであり、これは誰にも損

害を与える。卒業生にとっては、10年かそれ以上、自分の抱えている借金を念頭に人生の選択をし続けさせられることを意味する——自分のキャリアや職、結婚時期、家の購入、子どもを生む時期など。学生が過剰に借り入れをしている場合、親も過剰に借り入れている、または返済の一部を負担している可能性が高い。ニューヨーク連邦準備銀行の調査によると、50歳以上のアメリカ人は未だに1390億ドルの学生ローンを負っている。内15%以上が延滞されている[12]。そのうちの一部は成人となってから大学に再入学したときに借り入れたものであったが、多くは子どもあるいは孫のために引き受けたものであった。学生ローンは、現在は世代にまたがる問題であり、経済や社会政策にも連鎖反応を及ぼしている。

　フェイスブック上で何十万もの署名を集め、議会の法案にまでなった嘆願がある。全ての学生ローンを帳消しにするという提案である。しかしこれは解決ではない。ほとんどの所得層において学生あるいは両親は、大学への支払いにおいて責任を有するべきである。なんといっても、利益を得るのは彼らなのであるから。

　エコノミストは、高校の卒業証書より大学の学位の方が価値があることについて自信を持っているが、一方で「高額の大学学位が安い学位より価値があるというエビデンスはあまりない」と、ペンシルバニア大学のビジネスと公共政策のジャスティン・ウルファーズ准教授は語る。「大学に進学することには価値があるかもしれないが、それに対して、より多くのお金を掛けることには、あまり意味がないのかもしれない」。

　これは、学生の平均借金総額が大きい、授業料の高い大学には、大きな問題を意味する。これらの大学は、質が高いと思われていること、ローンが広く普及していること、学生や家族が大きな借金を負担しても良いと思っていることなどにより、成り立っていた。しかし高等教育は現在崩壊しつつあり、最終的には全面的に異なるシステムに置き換えられるであろう。

第Ⅱ部

破壊

4. 高等教育を未来永劫変える5つの破壊的力

　バージニア大学のテレサ・サリバン学長はある金曜の午後、自分のオフィスにたどり着いた。座長を含む、大学理事会の2名のメンバーとの、定例のミーティングとなるはずであった。6月初旬、トマス・ジェファーソンにより設立されたこの伝統ある清らかな大学は、嵐の前の静けさのように、静かな夏を迎えていた。サリバンは一日の休暇から戻ったばかりであった。理事会の座長ヘレン・ドラガスは、本題に入った。彼女は、理事会がサリバンのパフォーマンスについて不満であることを告げた。2.1万人の学生、26億ドルの予算、7900名の従業員を擁する193年の歴史を有すこの大学を導くには指導力が不十分である。この激動の時代においてこのトップ校を導くことにおいて、特にオンライン教育に関して、動きが遅すぎる。彼女が自ら辞任をしない限り、理事会が強制的に追放すると告げた。

　2日後、このニュースは告知された。在任2年足らずで、サリバンは退任する。サリバンは、理事会と「哲学的な見解の相違」があったと表明した。人気の高かった学長の急な退任のニュースは、大学コミュニティに衝撃を与えた。その後2週間、理事会の判断に対して反対の声が高まった。教員、学生、卒業生が大勢、Twitterやフェイスブックにて不満を表明した。寄付者は財政的支援を打ち切ると脅しをかけた。12時間ぶっ通しで行われた理事会のあいだ、サリバンはグループに対して真摯に答弁し、理事会メンバーが特に要望していると言う迅速な対応について、14頁の資料を作成した。「企業的なトップ・ダウンマネジメントは優れた大学には有効ではありません」と彼女は記した。「徹底したアクションには自己満足できるでしょうし、それは強力なリーダーシップの証にも見えるかもしれません。しかしその意図しな

かった結末は、取り返しの付かないダメージを与える可能性が高すぎます」。

　学生新聞は、この退任に至る週に理事会メンバー間で取り交わされた電子メールを入手し、Twitter 上に要約を発信した。それによると、高等教育が直面するプレッシャーに関する一連の新聞記事を理事会メンバーが取り交わしつつも、サリバンの解雇について十分な審議が行われていなかったことが判明した。たとえば、無料のオンライン科目を提供するエリート大学が拡大しつつある記事を示しつつ、「我々の大学も一刻の猶予もない」とあるメンバーが指摘していた。バージニア州知事が介入し、リーダーシップの危機をすぐさま解決しないと、理事会メンバー全員を退陣させるとした。数日後、理事会はサリバンを復職させることを決議した[1]。

　2012 年夏、バージニア大学で繰り広げられたドラマは、大学の財務的、歴史的基盤が足下で急速に変わりつつあるこの時期に、大学が直面しているプレッシャーを垣間見せる。ジェファーソンが設立した大学の未来について公衆でなされた議論は、全米の大学で——ただし主に学長と理事会メンバーの間のみで密室でだが——なされている、安定した、成功した未来に導く道と、そこに如何に迅速に至らなくてはいけないかについての議論を暗示している。

2008 年 9 月 15 日：終焉の始まり

　この危機のもとは、ほぼ 4 年前の 2008 年 9 月 15 日、リーマン・ブラザーズが全米史上最大の破産を申告したときに始まった。ウォール街の由緒ある投資会社の破産は世界規模の財政危機を引き起こし、アメリカの株式市場と不動産を急速な沈滞に、そして経済を深刻な不況に、追い込んだ。

　アメリカの高等教育にとってその日は、過去 10 年の並外れた過剰状態の終焉の始まりを意味した。数ヶ月のうちに、全米最大の大学基金は数十億ドル規模で縮小し、州財政には巨額な損失が生まれ、デューク大学やハーバード大学、カリフォルニア大学バークレー校を含む複数のエリート大学において予期せぬ予算削減につながった。この財務危機の影響が全米の大学に波及

するのには更に数ヶ月要するだろう。収入の大部分を授業料に依存していた大学にとって、この破産はほぼ完璧なタイミングでやってきた。その学期の授業は開始したばかりで、授業料はほぼ振り込まれていたからである。

しかし2009年頭には、ほぼ全ての大学が痛みを感じるようになった。まず、両親が大学に対して、春学期に向けての学資援助パッケージの再検討を要望するようになった。大学は緊急時の貯蓄に手を付けたが、学生はそれでも、下宿費が不要となる自宅近くの大学に編入措置を採った。

次に、州政府からの運営費補助金が緩慢になり、最後には細々としかやってこなくなり、州立大学は巨大な予算の穴に直面することになった。この予算削減は、学生が私立大学に対してより安価な州立大学を探し求めるようになってからも続いた。このため州立大学は入学を希望する学生を退けたり（23の分校をもつカリフォルニア州立大学システムは1.6万名分、入学を退けた）、授業料を値上げしたりした（経済崩壊後の4年間で、州立大学の授業料は平均2000ドル値上がりした）。

さらに小規模私立大学にも影響が現れた。学生定員を埋めるために、学資援助を通して行う授業料ディスカウントを拡大しはじめたのだ。2009年には大学のほぼ3分の2が、経済状況のため、学資援助の方針を変更したとした[2]。

このような厳しい時期ではあったが、多くの大学はこの経済不況が単に一時的なものであると思っていた。過去にも同様の不況はあり、それらは生き延びてきたのだ。一般通念的には、これも生き延びることができると考えられていた。さらに楽観の理由があった。入学志願者が記録的なほど大学に押し寄せてきていたのだ。学生の供給が滞らない限り、万事問題ないはずであった。

入学志願者数が拡大しつつある裏で、深刻な問題が生じていた。2012年春のころには、入学志願者数を宣伝する大学が少なくなっていた。その代わり、異なる二つの数値に焦点があてられるようになった：ディスカウント率と歩留まり率（合格者のうち、入学のための手付け金を払い込む学生の率）である。これらはアドミッション担当部長、財務担当官、学長を夜通し白熱させる数

値である。その夏、ニューヨークとミネソタで開催されたアドミッション担当部長会議で私は、ディスカウント率の拡大と歩留まり率の低下、そしてそれらが大学の将来に意味することについての懸念をたくさん耳にした。

入学目標を達成できた幸運な大学は、ディスカウント率 50％、60％、場合によっては 70％によってこれを成し遂げていた。この率がいくつ以上は危険、というようなものがあるわけではないが、近年の経験則として 50％を越えると総決算に無視できないほどの影響があるとされている。ディスカウント率を拡大することを拒んだ大学は、入学者目標を達成できなかった。この影響は別のかたちで現れる：入学者減、授業料収入減、そしておそらく財務損失、なぜならどの大学も入学者数が確定するまえに当該年の予算を決めるからである。これら大学のアドミッション担当官は、入学者数を維持するために翌年、ディスカウント率を拡大するかを検討していると私に教えてくれた。

この戦略は容易に死のスパイラルになる。毎年、大学はディスカウント率の拡大に釣り合わせるために、授業料の定価を上昇させる。このようにすることで入学者数を確保することには成功するが、学生獲得のために費用をかけすぎるために収入がほとんど伸びないどころか、場合によっては実際に減少する。生き残るための選択肢は限られている。大学基金を利用できる大学は少ない。入学者の合格水準を下げれば、別の新たな危機が生じる。さらにアメリカ北東部または中西部に大学があれば、人口動態的にも不利である。

この顛末には、次世代の学生に仕えるため、あるいは、場合によっては単に生き延びるために、徹底的な改革が急務である、財務危機に陥った高等教育システムがある。これからの 10 年間は大学にとって、失われた 10 年と大きく異なるものとなるだろう。そしてこの破壊の中心には、財務的、政治的、人口動態的、そして技術進展の圧力による最悪の事態（perfect storm）がある。

82　第Ⅱ部　破壊

圧力1　赤字の海

　バーミンガム–サザン・カレッジはアメリカのディープサウス[1]にある、少し変わった大学である。アラバマ州は私立大学が少数しかなく、そのほかはアメリカン・フットボールで有名な州立大学2校、アラバマ大学とオーバーン大学があるだけであるが、そのようななかでバーミンガム–サザン・カレッジは、アラバマ州の真ん中にある小規模な私立のリベラルアーツ・カレッジなのだ。

　1500名の学生規模しかないバーミンガム–サザン・カレッジは認知度を高めるため、1999年、大学競技の最高レベル、第一ディビジョンで競争するところまで上がるという、向こう見ずな野望を開始した。向こう8年間、同大学の14のチームは第一ディビジョンの3つの決勝戦に進出した[3]。その間、同大学はフィールドの外で突出した業績を成し遂げていた――毎年、同大学の総予算の15%近くにあたる600万ドルの損失を出していたのだ。

　2007年、大学の債券格付けが毎年格下げされ、最終的に紙切れ同然になった頃、大学は大学競技の第一ディビジョンから手を引くこととした。その頃には入学者数も衰えており、大学は入学者と収入拡大のために、施設のアップグレードを計画している最中であった。経済危機に見舞われた2008年終盤、バーミンガム–サザン・カレッジはすでに金銭的苦境にあった。しかし穴を掘ることをやめるどころか、同大学はさらに深く突き進んだ。同大学の財務部は、内部的な財務報告書に公表している以上にディスカウント率を拡大した。その穴埋めに、担当者はお金を借り入れた。学長や理事会は何も知らされず、財務報告書は会計監査を一度も受けることはなかった。偽会計が明るみに出た頃、同大学は1300万ドルの損失に直面していた。同大学は何十万ドルもの支出を削減し、何十名もの教授を解雇し、給与を削減し、専攻を5つなくした[4]。

　バーミンガム–サザン・カレッジの状況は、筋の悪い判断に経済不況が重なった結果である。しかし、粉飾決算を行った大学は他にも多くある。全米

---

1)　ディープサウス（Deep South）：アメリカ南部の特に保守的な地域

大学の 3 分の 1 は不況前より弱い財務諸表となっており、ある分析によると、財務的に持ちこたえられない状況に突入している。さらに 4 分の 1 の大学は、ぎりぎりの予備軍にある[5]。「支出の拡大のスピードが速く、それを埋め合わせるだけの資金や収入がもう続きません」と世界的なコンサルティング会社であるベイン・アンド・カンパニーの高等教育実践部門の長であり、未公開株式投資会社のスターリングパートナーズとともに財務分析を行ったジェフ・デンニーンは語る。「ますます多くの大学が、真の財務的なトラブルに突入しつつある」。

　他の予測も、赤字まみれの大学といった、類似の将来を予測する。教育省が要注意大学リストに挙げている大学の数は 2007 年から 3 倍以上に膨れあがった[6]。小規模私立大学協会のデータベースによると、大学の半数以上が、健全とされる限界を超えた長期借り入れを行っている。公開市場を通じて債券を発行する何百もの大学の財務状況を検査するムーディーズは、高等教育セクター全般に対して悲観的見通しを示した。「長引く、深刻な事態を予想しています」とムーディーズのアナリスト、ケレン・ケデムは語る。

　ムーディーズの動きで重要なのは、同社が強い財務諸表を有する大学しか一般的にはレーティングしないことである。大学の債券格付けレポートを読むのは、個人の信用調査書を読むのと同じである——財務的な健康診断であり、どの大学ガイドにも記述のない（しかし本来はすべきであろう）、大学の強みと弱みを発見することができる。たとえばニュージャージー州にあるドルー大学を格下げしたときのムーディーズ報告書をみると、「この格付けは、継続的な営業損失と、入学者減と学生一人当たりの実質授業料収入減、借入金返済額の増大による希薄なキャッシュフロー、そして複数名の主要な大学執行部の入れ替えに基づく」[7]。翻訳すると、この私立大学は損失のなかで運営されており、授業料は多大にディスカウントされすぎており、特に授業料をより多く納めてくれる学生を十分に獲得できていない、と言っている。

　大学にとって、授業料のディスカウント率より大事な財務関係の指標は、一学生当たりの実質授業料かもしれない。これが、授業料から学資援助が差し引かれた後の、総決算に最終的に関係する実際のキャッシュであるからだ。

84　第Ⅱ部　破壊

どのビジネスでも同様のように、大学もまた被雇用者や伝票、借金を支払う
ためにキャッシュが必要である——実質授業料が供給源となるキャッシュで
ある。しかし近年73％の大学において、実質授業料収入は頭打ちであるか、
減少した。

　大学、特に私立大学は、経済不況期に授業料を実質的に上げるほどの市場
力を有さない。また、学生を惹きつけるために授業料ディスカウントをすで
に最大限行っていることを考えると、実質授業料を操作することは難しい。
ビジネススクールやロースクールはすでに収入源ではなくなった。他方、被
雇用者は給料拡大を期待しているし、他のコストも引き続き拡大している。
「これは、複数の危機が同時に長期間起こるパーフェクトストーム[2]である」
とムーディーズのアナリスト、ケデムは語る。

　このお金の問題にさらにもう一つ、枯渇しつつある収入源の問題がある。
ワシントンからの研究費である。研究型大学が助成を受ける研究費の6割
は連邦政府による。多くは、連邦予算の緊縮財政により支出が頭打ちとなっ
たアメリカ国立衛生研究所（NIH）から来ていた。将来、残っている研究費
のほとんどは、強力な研究機関であるジョンズ・ホプキンス大学やワシント
ン大学に行くであろう。失われた10年に研究型大学になろうとした大学は、
悪い選択肢しか残っていない——僅少の授業料収入を研究につぎ込み、更に
借金を拡大するか、多数の空になったラボの前に立ちつくすかである。

　仮に多すぎるとしても借金を有していることは、それを返済する当てがあ
る限りは、大学にとって問題ではない。過去10年、借金をすることは比較
的安全な策であった。なぜなら、学生と収入の流れは途絶えることがなかっ
たからだ。このため逆の証拠が積み重なりつつあるのに一部の大学は未だに、
この苦境の時期が一時的なものであると信じている——いつかは、コストを
未来の学生からの収入で穴埋めしたり、州や連邦政府から資金を得たりでき
ると。しかし、情報を良く把握している現実的な高等教育のリーダーは、今
は新たな状況のもとに置かれていることを十分認識している。別の収入源を

---

　2)　パーフェクトストーム（perfect storm）：複数の厄災が同時に起こり、破滅的な事態に至ること。リー
　　マンショックなどの比喩として用いられる。複数の大嵐が重なり、漁船の遭難に至るという、2000年作
　　の米国映画のタイトルに由来する。

急に発見でもしないかぎり（誰しもが探し求めている打ち出の小槌だ）、大学は経費を急速に縮小するか、大学閉鎖への長い苦痛の道のりに臨まなくてはならない。

圧力2　州立大学において消えつつある州

　30歳の誕生日を目前にブルック・ロバソンは、キャリア・チェンジの時期であると決断した。彼女はノースカロライナ大学チャペルヒル校から電子コミュニケーションの学士号を取得し、卒業後7年間、小さなビジネスで働いていた。しかし人を助ける仕事をしたいと思い、看護の道を歩むのが最も自然と考えた。ロバソンは自宅近くのノースカロライナ州ローリー周辺のプログラムを探し、ウェイク・テクニカル・コミュニティ・カレッジが良いと決めた。まずは、看護プログラムに入学するのに必要なプレ看護クラスを履修した。初めのセメスターで彼女はクラスに入れないという困難に直面した。全て満員だったのだ。彼女は毎日入念にコンピュータで空きを調べた。次のセメスターが始まるときには、登録開始と同時に申込みを行わなくてはいけないことを学習していた。

　必要単位を取得するための最後のセメスターでロバソンは登録申込みをし、幸運を神に祈った。「ものすごい倍率なのですもの」とロバソンは語った。「こんなに競争が激しいとはおもっていなかったわ。空きが十分にないの」。そのセメスターの前、70の定員に対して有資格者が230名もいたのだ。ウェイク・テクニカルは学生が履修した科目と、得た成績に基づいて、空きを割り当てる。このためロバソンはこのセメスターは更に、栄養学と発達心理学を登録した。もし看護プログラムに入れなかったらどうするのか、私はロバソンに聞いてみた。「違うところに応募するしかないわ」と彼女は答えたが、この地域のほぼ全てのプログラムが同様に満員であることを彼女は聞かされていた。

　ノースカロライナ州は他の州と同様、看護師不足に直面している。しかしウェイク・テクニカルは、ロバソンのような学生を入学させるために看護プ

ログラムを拡大することはできない。過去3年で、入学者が3割拡大したに
もかかわらず、州からの補助金はほぼ4分の3となったからである。看護プ
ログラムの定員は300のままであり、何百もの学生がプレ看護プログラム
で待っている。

　ウェイク・テクニカルのような州立のカレッジはアメリカ高等教育におけ
る馬車馬(workhorse)である。米国の学生の4名に3名が州立大学に在籍する。
何世代にもわたり、州立大学はアメリカの大部分に対しての高等教育へのア
クセス機関とみなされてきた。中には、高品質な教育を——納税者の好意に
より——一律価格で提供する、カリフォルニア大学バークレー校、バージニ
ア大学、ミシガン大学などの、優れた大学もあった。

　しかし過去25年間において、州政府は高等教育への補助を経済不況のた
びに削減し、経済が好転しても過去の水準に完全に戻すことはなかった。こ
の後退は2008年末の財政崩壊以降、さらに急速に進展した。それ以来、ほ
ぼ全ての主要州立大学が、私立大学のようになってきた。これは多くの州立
大学において、学生が教育のために負担する額が、州政府が負担する額を上
回っていることに、鮮明に見ることができる。実際、大学予算に占める州政
府補助の割合は極めて小さい。バージニア大学では州からの補助は6％のみ
である。ミシガン大学では7％で、バークレーはラッキーにも11％得ている。

　全米で29の州において、2012年の州政府による大学補助額は2007年の
補助額より低かった。立法者は、囚人に対して宿泊と食費を請求することは
できないが、学生に授業料を課すことはできる。高等教育は、州予算にお
いて唯一で最大の自由裁量支出経費（discretionary spending）である。つまり、
公的な初等中等教育（K-12）や低所得者医療補助（Medicaid）のように、連
邦政府や州憲法（state constitution）により義務化されていない。立法者が予
算配分を行う際、高等教育はいつもリストの最後にある。近年、高等教育に
配分できる予算はほとんど残っていなかった。このため学生が、教育のため
の支払いを増やさなくてはいけなかったのだ。

　州立の高等教育機関のうち、ウェイク・テクニカルのようなコミュニティ・
カレッジは、最も大きな打撃を受けた。800万人以上の学生を擁するコミュ

ニティ・カレッジは、全米高等教育の最も大きな部分を占めるが、メディア
や社会からはほぼ認識されていない。これらカレッジは、四年制州立大学の
約3分の1の予算で学生を教育している。そのプログラムは、ローカルで地
域経済に密接に関係するもので、新しい職に向けて素早く人に訓練を授ける
ことができる。換言すると、これらプログラムは、適切な人材がいないで困っ
ている職に対して、スキル・ギャップを埋めるための要である。

　「雇用者からどのような人材が必要とされているかは知っており、そのた
めの何らかの手を打つのに、予算が必要なだけである」と、ウェイク・テク
ニカル・コミュニティ・カレッジのステフェン・スコット学長は語る。新し
い施設のオープニングを前に、同カレッジは看護プログラムの定員を拡大し
た。しかしプログラムの定員は、教室や教員に依るだけではない。学生に研
修をさせるためには、地域の病院やその他の医療機関における診療のポジ
ションが必要である。これらのポジションも限られている。新設される健康
科学ビルディングのハイテク機器により、カレッジでより多くの実地演習が
でき、現場での研修期間を短く留めることができる。これにより、需要を少
なくし緩和することができるはずだとスコットは語る。

　この1600万ドル、10万平方フィートの施設は、数年前に地域の有権者が
可決した債券発行（bond measure）により借り入れた資金で建設された。現在、
同カレッジは有権者に予算を更に懇願する予定である。同時に、1000万ド
ルを目標として、初めての寄付金集めに取り組んでいる最中である。卒業生
の労働力に依存する企業は、寄付するように依頼される。スコットは自身の
35年間キャリアにおいて、州のカレッジでずっと働いてきた。しかし、こ
れほど最悪の状況は初めてであるという。「もう州政府を頼りにすることは
できない」とスコットは語る。

　全米における州政府による高等教育投資の削減は素早くなされ、社会の認
知をほぼ得ないまま行われた。州の立法者が、州民の大部分のための高等教
育への予算を復活させる可能性がほぼないような状況下で、州立大学は次の
選択に迫られている。大幅な支出削減をするか（そして州のニーズに応えると
いう使命の一部を諦めるか）、または授業料を上昇させ続け、一部の州民に対

88　第Ⅱ部　破壊

して高等教育をリーチ外にすることである。この傾向が続くのであれば、州
政府は 2022 年には州の高等教育を支援するビジネスから撤退し、州立大学
は授業料をフルに支払ってくれる、縮小しつつある層をめぐって、世界を漁
るようになるだろう [8]。

圧力 3　授業料を満額支払う学生の供給が途絶えつつある

　デラウェア州ニューアークは典型的なアメリカの大学町で、ブティックや
ローカルなレストラン、そして勿論、たくさんのバーが連なる歴史的なメイ
ン・ストリートを有す。インターステート[3] 95 沿いかつ、北東部アムトラッ
ク[4] の鉄道玄関口に面す便利な場所にあったため、町の最大の吸引力である
デラウェア大学は長い間、州外学生にとって人気の大学であった。しかし近
年、この大学はある国からの学生にとってもトレンディーな場所になった。
中国である。2007 年、中国人学生は 8 名のみであった。しかし 4 年後には、
500 名を越えていた。

　これは、2.1 万人の学生を擁するこの大学のみの現象ではない。過去 3 年
でアメリカの大学で学部教育を受ける中国人学生数は 3 倍となり、4 万人に
達した。中国人学生は、全米の留学生の最大の割合を占める。中国（そして
他国）で留学生のリクルーティング活動を行うのは多様性のためであると大
学は一般には説明する一方で、実際はもう一つ同じぐらい重要な理由がある
と影では打ち明ける——収入拡大のためである。留学生は一般に授業料を全
額支払い、学資援助も必要としない。世界の最も人口の多いこの国は、アメ
リカの授業料を支払える、拡大しつつある中級階級層を有している。中国に
おける留学フェアは 3 万名もの将来の学生を引き寄せ、これら学生は外国
の大学に入学願書を大量に送りつける。オハイオ州立大学は 2011 年に 2900
名もの学士課程の入学願書を中国から得た。マサチューセッツ州にある由緒
正しい女子大学、マウント・ホリヨーク大学は 600 以上の願書を受理した。

3）　インターステート（interstate）：州間ハイウェイ。
4）　アムトラック（Amtrak）全米鉄道旅客輸送公社。

これは一年生の学生定員を全て埋めるのに十分な数である[9]。

外国人学生が私立と州立大学双方の総決算を最も底支えする一方で、州立大学の財政の助け船となる、もう一つの入学志願のグループがある。州外学生である。これら学生は、州内学生の2倍の授業料を支払うため、州立大学の多くは州政府による予算削減を埋め合わせるために、州外学生をより多く獲得しようとした。アリゾナ大学やオレゴン大学は、カリフォルニア州立大学の6分校を合わせたより多くの新入生を、カリフォルニア州から受け入れる[10]。勿論、全ての州が同じ戦略を採ったら、結果は全米規模のスワッピング・ゲームである。カリフォルニアの学生はオレゴンへ、オレゴンの学生はワシントンへ、等々である。

新しい学生源を州立大学が探し求めようとすると、私立大学が同じ事をしているのに行き当たることが多い。過去10年で大学入学者を供給し続けた人口動態は2008年、高校卒業生人口が300万人を越えたときにピークを迎えた。それ以来、その人口は縮小し続け、再び拡大に転じるのは2014年である。アメリカ北東部では、高校卒業生の減少は2022年まで続く見込みである。これは州内または近隣州から学生の大部分を受け入れる、北東部の何百もの大学にとって、大きなトラブルを意味する。これはこれら大学が過去数年、リーチ拡大に必死に努めていた主要な理由である。ペンシルバニア州のスクラントン大学の例を見てみよう。この大学は伝統的に、ペンシルバニア州、ニュージャージー州、ニューヨーク州の3州から学生を受け入れてきた。現在ではこのイエズス会の大学は、ノーザンバージニアのタイソンズ・センター・ショッピングモール内のキオスクにも、広告スペースを買っている。ワシントンDCや郊外地、その他の二次的なマーケットがそのうちに、学生の1割を占めることを期待しているのだ。

より高額の授業料を負担できる学生への追求は、すでにその供給が枯れつつあることを示している。経済危機により、アメリカの中級階層は1990年代初期にあった富以上は持ち合わせないようになってしまった。家計が厳しいなか、人々は州立大学について自分たちなりの、異なる見方をするようになっている。ムーディーズによると、同社が格付けを行っている大学のなか

においても、大学から合格通知を得て実際に入学する学生の比率は2008年以来急速に減少しているという。これは、これら大学が学生を入学させるためにより多くの支出をしても、起きている。この傾向は特に、それほど評判が高くない私立大学において深刻であり、「これら大学は徐々に授業料の安い州立大学と競争するようになっており、授業料値上げを減速させ、授業料ディスカウントをより拡大するというプレッシャーを最も感じている」とムーディーズは語る。

更に、裕福で、大学への準備が十分にできている高校卒業生、つまりどの大学も欲しがっている学生のタイプ、も少なくなるだろうと専門家は予測している。そのような専門家の一人であり、ユニオン・カレッジのアドミッションと、ペンシルバニア大学の学生リクルートの陣頭指揮をとったダン・ラントクイストは、学生ピラミッドのイメージで来たる破局を暗示する。2009年に18歳人口は約430万人であった。SATスコアが平均以上で、家庭の年収が20万ドルを超え、さらにアメリカ中部大西洋沿岸地域または北東部の小規模な私立のカレッジに入学したいという学生をそのなかから抽出する。ラントクイストによると、その数は2009年にたったの996名である。

この数は、高い授業料を負担しても良いと考える裕福な親が縮小するにつれ、さらに小さくなるとラントクイストは考えている。このデータを学長や理事会メンバーに示すと、「ひきつった笑い」が起きる、と彼は語る。

「収支ぎりぎりのところで毎年を食いつないでいることを、彼らは知っているのです」とラントクイストは語る。「しかし誰も厳しい決断をしようとしていないようです。そのまま惰性に任せた方が楽なのです」。

世界中どこでも、学生獲得競争が激しくなってきていることをアメリカの大学は感じている。アメリカは未だ世界中から学生を獲得する上で頂点に立っているが、他国も負けてはいない。特にアジアでは、新しいエリート大学と研究に対して、政府がふんだんに投資を行っている。「西欧がなぜ今成功しているか、アジア諸国は入念に研究をした」と『新アジア半球（The New Asian Hemisphere）』の著者キッショア・マービバニは語る。「優れた大学を建設し、世界中から優れた人材を集めない限り、国の開発の次のフェー

ズに移ることは出来ない、と彼らは気がついたのだ」[11]。

世界のあらゆる場所でアメリカの大学が学生獲得競争を繰り広げている傍らで、母国では新しい競争相手が、獲得してあったはずの陣地を横取りしていく。

圧力4　改善をみせるアンバンドル商品

35歳の華奢な体つきのバングラデシュ出身の男性は、ロサンゼルスのJWマリオット・ホテルの大宴会場に向かってお辞儀をした。彼の前には、米国教育協議会(ACE)の年次会合に集まった800名近くのトップ大学のリーダーがいた。ACEは10以上の高等教育団体の傘となる組織で、その年次会合で伝統的な大学は自大学をアピールしたり、ディフェンスしたりする。近年この組織は、伝統的な高等教育を革新しようとするメンバー校にアイディア材料を紹介することで、役に立とうとしていた。2011年には、ハーバード大学ビジネススクールの教授であり、「革新的大学（The Innovative University）」の著者であるクレイ・クリステンセンを呼んだ。そして2012年には、このサルマン・カーンである。

その前の晩、カーンは "60 Minutes" というテレビ番組で「世界の先生」として紹介された。彼の設立したカーン・アカデミーは、無料で教育を提供するウェブサイトで、3000以上の短い教育ビデオが数学、理科、歴史などの科目についてある。ほぼスーツで身を固めている、50-60代のアカデミアの聴衆に対して、ネクタイなしでカーキ色の服に身を包んだカーンは、これら大学の大学院生のように見える。しかしそのようなことを気にする必要はない。難しい数学の解法でカーンが助けた100万名以上の高校生においてカーンは、これら大学長の大多数より、良く知られている。カーン・アカデミーについて聞いたことがない人はどの程度いるか、カーンは聞いた。会場の約5分の1が挙手をした。

世界何千の人々に示したエレガントなパワーポイント・スライドを用いて、彼は自分の名前に由来するアカデミーの設立の経緯を大学執行部に紹介し

た。彼がボストンでヘッジファンドのアナリストとして勤めていた 2004 年に、ニューオーリンズに住む彼の従妹が、7 年生の代数で助けを求めた。彼は彼女のために短いビデオを作成して説明をし、そのビデオを YouTube に載せた。このビデオを何千もの人が見て、勉強に使うようになった。マイクロソフトの創始者ビル・ゲイツもそのうちの一人だった。周囲からの評価に支えられ、カーンは仕事をやめ、ゲイツ、グーグル、そしてその他のテク・ジャイアント企業の支援を受けて、アカデミーを非営利組織として立ち上げた。それが 2009 年である。その当時、一ヶ月に数百名の生徒が彼のビデオをみていた。3 年後の今日、一ヶ月に 400 万名以上がカーン・アカデミーのレッスンを見ている。

このような巨大なものを、これほどにも素早く創り上げるということは、集会に集まった人々の多くにとって理解しがたいコンセプトである。多くの大学において、新しい専攻を立ち上げるには何年もかかることが一般的である。専攻や全学委員会、理事会など、極めて多様なグループ全部から承認を得なければならないからである。大学やカレッジは驚異的なまでに、複雑な多目的組織である。教育、研究、学生の生活およびキャリア支援、そして勿論、競技スポーツから学生寮に至るまでの、各種のサポート・サービスなどをしなくてはならない。このような複雑さの間を調整しなくてはいけないことが大学の高コストにつながる、とクレイ・クリステンセンは私に説明した。多くの産業は、ビジネスを一つに集中する。典型的な州立大学や研究機関は、3 つの異なるビジネスモデルの合体組織である――課題に解決を与えるコンサルティング企業（大学の研究機能）、原材料に付加価値を付ける製造業（大学の教育機能）、そしてネットワークをとりもつオンライン・オークション・サイト（学生とキャリア支援機能）である。

クリステンセンが提案し、そしてカーンなどの変革者が実際に行っているのは、これらサービスをアンバンドル化し、一つのモデルのみに集中することで、コストの削減を図ることである。既にたくさんの起業家や営利企業が、学生へのサービスについて大学を支援している――学生寮の割り当てから学生指導まで。ニュージャージー州のモントクレア州立大学は、学生支援部門

の機能の多くを 39 の企業にアウトソーシングしている。従来は大学の従業員によってなされていた仕事である[12]。

アンバンドル化の真価は、大学の提供するコンテンツとその提供方法にあらわれる。カーン・アカデミーはそのような、次世代の高品質オンライン学習方法の一つであり、大学教育が、自分の科目を作り主催する教授により、単一の物理的な場所で提供されなくてはいけない、という考え方を急速に覆しつつある。大学のアンバンドル化が実現すると、多様な大学教育の提供者から科目を、オンラインまたは対面で履修することができるようになり、学生は大学教育を自身で組み合わせて作ることができるようになる、とカーンは主張する。アンバンドル化が実現すると、大学や教授は無料（またはほぼ無料）で、世界中の最も優れたコンテンツを利用して、科目を提供することができるようになる。

大学の資格保証もまた、アンバンドル化される。現段階では、大学が資格保証市場を独占している——大学の資格保証は、ほぼ全ての良い職への切符である。それだから大学はその紙切れ一枚に対して、自由に値を付けられるのだ。しかしその資格保証ビジネスへの大学のグリップが緩んだら、どうなるだろう？大学以外の組織が、学習をした証明として、学位ではない資格保証をする日は、遠くないかもしれない。その一例として興味深いのは、「デジタル・バッジ」を提供する、という試みである。このデジタル・バッジは、雇用主となる可能性のある者に対して、学位がなくても、自身のスキルや知識の証明として見せることができる。

ボーイ・スカウトのメリット・バッジを考えてみて欲しい。学位がついていけない、急速に変化するジョブ・マーケットにおいて、専門を示すのに有効である可能性がある。バッジはたとえば、教室の外でなされたインフォーマルな学習に対して与えることができる。クリティカル・シンキングやコミュニケーションなどの「ソフト・スキル」も然りだ。多様なソースから情報を集め、その質を評価するといった新しいリテラシーもありうる。デジタル・ビデオの編集技術や、ソーシャル・メディアのスキルもそうだ。そしてデジタル時代においては、これらスキル習得を示す書類や成果物とバッジと

を、容易にリンク付けすることができる。

　この興味深い、しかし一方でなんとなく周辺的な発想は、ゆっくりとではあるが徐々に、影響ある人々のあいだにも関心を持たれるようになっている。そのなかには、アーン・ダンカン教育省長官（彼はバッジのことを、「ゲームに変化をもたらす戦略」と称している）と、マッカーサー基金 5)（バッジ・システム開発コンテストに対して200万ドルをスポンサーした）がある。

　バッジ・システムのもとで大学はもはや、資格保証を行う唯一の独占的機関の立場から、追放される。伝統的な大学もバッチを授与できるが、専門団体やオンライン教育プロバイダ、企業、コミュニティ・グループなども、これを提供できる。カーン・アカデミーはすでに、幾何学や微積分、確率において、十分な数のビデオをみて、サイトで提供されている標準テストを合格した者に対して、「チャレンジ・ワッペン」を提供している。一番の問題は勿論、雇用者がこれらバッジを、特に伝統的な大学学位に対して評価するか、である。おそらく、そのようなことはないであろう——少なくとも、初めのうちは。しかし雇用主は近年の大学卒業生に対して、特に低ランクの大学出身者の場合、多大な不満を漏らしている。いくつかの技術職については、学生が学んだ内容やその成果物のサンプルを確認できるシステムを雇用主が好む可能性がある。

　もしかして、この方法で最もアピーリングなのは、低価格な側面かもしれない。無料のオンライン科目の資格保証は、25-30ドルである。この代替手段は学生にとって、より質の高い学習を低価格で得る可能性を提供している。学習のアンバンドル化とバッジが近い将来に伝統的な大学や学位に取って代わるということはないだろう。しかしこれらは、日常生活においてテクノロジーを活用するのに慣れていて、画一的なシステムのなかでやっていくのを嫌う次世代の学生には、有力な選択肢となるだろう。

---

5) マッカーサー基金(John D. and Catherine T. MacArthur Foundation)：キャサリン・T・マッカーサーとジョン・D・マッカーサーにより1970年に設立された、約51億ドルの基金を持つアメリカでもっとも大きい10の個人慈善基金団体の一つ。

圧力 5　広がりつつある価値観のギャップ

「学生に対しての学資援助を拡大するだけでは十分ではない。高騰し続ける授業料を補助し続ける訳にはいかないのだ。お金が尽きてしまう。高等教育を予算の中でより高い優先順位を与えるといった方法で、州政府にも自分たちの役割を果たしてもらわなくてはならない。大学やカレッジについても、コストを押さえることで、自分たちの役割を果たしてもらわなくてはいけない。最近私は、それを実行した大学学長グループと話をした。一部の大学は、早めに修了できるように、科目を再設計した。一部の大学は、より優れたテクノロジーを用いる。何を言いたいかと言うと、それが実行可能であるということである。そこで大学とカレッジに通告したい。もし授業料の高騰を食い止められないのであれば、納税者からの補助は下がるだろう」。

大統領　バラク・オバマ

一般教書演説

2012 年 1 月 24 日

　主要な政治的演説で高等教育が言及を受けることは滅多にない。ましてや、一般教書演説においてはそうである。しかし大学教育のコストに対する社会の不安が史上空前に高い時期においてこの問題に言及することは、大統領選挙の年においては賢い、政治的戦略である。

　厳しい経済に翻弄されたり、学生ローンの借金に圧倒されたりしている大学卒業生は、学位取得の意味を問いつつ、結婚やマイホーム購入などの人生における重要な決断を後のばしにしている。ピュー研究所 6) の調査によると、年収 5 万ドル以下の大学卒業生のうち 4 人に 1 人が、大学の学位取得は、損な買い物であったと言っている。ほとんどの人にとって大学はリーチ外である、とアメリカ人の 75％が言う——これはたった 20 年前の、60％からの上

---

6)　ピュー研究所（Pew Research Center）：米国や世界における世論調査等を行う、ワシントン D.C. に拠点を有するシンクタンク。

昇である。

人種や年収、教育レベル、地理的ロケーションに依らず、答えは通常同じである——高等教育は高すぎる。若いアメリカ人が大学に進学しない、または中途退学する第一の理由は、お金が足りないためである。「これまで聞いたことのないような疑問を最近、家庭から聞きます。『本当にその価値あるのか?』というものです。」とニューヨーク市立大学の学部長であるアン・キルシュナーは語る。「定価がショックを受けるほど高いため、学位というものの存在が疑問視されるようになったのです」。

定価を払う人はごく一握りである、と決まり切った回答を大学は、自身の定価を守るために言う。しかし学資援助があったとしても、家庭が負担する大学教育費は 1982 年から 400％以上急上昇している [13]。すでにコストだけの問題ではなくなっていると、キルシュナーは言う。ピュー研究所の調査によると、アメリカの高等教育システムがその価格に対して、十分な価値を提供していない、不十分な仕事しかしていない、とアメリカ人の半数がみなしている。

ほとんどの大学長は、これらの懸念に対して無頓着である。ピュー研究所の調査によると、大学長の 4 分の 3 は、高等教育は良い、あるいは優れた価値を提供しているとしている。一部の大学長にとって、大学の学位に対する社会や政治的懸念を無視することは容易である。エリート大学はどのような値札を付けても、定員の 10 倍以上の優れた入学志望者を惹きつけることができる。

しかし大部分の大学にとっては、大学の真価を証明すべき時期が来た。すでに、価格に敏感な家庭が、安物に乗り換える兆候が見えている。コミュニティ・カレッジや地元の州立大学などの、より安価な大学を選択しつつある。このような安物に走るという現象は、伝統的な大学以外の選択肢を試してみるということに、不可避につながるであろう。

学部教育で十分な学びを得ていないといういくつかの辛辣なレポートを前に、大学教育が価格に見合うほどきちっとしていて、適切な雇用につながるかを、親や学生は大学入学前に知りたがるようになっている。フリークライ

ミング用の壁や新しい学生寮、食堂における美味しそうな食事、スポーツチームは勿論、学生を惹きつけるために多くの大学が用いる手練手管でありつづけるだろう。しかし、大学が学生を如何に労働力として鍛え、人生のために十分に成長させるかに、より大きな価値が見出されるようになる。そしてこの最大優先事項に対して、多くの大学は十分に応えられていない。大学教育の代替手段は、そのバーチャルな方式により、学生を成熟させるにはほど遠いが、学生がどれだけ学習したかについては、大学で提供される多くの個別科目に比べて、より明確に示すことができている。そして一部の学生、特に成人学生にとっては、自身に特別のスキルがあることを示せることが、最も重要である。

　価値観のギャップが高等教育の未来にどの程度影響を与えていくか、誇張し過ぎることはない。大学は過去何十年も、雇用市場や社会のサークルにおける学位の価値に基づいて、値を上げ続けてきている。この財務戦略は、大きな軋みをもって急停止しつつある。

大規模統合？

　高等教育ビジネスモデルの崩壊は、以前から何度も予言されてきた。しかし過去50年において、閉鎖した大学より、開学した大学の数の方が多い。この事実は、大学の安全性に対してアカデミアに間違った認識を与えるとともに、アメリカの高等教育に対する過剰な自信につなげている。大学は公共財であり、破滅してはいけないと我々が思っているからといって、実際に破滅しないという保証はない。破局が高等教育の歴史になかった訳ではない。南北戦争前の数年のあいだに700以上の大学が経済的な理由、もしくは新しい競争相手が市場に現れたため、閉鎖した[14]。

　音楽や新聞、出版業界で見られるように、高等教育産業においてもこれからの数年で、大規模な統合やダウンサイジング、閉鎖を目の当たりにすることになるだろうか？何百もの大学が閉鎖に追い込まれるようには見えない。しかし、価格上昇が留まることを知らない状況において、高等教育はテクノ

ロジーからの圧力や経済的変化からそれほど長く、距離を置いておくことはできない。将来的には繁栄するであろうという前提で、建物を建設したり、より多くの支出をしたりするという「もっとの法則（Law of More）」に大学がどのように屈服したかを、前述のベイン／スターリングの財務分析の議論において紹介した。そうではなく、大学は「ムールの法則（Moore's Law）」に従うべきであったのである。これはコンピュータ・チップのトランジスタの数が2年ごとに約2倍になるという技術産業における法則である。シリコンバレーは1970年以来、このペースを保っており、アメリカ経済における革新的産業とみなされている。

　テクノロジーはほぼ全ての産業に急速に変化をもたらした。大学はワイヤレス技術の導入や最新のコンピュータ技術の購入、ITスタッフの雇用などに何百万ドルという支出をしている一方で、次の二つの章で詳説するように技術は、質を向上させる、効率を高める、低価格を実現するといった観点では十分な効果を、少なくとも現段階においては、もたらしていない。

5. パーソナル化された教育

　我々は毎日、行うことのほぼ全てにおいて、データに痕跡を残す。1990年代半ばの初めごろから小売業では、現在では我々のお財布を膨らましているポイントカードを発行することを通じて、これら情報の小片を収集・分析することを始めた。レジを通過するたびに、このカードは読み取られ、私たちの人生の一端がお店のデータベースに付加される。何時に買い物をするか、どのようなシリアルを購入するか、歯磨き粉をどのぐらいの頻度で買うかなど。この統計で、レジではき出されるクーポンやダイレクト・メールで受け取るカタログ類などが、個々人に合ったものにパーソナル化される。

　人々が店舗で過ごす時間よりオンライン上で過ごす時間の方が遙かに長いため、個人の行動について取得されるデータ数は急拡大した。ネットフリックス[1]やアマゾンなどの企業は、類似の顧客の購入する映画や商品を紹介する。グーグルやフェイスブックは、我々が読む電子メールや友人が掲示板に掲示する情報などから、広告の内容をターゲットする。消費者データが膨れあがり、より多くの数学者や科学者がこれらのデータ解析の専門家となるにつれ、経済のどのセクターにおいても大規模データの重要性は明白になりつつある。

　現代のデータの氾濫は、医師が患者に高額なメディカル・テストを処方すべきかどうかから、保険会社がハリケーン区域における保険料をいくらに設定すべきかに至るまでの、多様な局面における意志決定を向上させる、有力なツールである。最近まで、高等教育の重要な決断において、データ科学は

---

1)　ネットフリックス（Netflix）：アメリカ合衆国のオンライン DVD レンタル及び映像ストリーミング配信事業会社。

ほぼ用いられていなかった。考えても見て欲しい。ネットフリックスから次にどの映画を借りるかといった平凡な選択については、ここ何年もこのテクノロジーのお世話になっているにもかかわらず、適切な大学選びや学位取得に必要な科目を選択するといった側面では、このテクノロジーを全く利用していないのである。

　このような意識は変わりつつあり、この変化は学生がどのように大学を選ぶか、専攻を決めるか、履修する科目、そして数学の問題を誰と相談するかに至るまで影響を与える。パソコンが大学に導入されて数十年もしてようやく、テクノロジーを用いてより適切に学生と大学をマッチングしたり、学習を改善したり、低コストを実現したりすることが現実味を帯びてきたのだ。「講義室の何百人もの学生に画一的な教育方法を強いていたモデルから、キャンパスにいる学生全員に対して教育をパーソナル化できるモデルに移行しつつあるのだ」とジョージ・シーメンスは私に語った。シーメンスはカナダのアサバスカ大学にて技術拡張知識研究所（TEKRI）[2]を率いており、教室でデータ解析を用いることの伝道者である。「情報を咀嚼する方法は人それぞれに固有の方法があるため、学習をする方法はその個人に最も合ったかたちでパーソナル化されていなくてはならない」。

チューターがいつも見ている

　アリゾナ州立大学の数学のリメディアル・クラスを見学したとき、それはどこの大学にもあるコンピュータ室のように見えた。学生のパソコンモニターをみると、これが普通の数学の授業ではないことは一目瞭然だった。Knewton というアダプティブ・ラーニング技術を用いたソフトが導入されており、学生のクリック一つ一つの動きを全て監視し、次に何を提示すべきかを瞬時に調整する。このソフトは「裏方の汚い仕事をするのさ」、とこの企業の 44 歳の創始者ホセ・フェレイラは語る。このソフトは学生の基礎的

2）　アサバスカ大学技術拡張知識研究所（TEKRI）：Technology Enhanced Knowledge Research Institute at Athabasca University

なスキルを鍛えることによって、教授が時間の制約のなかでより高度な概念を学生に伝えられるようする。ここに講義は存在しない。教員は学生が躓いたときに手助けする、アドバイザーのような存在である。

ビジネス専攻一年生のアレハンドラ・コロナが、Knewton の監視のもとで、一連のビデオや文章問題をこなしていくのを観察してみた。問題を正答すると、ポイントを獲得する。一次関数の問題で躓くと、チュータリング・レッスンに誘導される。モニター画面はフェイスブックのようで、ソフトウェアはビデオ・ゲームのような感覚である。学習の進め方は、次の一手を告げる、自動車にあるようなダッシュボードで決まる。ポイントを十分に獲得し、ある概念をマスターすると、電子バッジを獲得することができる――バッジは鉄からダイヤモンドまでのランクがある。このバッジを 6 つ獲得すると、学期がまだ終わっていなくても、最終試験を受けることができる。科目は学習者のペースと全く同一のペースで進む。10 月の半ばに、クラスの半数がおよそ終了している。「Knewton であれば、自分の知らないことに集中して学習ができるの。既に分かり切っている問題について、学生同士で質問し合うといった授業に全て付き合う、という必要がなくなるの。」とコロナは語る。

アリゾナ州立大学は、3 つの初年次の数学科目を履修する数千名の学生向けに、2011 年から Knewton を活用開始した。アリゾナ州立大学のフィル・レジヤー副学長の関心を最も惹いたのは、リメディアル数学を改善できるという Knewton の可能性だった。毎年、初年次学生の 10 名に 1 人が大学の数学のレベルに達しておらず、準備教育のための特別の科目を履修する必要があるとレジヤーは語る。他方、このような支援をしてもあまり効果はなかったという。このリメディアル・クラスを修了できないか、修了できても次に履修する大学レベルの数学で落第する。

Knewton があると、教員は学生名簿をみて、学生が順調に進んでいるか（緑にハイライトされる）、落ちこぼれているか（赤にハイライト）が、一目瞭然で分かる。学生がどの概念で躓いているかが分かり、同じ所で躓いている学生同士でペアを組ませることができる。これまでのところ、このソフトは効果があるようである。数学のリメディアル科目に Knewton を利用した初年次

学生の半数は、4週間も早くリメディアル科目を修了し、次の科目を履修することができた。この科目の合格率は初年から、前年の66％から75％まで向上した。

数学における教育のパーソナル化に向けてのこの取り組みは、7.2万名もの学生を擁する人間味の薄いこのマンモス校にとって、まだ序の口に過ぎない。私がレジヤーと話した日、彼は次にKnewtonを利用する科目を検討する会議からちょうど戻ったところだった。次は心理学、生物学、経済学2科目、そしてあと1，2科目が想定されている。Knewtonの助けにより、これら導入科目が初年次学生が単に浮き沈みするだけの場と思われなくなることを、レジヤーは期待している。

アリゾナ州立大学は他の多くの大学と同様、学生を卒業させる前に学生を失いすぎている（学生の6割しか6年以内に卒業していない）。「このテクノロジーは、教授法を変えるという効果もあるので、倍の意味でメリットがあるのです」とレジヤーは語る。この大学の役員は全員、マイケル・クロー学長と問題意識を共有している。学長のヴィジョンは、学生の学びをテクノロジーで改善することである。アリゾナ州立大学のプロボストであるエリザベス・フィリップスは、もともと心理学者であり、Knewtonを用いた「心理学入門」が導入されるのが待ちきれないようである。現状では、毎週新しい単元が導入され、「そしたら完了で、忘れてしまうの」。Knewtonを用いれば、既習の単元を学生がどの程度理解しているかに応じて、論理的な順番で概念が提示されていく。

Knewtonを開発したフェレイラにとってこの学習テクノロジーは、彼が巨大なテスト準備会社であるカプラン社に勤めていた2001年から持っていた夢である。当時、かれは学生に応じて自動調整するオンライン科目を開発したかった。そのプロジェクトは実現しなかったが、当時は技術が十分ではなかった、とフェレイラは現在認識している。過去10年で何が進んだのか？モバイル技術の大発展とブロードバンド・ビデオにおける改善である。これにより、Knewtonのような会社が安価で楽に授業をストリーミングし、いつでもどこでも学生のデータを収集できるようになったのだ。

ベンチャーキャピタルから数百万ドルの出資を受け、Knewton のフェレイラはアリゾナ州立大学で開催された教育イノベーション・サミットでスターのような存在だった。学習に関わる膨大なデータを用いて学生の学習を形作ろうと考えているのは彼一人ではない。学生は、教室であれ、ワイヤレス・ネットワークやスマホ、タブレットなどのおかげでどこであれ、毎週何時間も学習活動を行う。これで得られるデータを考えて欲しい。「グーグルは一ユーザ当たり毎日数十のデータを得る。アマゾンは一日一データ程度だ。我々は、毎日一学生当たり数千のデータを得る」とフェレイラは語る。

　未来の高等教育に向けたこうしたデータに基づいたアプローチは、アリゾナ州立大学のような大規模州立大学だけのものと思ったのなら、それは考え違いである。伝統的なエリート大学も参入開始している。ハーバード大学をみてほしい。同大学のいくつかの科目では、個々の学生の学習にデータマイニングの技術を用いるだけでなく、教室におけるディスカッションを活発にするために用いている。学生は教室に入室すると、自分のパソコンやスマホ等を用いてラーニング・カタリティクス（Learning Catalytics）というシステムにログインする。教員が質問を投げかけるたびに、学生は答えをシステムに入力する。このソフトはその教員と学生の間のやりとりをじっとモニターしている。議論の時間になると、正解した学生と誤った解答をした学生を組ませる。学生のデバイスにその組み合わせが表示されるのだ。この技術により、学生は友人やたまたま隣に座ったものではなく、本当に学びを得られる相手と組むことができると、ハーバードで微積分学を教え、企業の共同創立者であるブライアン・ルコフは語る。どのように学生を組み合わせれば最も高い学びを得られるか、システムは最終的に学習するだろうと、彼は言った。

　ここで反転授業といった発想が出てくる——学生は教室外で大量の情報を主にオンライン教材を通じて取得し、授業中はその情報を咀嚼したり、教員や他の学生と課題に取り組んだりする。この考え方は勿論、新しいものではない。文学の授業はこの方法で何十年と行われてきたのだ。授業外で本を読み、教室でその特徴やテーマについて討議する。新しいのは、他の分野の教員もこの考え方を取り入れたこと、そして研究が進み、学習活動においてア

104 第Ⅱ部 破壊

クティブである学生の方が達成度が高い、といった結果が出てきたことだ。

一見、反転授業は、単なる教育のアウトソーシングに過ぎないように見える。情報が水のように流通する時代において、常に分野の最先端にいて、魅力的に知識を説明するといったことは、どの教授にとってもほぼ不可能である。教員の役割は、教室の前で崇拝される、というよりコーチに近くなってきている。「よいコーチは、優れたアスリートに必要な要件を知っていて、どのような練習でそれが達成されるかを知っている」とアメリカ合衆国科学技術政策局の前副ディレクターであったカール・E・ワイマンは語る。「彼らは学習者が集中して取り組むように、やる気を促し、適切なタイミングで専門的なアドバイスを提供する」[1]。

残念ながら、全ての教員が教育の方法を変えようと思うわけではない。新しい教育方法の実験に対してインセンティブが与えられても、伝統に固執する教員は、どの大学にもいる。問題は、大学に進学予定の生徒が大学の授業見学をしづらいということである。高校生の多くは大学訪問を夏あるいは週末にするため、開講されている授業が極めて少ないのである。大学に進学予定の生徒は学期期間中に大学訪問をし、大学教員の教育スタイルが自分に合っているかを観ることが出来るようにすべきである。

入学における学生と大学のマッチメイキング

未来の高等教育をかたどるビッグデータは、パーソナル化された授業のみにある訳ではない。さらに進んだ方法として、学生が大学キャンパスや教室に足を踏み入れるより遙かに前段階で、どのような教育が良いかの意志決定を支援するということもありうる。

大学の未来がかかっているとはいえ、大学のアドミッションは信じられないほど非効率、かつ、色々な意味で効果が希薄である。エリート大学は毎年、パーフェクトな学生を見いだすことを期待して、学生を幅広く、遠方においてまでリクルートをする。多くの場合、正しい選択をする。たまには間違いもする。いずれにしても、学生のリクルーティングは難しく、毎年時間がか

かり、お金のかかる作業である。

　学生にとっては、トップの大学に進学するにしても、地元の大学に進学するにしても、これは困難に満ちたプロセスである。多くの学生は、誤った決断をする。前章ですでに説明したように、学生の 3 分の 1 は、卒業する前に一度は別の大学に編入するし、大学に入学した学生の半数は、永遠に学位を取得しない。eHarmony や Match.com のようなウェブサイトが短いアンケートで恋愛を成就させることができるのであれば、学生と適切な大学をマッチングさせる、より良い仕組みを構築できるはずである。

　テクノロジーが世界の多様な側面を変えてきたにもかかわらず、学生リクルーティングの方法は近年、ほぼ変わっていない。大学は毎年、SAT または ACT のある点数以上の学生リストの名前を数十万件、テスト産業から買い取り、彼らに対してマーケティング活動を展開する。もし変わった点があるとしたら、マーケティングの時期が早まったことである。大学の半数近くは、入学希望者が高校 2 年生である段階からすでに、資料を送付しだす。大学のほぼ 1 割は、学生が高校 2 年生あるいはそれより前から、コンタクトをしだす[2]。

　これらの学生リストを取得し、アドミッション担当者を世界中の高校や大学留学フェアに派遣し、入学希望者の自宅に山のようなダイレクト・メールを送りつけるために、大学はゆうに 10 万ドルの桁を支出している。四年制の州立大学は入学希望者の確約を取り付けるために、一学生当たり 400 ドル以上を費やし、四年制の私立大学は 2000 ドル以上費やす[3]。トップの大学は、完璧なクラスを創り上げるのに必要な十分な数の入学希望者を獲得するために、幅広い網を張らなければならないのだ。しかし多くの大学にとっては、完璧なクラスを創り上げること以上に、十分な数の学生を獲得することの方が大事である。これら大学にとってアドミッションは命綱であり、入学希望者を出来る限り拡大させることが、予測の難しい歩留まり——合格した学生のうち実際に入学する学生——に関わる複雑なゲームの保険となる。

　学生およびその家族にとっての問題は、学生が向こう 4 年間時間を過ごし、学位取得に向けて 20 万ドル以上費やす大学について、彼らが持っている情

報より、大学が自分たちについて有している情報——願書や成績表を通じて提供されたデータによる——の方が、多いことである。スティーブ・スミスは、両者の関係をより対等にしたいと思っている。「大学が学生について知っているのと同程度に、学生が大学について知っているようにしたいのです」と彼は語る。スミスはナビアンス（Naviance）という、学生のキャリア検討を支援し、大学選びをガイドし、出願のプロセスを管理する技術プラットフォームの共同創立者である。スミスはこのツールをパートナーと共に2002年に構築し、2007年にはこれを国際的な教育企業であるホブソンズ社に売却した。現在、世界89カ国の5500近い大学がこのソフトを使用している。

　学生は早ければ、自分の情報がシステムに組み込まれる6年生から、ナビアンスを利用しだす。適性テスト等を通じて自身のポートレート情報がシステムに組み込まれ、徐々にキャリア・ゴールに向けて的を絞り、どの科目を取れば良いかが支援可能となる。大学入学が近くなり、大学がナビアンスを実際に利用しだすと、ソフトはオーバードライブの状態になる。最もよく活用されているのは、散布図の機能である。ある特定の大学に対して自分の入学確率を、同じ高校から志望した、同じぐらいの成績とテストの点数の過去の学生との比較で、判断することができる。

　「特定の大学に入ることが実際に可能かどうか、学生はナビアンスによって考えることができるようになったのです」とバファロー近くでこのソフトを利用するケンモアイースト高校の大学カウンセラーのデイビッド・コーツは語る。この散布図は実際、自分は大学進学に値しないと頭から決め込んでいた学生に進学を検討させ、他の学生にはより上位校を視野に入れさせ、アイビー・リーグの大学に惚れ込んでいるが十分な学力のない学生には薬になっている、とスミスは言う。

　ナビアンスがあっても、学生は多数の選択肢のなかから大学を選ばなければならない。このソフトは学生の代わりに決断をするわけではないからだ。クレイグ・パウエルは、学生と大学のマッチングをさらに一歩進めて、不安に満ちたこのプロセスをなくしたいと考えている。パウエルはコネクトEDU（ConnectEDU）の創立者で、彼の夢は、「あるアルゴリズムが、どの

大学が自分に最適か決めてくれ」、学生が大学出願を将来しなくてもよくなるということである[4]。

　私が 2011 年に、ワシントンで開催された高等教育の将来に関するフォーラムで彼に会ったとき、彼は向こう 10 年かそこらで、今我々の知っている大学アドミッションの方法を時代遅れにする、と自信に満ちていた。パウエルの信念は、自分が育ったミズーリ州の地方の町における経験を元としている。ここで彼は、他の多くの公立高校に多く見られるように、無関心あるいは世話焼きすぎのガイダンス・カウンセラーから、僅かな助言しか得られなかった（どの高校のガイダンス・カウンセラーも平均 400 名の学生に助言を与える）[5]。

　学生のデータは中学 1 年から採りたい、とパウエルは考えている。学生が中学で行う選択のなかには、5 年後の大学選択に影響を与えるものがあり、大学決定の時期になってからでは遅すぎる。トップの大学に行きたい場合は、中等教育期間に正しい選択を常にしておかなければいけない、と彼は強く思っている。中学のときに基礎クラスを取っておかないと、手遅れとなる。

　パウエルがよく話に出すのは、デトロイトの高校生の話だ。この学生は大学進学希望であったが、卒業 2 週間前になって初めて、必要要件である数学の科目を履修していなかったことを知った。コネクト EDU は、こうしたミスや不十分なカウンセリングへの保険となる。学生のデータを定期的にモニターし、キャリア・プランや地理的なロケーション、経済面等から自分に合った大学に向けて適切に歩を進めているか、外れてしまっているかについて、注意喚起をしてくれる。

　ある高等教育の会議で、自社製品を売り込んでいる企業のなかでコネクト EDU を数年前に発見したとき、このソフトのアルゴリズムが将来、大学の学生リクルーティング活動に今後及ぼすであろう影響について考えさせられた。パウエルは現在のシステムが破綻していると言っている。ミズーリ州の片田舎であってもデトロイトの都市部であっても、子ども達は自身にぴったし合ったとされる遠方の大学からパンフレットを受け取るかもしれないが、その大学について一度も聞いたことがなかったり、授業料を負担できると思わなかったら、その大学への入学は考えないであろう。コネクト EDU

108　第II部　破壊

は、連邦プライバシー法により、大学に学生の名前や住所の情報を提供することができない。しかし、パウエルはそれとほぼ同等の情報を大学に提供できる――大学がアプローチしたいと思うであろう学生の分布を示した匿名情報である。アドミッション・オフィスは関心のある学生に対して、フェイスブックにあるような友達リクエストを送る。学生がリクエストを受け入れると、大学は学生のプロファイルを得て、リクルート活動を開始する。これは大学への出願時期より遙かに前の、高校1-2年のころに起こりえる。

大学在学中、学生をより適切な進路へと誘導する

　高校から大学への移行は多くの学生にとって乱暴である。コンパクトな高校での居心地の良さは消え失せ、多くの場合大規模な大学キャンパスによって、置き換えられる。大学のために自宅を離れる学生にとっては、家族も遠方に離れることとなる。この移行に伴って置き去りにされるものがもう一つあることを、我々は失念しがちである。学生の出願に伴い収集された広範の情報である。これらはアドミッション・オフィスのフォルダのなかで忘れ去られる。

　多くの学生にとって喜ばしいことに、これは新しい生活への第一歩を意味する。しかしもし、在学中に大学によって取得されるデータの宝の山と、小学校時代からのデータを組み合わせることができるとしたらどうであろう。そのような情報があれば、大学入学後のより早い段階で、より適切な専攻や科目履修に学生をし向けることができるかもしれない。

　ナッシュビル北西約1時間のところにあるオースティン・ピー州立大学では、まさにそれに類する画期的なプロジェクトが行われている。同大学のプロボストであるトリスタン・デンリーは数学者である。ヨーロッパにいる家族を訪問した2010年の夏、彼は、オースティン・ピー州立大学の学生の卒業率を向上させるための方法を示唆する2冊の本に出会った（同大学では6年間かかっても、9800名の学生のうち32%しか卒業できない）。一冊は『マネーボール（Moneyball）』という、同じタイトルの映画の原作となった本で、オーク

ランド・アスレチックスがプレーヤーのデータを用いて、競争力があり、かつ安価なチームを、如何に編成したかというものである。もう一冊は『優しく促す（Nudge）』で、人生でより良い決断をするために、人は優しく勇気づけられなくてはならない、ということを主張するものである。

　これらの本を読みながらデンリーは、どの程度の成績を得る可能性が高いかを学生に示すことで、学生に学位取得につながる科目履修を促せないかと考えた。過去の類似の学生が得た成績のデータから、当該学生が得るであろう成績を予測できる、とデンリーは考えた。過去の学生の成績データは、成績証明書のリクエストがなされるとき以外は活用されないままに、大学のデータベースに眠っていた。「大学は一般にデータ取得には力を入れるが、全く利用しません」とデンリーは語る。大学に戻ると彼は自分のアイディアの実現に着手した。2011 年春、ビル＆メリンダ・ゲイツ財団からの助成を得て、オースティン・ピー州立大学は学生が取るであろう成績予測に基づいて科目を提案し、これら科目で卒業要件科目や（専攻を変更した場合に）一般教育科目の単位が満たされるかを表示するソフトを公開した。このソフトは次の段階として、学生と科目の適合度を示す★印も表示する。基本的には目安を示すだけで、選択権は学生にある。ただしこのソフトが信じられないほど正確なだけである。9 割以上の確率で、このソフトが予測した成績を学生は実際にとった。2011 年秋に学生が履修登録した科目の半数近くが、提案された科目リストのトップ 10 に入っている科目であった。

　デンリーがこの学位コンパス（Degree Compass）というソフトをはじめて説明したとき、私は懐疑的であった。大学に行くということは結局の所、授業カタログを探索するということではないのか？このソフトは学生を、あたかもスーパーマーケットにいるかのように、決まり切ったラインに流し込む。最後にアマゾンあるいはネットフリックスを利用したときのことをデンリーは私に聞いた。「提案されたものをクリックしましたか？」。勿論、と私は答えた。「その本あるいは映画が存在することも知らなかったでしょ？」と彼は言った。「それがここでもまさに起こっているのです。これは現実には力を与えてくれるのです。制限を課しているのではありません」。

110　第Ⅱ部　破壊

　医者であろうと、弁護士であろうと、大学教授であろうと、人は助言する
ときに、過去に与えた助言に影響される。たとえばテキサス大学オースティ
ン校でこのソフトを試したとき、このソフトは仮想の学生にアラビア語を履
修するように提案した。なぜスペイン語でないのか、大学アドバイザーは不
思議に思った。「なぜそう思うのか、聞いてみたところ、『ほとんどの場合、
自分はスペインを勧めたからです。ほとんどの学生がスペイン語を履修する
ので』という答えでした」とデンリーは語る。

　人間のアドバイザーの問題は、何十万もの科目と数十から百を超える専攻
が掲載されている数センチの授業カタログの全ては、把握しきれないという
ことである。多くの場合、自分の専門領域のことはよく知っている。しかし
学生が専攻外の科目を履修しようとした場合、あるいは自分とは別の専攻の
場合、アドバイザーは努力はするが、適切ではない助言を時々する。結果と
して学生は余分な科目を履修することになる。準学士を取得する学生は、必
要な 60 単位に付加して、平均して 19 単位も余計に単位を取得する。学士
号については、必要な 120 単位に付加して、16 単位も多い[6]。学生が無事
卒業できる場合はそれでも良いが（但しそれでも、学位は必要以上に高いものに
つく）、多くの学生はこうした不適切な助言のために、ドロップアウトする。

　新しい教育テクノロジーの実験場であるアリゾナ州立大学を再び登場させ
ると、同大学で開発した eAdvisor は、重要な選択の大部分を、人間のアド
バイザーに代わりに行う。同システムは、ドロップアウトの危険性が最も高
い、初めの四学期について、学生をトラッキングする。重要な科目や GPA
の要件、成功につながる道筋を明確に示し、学生が早い段階で、ある専攻分
野に対する自身の適性を判断できるように、難易度の高い科目を勧める。学
生が授業に出席しなかったり、ついていけなくなったりするなど、正常な軌
道から外れ出すと、システムは学生およびアドバイザーに注意信号を送る。
二学期連続でこれが起こると、学生は以下のような警告を受け取る。「二学
期連続で正常な学習活動から外れていたため、専攻を変更するためのアドバ
イジングを受けて下さい。〇月〇日までに専攻を変更していない場合、次学
期の科目履修は事務的にブロックされる可能性があります」。

5. パーソナル化された教育　111

このメッセージは機械的で、無慈悲に聞こえる。しかしこの愛の鞭は効く
ようである。アリゾナ州立大学のプロボストであるフィリップスによると、
eAdvisorやKnewtonなどの他のアダプティブ学習テクノロジーは、学生が
初年次から二年次に進級するという、大学の学生保持率を7ポイント、84
パーセントにまで向上させた。このようなシステムが選択の幅を狭めるかど
か、デンリーにしたのと同じ質問をしてみたところ、「ある意味、それが大
事なところなのです」と彼女は語った。「永遠に探索しつづける訳にはいか
ないのです。学位を取得するためには、なんらかの方向に進まなくてはいけ
ないのです」。

オースティン・ピー州立大学ではトリスタン・デンリーが次のプロジェク
トに取りかかっていた。大学におけるもう一つの重要な決断、つまり専攻の
選択に、学位コンパスのコンセプトを当てはめようというものだ。過去の成
績データからまず、特定の専攻において無事修了に至る科目を抽出する――
彼はこれらを「指紋科目」と呼ぶ。次に、これら科目を学位コンパスのソフ
トとつなぎ合わせ、自分と似ている学生がうまくいった専攻を提示するので
ある。オースティン・ピー州立大学の学生の5人に1人は専攻が未確定のま
ま入学してくる。さらに多くの学生が、特別の関心があるわけではなく、親
戚などからの提案により、現在の専攻に落ち着いているのではないかと、デ
ンリーは疑っている。(第8章で、専攻選択については更に吟味する)。

デンリーの二つのアイディアが実際どのようになるのか、オースティン・
ピー州立大学の仮想の学生、ジェシカについて見てみよう。ジェシカは、ケー
ブルテレビのHBO[3]で放映された『ザ・ソプラノズ[4]』に出てくる精神科
医メルフィ博士のファンであったため、心理学を専攻することとした(学生
はしばしば、有名なテレビ番組につられて専攻を決める。たとえば科学捜査は『CSI[5]:
科学捜査班』のため、継続的に人気がある)。初年次の春学期[6]の科目の履修登
録をするにあたり、統計学が要求科目であることに気づく。一学期の間、統

---

3) HBO (Home Box Office)：アメリカ合衆国のケーブルテレビ放送局。
4) ザ・ソプラノズ (The Sopranos)：アメリカのマフィアを題材としたテレビドラマ。主人公であるマフィ
　アのボスがパニック症候群に悩まされ、精神科医にかかっていた。
5) CSI (Crime Scene Investigation)：科学捜査を扱った全米大ヒットのテレビドラマ。
6) 春学期：秋学期の間違いか? (訳者注)

計学で苦しみ、学位コンパスで彼女と類似の学生が統計学でどの程度の点を取れるのかを見てみると、極めて悪いことに気づく。星一つなのである。画面をスクロールすると、このバーチャルなアドバイザーが、彼女と似ている学生に提案している科目を見ることができる。

次にバーチャルなアドバイザーの提案する専攻を見てみる。彼女は本学期、英作文の成績が良かった。SAT の言語面でも平均以上であった。バーチャル・アドバイザーは、英語やコミュニケーション術、マーケティングなどの専攻を提案し、それぞれについてのキャリアの可能性も示す。サンクスギビングの休暇で実家に戻ったおりに、専攻を変更することを親と相談する。12 月頭には専攻をコミュニケーション術に変更し、春学期の科目登録に間に合わせる。これでまだ 4 年間で卒業できる。

ジェシカの一挙一動を分析するデータ・ロボットがいなかったら、彼女は春学期に統計学をまた登録していたかもしれない。仮に単位が取得できなかったとしても、平均以上にできる他の科目に救われて、次の年次に進むことは出来ただろう。そして彼女は統計学を再度履修したかもしれない。しかしそのときには専攻の二年目に入っていて、そこで専攻を変更した場合、一学期分、余分に在学し、学生ローンもその分、かさんだであろう。ドロップアウトすらしたかもしれない。

データ・シェアリングは将来、どこの大学生にとってもの現実となる。何よりも、学生のプライバシーを保護しようという時代は終わりつつあるのかもしれない。連邦政府が包括的な学生プライバシー法を施行した 1974 年以来、大学は常に学生の保護を支持ししてきた。しかし、アメリカの若者が自分の生活を、フェイスブックや Twitter、FourSquare[7]などを通して、毎分のように共有する今日において、大学生は自分の個人情報がいつ、どのように、誰からアクセスされているかなど、気にしないのかもしれない。もしかしたら、自分の 6 年生のときに残したデータによって大学の特定の専攻に誘導されていると気づいた段階で、彼らももう少し関心を持つかもしれないが、その時点ではすでに水門を閉じることはできなくなっているだろう。

---

7) FourSquare：位置情報に基づいた SNS。

アサバスカ大学の分析の専門家シーメンスには、「データ分析以上に、高等教育の将来に劇的なインパクトを与えそうなもの」が見えている。近い将来、自身についてのデータ一覧を多様な情報源からの眺め、大学進学に有利な材料を学生が抽出するようになる、というのだ。「自身についての情報を学生が提供するほど、自身の学生体験は的を得たものになる」とシーメンスは予言する。

少なくとも、これだけは確実である――大学の費用が上昇すると同時に、ドロップアウトしたときのコストも高まるため、大学における選択について学生に助言する、より良いツールを市場は要求する。多くの場合、これらのツールはインプットされるデータに依拠し、選択肢を制限する方向に働く。学生や両親はこのような制約を、費用と期限内に卒業することの対価として受け入れるだろうか？いく世代にもわたり、我々は大学を、自身の関心や情熱、あるいは単なる興味を探索できる、人生の最後の砦とみなしてきた。多くの学生にとって、このような日々は過ぎ去ったのかもしれない。決められた道を歩まないと、代償が高くつきすぎるのだ。

ペンシルバニア大学のエコノミスト、ジャスティン・ウルファーズは、大学教育が「経験財（experience good）」であると言う。つまり、経験してからでないと、何を買ったのかが分からないということである。正しい大学選び、専攻選び、科目選びが難しいのは、学生もその親も、最終的にどの選択肢が最も得なのかの比較をするための、基本的なツールを持たないからである。結果として学生は、友人や家族からの助言、大学からの洒落た資料、十分な知見を持たない大学アドバイザーからの誤った助言などにより偶発的に形成されたルートを進むことになる。優れたデータ不在のもとでは、大学は入試により継続的に得する。しかしこの間、学生は判断不能な決断ばかりに直面し、多くの家族は自身の置かれた苦境に気づかないまま、手遅れの事態に陥る。

6. オンライン革命

サム・ロマーノはそのクラスについて、自分がフォローしているテクノロジーに関するブログで知った――人工知能分野におけるリーダー 2 名、セバスチャン・スランとピーター・ノーヴィグが、スタンフォード大学の大学院レベルのコースをオンラインで、無償で提供するというのである。2011 年夏のことで、ロマーノはオーランドにあるロッキード・マーチン社で、ソフトウェア・エンジニアとして働いていた。20 代のテク・ギークの多くと同様、彼はグーグル社の職にありつくことに狙いを定めていた。この巨大検索エンジンの会社は毎年 100 万以上の就職者の応募書類を受け取る。130 名に一人しか職にありつけない[1]。

ロマーノに勝ち目はほぼなかった。ステッソン大学でコンピュータ科学の分野で学士号を取得してすでに 3 年たっていた。グーグル社で働き、推薦の言葉をくれるだろうステッソン大学の同窓生を彼は何名か知っていた。しかしグーグル社の面接の質問は予想しがたいことで悪名高かった。履歴書で何か光るものが必要で、この人工知能のクラスはもしかしたらその可能性をもたらすものであった。二人の講師はグーグル社と色々な面で深いつながりをもっていた。ノーヴィグはこのテク・ジャイアントの研究ディレクターであった。スランは、同社の肝いりプロジェクトである自走車の開発を手伝った、グーグル・フェローであった。「この分野の進展を図ったまさにその人たちから、学ぶチャンスがここに開けたんだ」とロマーノは語る。「スタンフォード大学に入学しないかぎり、このような機会は絶対なかった」。彼は履修登録をし、同僚の何名かも仲間入りするように勧めた。こうしておけば、この世界的なオンライン科目を対面で一緒に学ぶグループを作ることができる。

スタンフォード大学でスランとノーヴィグは、毎日のように科目登録者が伸びるのを眺めていた。オンライン教育を格段に良いものとし、世界から無償でアクセスできるようにしようというアイディアは、スタンフォード大学コンピュータ科学科の世界に名だたる少数の教員グループの過去数年の思いを受けてのものである。2008 年、アンドリュー・ングはスタンフォード大学で最も人気ある工学部の科目を複数、オンラインで無償提供した。以後、これら科目から彼を知った人にシリコンバレーで出会うようになった。「無償のオンライン教育の威力を認識した」とングは語る。1 年後、YouTube のインパクトに関するグーグル社における教員サミットで聞いたある講演に触発され、ダフネ・コラーはオンライン教育を改良する方法として、短いビデオ・クリップを試したり、クイズをビデオに埋め込んだりし始めた。彼女はこれら教材を対面教育の代替として提供し、授業参加は任意となった。すると従来より 2 倍の学生が授業に参加するようになり、小グループでオープン・エンドな議論をするようになった。「毎週毎週、講義をする意味がなかった」とコラーは語る。

スランはスランで、学生の学習活動や確認テストに沿って科目のコンテンツを整理する、新しい方法を探していた。自身の科目をオンラインで提供する数ヶ月前、サルマン・カーンが TED カンファレンスのレクチャーや技術のデモンストレーションの場で講演をしているのをスランは聞いた。彼がスタンフォード大学で教えている科目について、カーンのコンセプトを適用する方法を考えた。MIT においても iTunesU でもその他においても、オンライン科目はすでに何年も無償で提供されていた。彼はカーン・アカデミーの考え方を採用し、短いビデオ（講義全体ではなく）を使用し、最終試験も加え、なんらかの証明を出そうと考えた。スランは自分のアイディアをノーヴィグに説明し、夏の始まりには彼らはスランのゲストハウスに店開きしていた。

ノーヴィグは 2000 名程度が科目を取ることを予想していた。登録開始二日以内に 1 万人の学生が登録した。ングとコラーはお互いに協力し、世界に向けて二科目、機械学習とデータベースについての科目を同様に開講した。これら取り組みは、スタンフォード大学執行部の注意を急速に惹くよう

になった。結局のところ、スタンフォード大学は 10 人に 9 人は入学をさせず、パロ・アルトの金箔のキャンパスに迎え入れた学生から授業料だけでも年間 3.9 万ドル取るような大学なのである。大学のブランドは、排他的であることの上に築かれている。それが、一部の教員がブロードバンドを通じてそれを誰にでも手渡してしまおうとしているのだ。

それから数週間、スランとングはキャンパス中の色々な管理者とともに、十数以上の会議をした。最大の懸念は、大規模な受講者の身元が確認されないまま、スタンフォード大学の伝統的な認定書と同様に見える証明書が発行されることであった。

話し合いの結果、両教員とも、「認定書（certificate）」ではなく「修了証（statement of accomplishment）」を提供することに合意した。スタンフォード大学の単位を取得できるという誤解を受講者に与えないためである。登録者の伸びは鈍化を見せなかった。ングとコラーが開講した科目はどちらも約 10 万名の学生を惹きつけた。ニューヨーク・タイムズの一面に 8 月に掲載されたスランからの支援の呼びかけにより、登録者は 10 万名の大台を超えた。

スランの科目は、190 カ国から 16 万名の受講者を得て、10 月に開始した。フロリダ州では、ロマーノが呼びかけた 4 名のスタディ・グループがほぼ毎朝、それまでの朝のコーヒーを諦め、その代わりに自分たちの仕事机のまわりに集まり、毎日の部の会議が始まる前に、科目で提示された課題について議論をした。このグループが集まれるのは、この貴重な朝の数分しかなかった。この自分のペースで進められる科目は、彼らのように忙しい受講者のために設けられたものであった。時間的制約は二つしかなかった。一週間の間に提示された課題をこなすことと、中間および期末テストを 72 時間以内にこなすことである。これら以外は全て、受講者が自分に都合の良い時間にすることができた。

10 週間の科目はいくつかのトピックに分かれていた。毎週新しい講義のコレクションがアップロードされ、その学期終了時まで閲覧可能であった。パロ・アルトのゲストハウスの地下に仮にあつらえられたスタジオで、スランとノーヴィグは各モジュールのオープニングのショットを録画した。し

かし最も活躍したのは、彼らの手であった。ビデオの多くはペンを持った手がパッド上で図や計算式を描くのを録画していた。カーン・アカデミーとTEDトークの教えに学び、ビデオはそれぞれ1−5分以内にまとめられ、受講者がブラウザに回答を入力できるように、確認テストも含んでいた。これは、大学の講義を大人数に対しての提供を試みていたこれまでの実験からすると、格段の進歩であった。MITのウォルター・レヴィンの講演をアップルのiTunesUからダウンロードすると、毎日みる教室風景以上に見るものはほとんどない。ウェブ技術の進歩と、より重要なのはブロードバンドのアクセス拡大により、より明瞭でインタラクティブな学習体験が可能となったのである。それであっても受講者のなかには、「格好の良いプレゼンテーションやアニメーション付きの図表の時代において、これは泥臭くみえる」と不満を述べるものがいた。

すでに10月の終わりであった。この時点までロマーノは順調に進んでおり、毎週の宿題も楽に高得点をとっていた。山羊ヒゲとメガネの彼は、コンピュータ・プログラマーの典型のようであった――コンピュータのコードを高校で書き始め、3年で大学を駆け抜けた。しかしこの科目の第四週目で彼は、論理とプラニングに関する課題で81点をとり、初めて躓いた。彼は何を理解していなかったのか、過去のビデオを見直した。このクラスでは必要なだけ何度でも講義を見直すことができるのである。大学の講義であれば、教授は次のトピックに移ってしまっていたであろう。一時停止したり巻き戻したりする方法はない。

サンクスギビングの直前、3万人以上の受講者が中間テストを受けた。ロマーノは98点を得た。直後に彼はスランから履歴書を送付して欲しいとの電子メールを受け取った。トップの受講者約1000名に対し、シリコンバレーのテク企業に履歴書を送付する、と約束するメールを全員に送付したのだ。

クリスマスごろには科目は終了し、数週間後、最後まで修了した2.3万人の受講者は「修了書（statement of accomplishment）」を得た。ある新聞記者がこれを「認定書（certificate）」と記述したため、数時間もしないうちにスタンフォード大学当局はこの訂正を求めた。彼らはこれを「レター」と呼んで

いた[2]。この実験に大学のブランドが用いられることを明らかに警戒していた。スタンフォード生以外の受講者250名近くが、完璧な成績を得ていたのである。

ロマーノは数ヶ月でグーグル社との初の面接にこぎつけ、最終的にピッツバーグでの仕事を得た。ほぼ同時期にスランは、ミュンヘンで開催されたデジタル・カンファレンスで、Udacity（ユダシティ）という低価格のオンライン科目を提供するスタートアップ企業を立ち上げるためスタンフォード大学には戻らないという宣言をし、会場の聴取を驚かせた。この地下における実験を通じてスランは、伝統的な大学における教育方法は、効果を得るには変化が緩慢すぎると思うようになったのである。「今日の教授は、1000年前に教授したのと全く同じ方法で教授している」とスランは語った。

無償のエリート教育

2008年、マニトバ大学で25名の学生を対象に学習理論を教えている教員2名は、世界に向けてオンラインでこれに参加するように呼びかけた。最終的に2300名が参加した。ここに新しい教育形態が誕生し、新しい名前もできた。大規模公開オンライン講座（massive open online course）、略してMOOCである。このアイディアのパイオニア達は学習を民主化し、MITが10年近く前に、2100科目の対面講義や課題をオンラインで公開することでコンテンツを開放したのと同様のことを、ティーチングについてしようとしたのである。

数千の学生を対象にオンラインで教育したり、科目のコンテンツを無償で提供したりしたのは、スランやスタンフォード大学の他の教授達が初めてではない。しかしスタンフォード大学の科目は大絶賛され注目を集めたため、高等教育の次の大改革に乗り遅れまいと競争大学が争って参入するようになった。6ヶ月という短い期間に、多数のエリート大学が自身の大規模公開オンライン講座を開始すると発表した。ミシガン大学、ペンシルバニア大学、スタンフォード大学、プリンストン大学は、ベンチャーキャピタルから

2200万ドルの支援を受け、新しく設立されたCoursera（コーセラ）というングとコラーが率いる企業で、科目提供を協力することとした。数週間後、ハーバード大学はMITと提携し、edX（エデックス）と呼ばれる事業に6000万ドルを出すことを約束した。ジョンズ・ホプキンス大学、ワシントン大学、デューク大学、カリフォルニア工科大学は、Courseraに参加した。

MITとハーバード大学がedXに投資した額は、アメリカの典型的な四年制大学の年間予算の倍の額である。しかも現段階においては、一円の授業料ももたらさない科目だけのためにである。このような額を投資するからには、これらの尊敬すべき大学が高等教育の将来に対する特効薬を見つけたと誰もが思うだろう。しかしどの大学も収入を得る当てがなかったのである。その代わり、これら大学はシリコンバレーで証明済みの成功への道を歩んでいたのである——製品を作り、人々ががそれを使うようになってから、ビジネス・プランを考えろ。「我々のベンチャーキャピタル（VC）は、何百万人もの生活を変えるようなウェブサイトを作れば、お金は付いてくると常に言うのです」とコラーは語る[3]。

ライバル大学の授業料や基金がこれらエリート大学に流れ込み、その代わりに学生の授業料が縮小する、というような収入の流れの変化がこれら大規模講座から生まれることは、少なくとも現在予見できる範囲においては、極めて疑わしい。これらの科目の創設者がこれらを無償またはオープンにしておきたい、ということもハードルの一つとなっている。彼らはお金より、世界に知識を広めることに熱心なのである。スランがカーンのTEDトークに心を動かされたのは、1980年代後半に彼がドイツのボン大学で大学院生であったときに、授業では足りないと思った情報を探すために頻繁に図書館にこもっていたため、ということもある。現代の学生が指先に有している専門知識へのアクセスを、彼は心から切望していたのだ[4]。

ある意味、高等教育における無償の科目についての議論は、1990年後半に新聞産業が直面したものに酷似している。当時、ほとんどの出版物がオンラインで無償に提供されるようになり、しかし印刷物に対しては課金されつづけた。10年のうちにオンラインの読者数は急増し、印刷物の読者数は減

少し、新聞社は問題に気がついた。彼らのコンテンツは過去にないほどポピュラーになっていたが、実際の情報を生み出す記者や編集者を雇用するために必要な収入において、大赤字となっていたのである。問題は、高等教育も同じ轍を踏むのかということである。結局のところ、これら公開講座の開発には費用がかかるのである。

そうであったとしても、この形式は、高等教育についての考え方を改めるポテンシャルを有す。まずはこれらの科目が、これらのトップ大学への新しい入学の道筋となる可能性を考えてみよう。これら公開講座を通じてエリート大学は、キャンパスで提供される授業と同様の講座に参加し、教授が作成した課題を解く、優秀な学生を見いだすことができることとなる。トルコの田舎に埋もれているダイヤモンドの原石を見つけるより簡単で安価な方法である。さらに、これら学生は既に勉強をしているため、これら学生が最終的に成功する確率もより高い。こうして見いだされた学生は、大学が新たに設立する学校にひとまずは——物理的あるいはバーチャルに——入学し、1－2年してから従来の大学に編入して学位を取得してもよい。あるいは、この学校を大学内に設立し、卒業まで面倒をみてもよい。色々な方法があり、これらのほとんどはエリート大学が入学者数を拡大しつつ、質を維持し、さらに排他的な雰囲気を残すことを可能とする。オープン教育は、社会でエリートを育成する方法を変えることができるのである。

もう一端では、Udacity や Coursera が職を探す学生と優秀な人材を捜す企業を仲介する企業になろうとしている。最も優秀な学生の履歴書をもってスランがシリコンバレーの企業に結びつけたことを思い出して欲しい。技術者のリクルーターは通常、被雇用者の初任給の1－3割を、人材幹旋の報酬として得る。これら公開講座は被雇用者候補の大規模なプールであるだけでない。これら受講者が多数の課題でどの程度のパフォーマンスを発揮できたかの詳細情報まで有しているのである。Udacity はすでに6企業と提携し、3-D グラフィクスやアンドロイド・プラットフォームのアプリ開発を含む、人材が僅少なスキルについて科目を提供することとしている。

公開講座は高等教育の価格設定方法を、航空券の価格設定と類似したもの

にする可能性がある。従来の大学は学期ごとに課金をする——全員一律料金である。これら公開講座は、アラ・カルトメニューという、異なる価格設定も可能とする。大規模講座に登録するのは無償であっても、最後に取得する信用保証も含め、他のサービスに対して課金されていく可能性がある。Coursera は現在、一部の選ばれた科目について公式の修了証を一科目当たり 30 － 100 ドルで提供している。ある Coursera 科目に登録したところすぐに、次の科目のラウンドで計画されているスタディ・グループや、社会でのミート・アップについての案内を、電子メールで受け取った。これら対面のミーティングに参加するのは現段階ではタダであるが、私のような、もう大学には通っていない年配の受講者が、他の受講者や教授自身と会う機会を得るためにお金を出すことは、想像に難くない。Coursera は 2012 年夏、昨年受講した学生を対象に、サン・フランシスコでのピクニックを企画した。1000 名以上の人が集まった。

　これらのアイディアはしかし、これら公開講座が現段階でもつ、最も中心的な問題には対応できていない。これら公開講座は、学位授与への黄金のスタンダードである、真の大学の単位を出さないのである。これが問題であり続けるかは疑わしい。MOOC プロバイダに参画する大学が拡大するにつれ、科目の単位を提供するという関心も強くなる。2013 年頭、数十年にわたり伝統的な大学の枠の外で研修科目を認定してきた高等教育団体である米国教育協議会（ACE）は、これら無償のオンライン科目の一部をレビューし、大学が単位を付与できるレベルにある科目を 5 つ推薦した。

　MOOC で単位を付与するのは、学位まであと数単位足りない成人学生に、最も有効となりうる。25 － 64 歳のアメリカ人の 5 人に 1 人が、大学に在籍したことはあるが、学位取得に至っていない。これほど多くのアメリカ人が単位は有しているのに学位を得ていない理由の一つは、入学した学生の半数が、学位取得前にドロップアウトするためである。学位取得に至らない理由はさまざまであるが、最も根本的な問題は、学生の 45％ が大学のレベルに達していないまま大学に入学してきて、読解、作文、数学などのリメディアル教育を受けなくてはいけないからである。ミネソタ州立カレッジ＆大学シ

ステムは、毎年予算の4分の1をリメディアル教育に要している。学位の必要単位には換算されないが、大学で進学するのに必要な科目である。ミネソタ・システムの31の大学が、これらリメディアル教育が必要な学生のごく一部だけについてだけであっても、他機関が提供する無償のオンライン科目で間に合わせることができたとしたら、どれだけ経費節減になるか、考えても見てほしい。

これら大規模公開講座の活用可能性のどれも、高等教育が直面する無数の問題の特効薬とはならない。またそれぞれの大学が直面する問題を解決することもできない。しかしこれらの、フィードバックを常に得ながら自分のペースでできる授業は、大学が行っていることの一部を代替することはでき、高品質な選択肢となりうる。これはスタンフォード大学などような最高峰の大学の学生ですら、望むようなものなのである。

講義室をなくす

スランとノーヴィグが自身の授業を2011年秋にオンラインで公開したとき、彼らはスタンフォード大学のキャンパスで従来どおり、対面の授業も続けた。合計約200名の学部生と大学院生が、人工知能入門（CS221）の科目を登録した。しかし、スランが表現するに、数週間で不思議な現象が生まれた。定常的に教室に集まる学生が約30名にまで減少したのである。大学から疎遠になりつつあるとスタンフォード大学執行部が懸念した学生たちは、他の学生と同様、自分たちの寮の部屋で無料のオンライン科目を用いて勉強し、中間試験においても、最終試験においても、前年度の先輩たちより成績評定が一段階高かった。

大学生はいつの時代においても、授業をさぼっていた。しかし教材を簡単にオンラインでダウンロードできるようになり、学生はさらに洗練されたアプローチを、特に入門科目について、取るようになった。ほぼどの大学も、他大学で開講されているのと酷似する入門科目を、提供している。指定教科書まで同じことが多い。これらは、教授が独自の工夫をほとんど施すことの

ないプレーン・バニラの科目である。これらを私は日用品科目と呼んでいる。例としてワシントンDC郊外にある州立大学のジョージ・メーソン大学の「現代ミクロ経済学原理103」という科目を見てみよう。この科目は経済学のドナルド・ブドロー教授により教授され、毎週水曜日の晩3時間にわたり、古くさい講義室に308名の学生を詰め込む。宿題もディスカッション・グループも、予習として読んでこなければいけない指定図書もない。全てが講義である。一学期に三回、全て選択式設問の試験がある。この科目の価格は、バージニア州の学生は1400ドル、州外学生についてはほぼ3600ドルである。「授業に毎回出席して、ちゃんと起きていて、そして中毒にかかっていなければ、B⁻はとれるはずだ」とブドローは、クロニクル・オブ・ハイヤー・エデュケーション紙のためにこの科目を一学期間にわたり見学していた記者に語った[5]。

　学生がこれらの科目の学習に熱が入ることは滅多にない。実際、このジョージ・メーソン大学の経済学の授業に来る学生は、科目自体以上に、自分のラップトップ上の映画や、スマホでメールを打つことに熱中している。こうなってくると、伝統的な講義をする必要はあるのか、という疑問が生まれてくる。この科目だけで最低42万ドルの収入がある（バージニア州以外の学生もいるため、もっと多いだろう）。この科目や類似の科目の収益は、ジョージ・メーソン大学における金食い虫の授業や活動を下支えする。

　これより効果的な方法を考えてみよう。学生はオンライン講義を観て、毎週3時間の授業時間ではその内容について討議したり、問題を解いたり、ロール・プレイングをしたりする。この科目をさらに抜本的に改革するのであれば、オンライン講義に確認テストを頻繁に埋め込むとよい。これら確認テストは成績には関係ないが、自分の理解度を、三回の試験より良く、把握することができる。ジョージ・メーソン大学が進めた、よりラディカルなアプローチは、授業を他大学とシェアすることである。これら大学のベストの教授はカンファレンス機能のある講義室で講義をし、他大学の学生はリアルタイムで議論に参加する。このような授業シェアリングは、南部の16のリベラルアーツ大学で行われつつある。デビッドソン・カレッジ、リッチモンド大学、ローズ・カレッジなどを含む。この方法は学生にとってはシームレスである

124 第Ⅱ部 破壊

──大学間で単位を編入したり、授業料を支払ったりする必要がない。

　こうした授業シェアリングは、こうした少数大学の試みに留まらない。世界中の最優秀の教員や研究者が科目を制作し、これが他の大学に提供されることを考えて欲しい。これはすでにピッツバーグにあるカーネギーメロン大学で行われつつある。ここでは教員や学習科学者、ソフトウェア技術者が共同で、オンライン科目を同大学のオープンラーニング・イニシアティブのもとで制作している。

学生のことを考えて科目をデザインする

　カーネギーメロン大学のコンピュータ管理棟の小さな会議室の机でそのグループは、ラップトップのスクリーン上でボールがポンポン跳ね返るのを観ていた。この4名のチーム──教授2名と学習科学者2名──は、学部生の化学の科目の新しい単元をデザインしているところである。ここ1時間、検討は行き詰まりを見せていた。どうすれば、「温度」という概念と、物質によって「熱容量」が異なるという概念を理解させることができるのか？

　化学入門は、全米どこの大学でも教えられている科目である。ほとんどの教授は自分で要点を説明し、温度という概念についてはおそらく、自分が30－40年前に習ったのと同じように説明するだろう。彼らが、ある概念をより上手に説明するために1時間もかけたり、学生がしっかり理解できるように新しい説明方法を考案するということは、考えられない。

　カーネギーメロン大学では、学習科学者が学生の役割を演じ、教授が学生に一番理解して欲しい概念を探し当て、次に、これを最もうまく説明できる方法を考える。オープンラーニング・イニシアティブのもとで、大学の教授のみに依存するのではなく、人間はどのように学ぶかという最新の研究成果を用いて、統計学や生物学などの基幹科目が数十ほど開発されている。結果として、学生に瞬時にフィードバックを与え、教員には学生との対面時間を最も生産的に使うための情報を与える、バーチャルなシミュレーションやラボ、チュートリアルが構築された。慈善団体からの財政的支援を受け、カー

ネギーメロン大学は 100 以上の大学に、これら科目を無償で提供している。

このオープンラーニング・イニシアティブは、オンライン科目の中の最上のものである。これら科目の開発には何ヶ月もかかり、さらには製品を改善するために学生のデータを常に収集、トラッキングしているチームがいる。教員と学習科学者が、学生が工学系の科目で残したパンくずのような学習データを分類、理解しようとしている会議に同席してみた。一クラス 70 名の学生は一学期間に 1000 以上の活動を行っており、それぞれの活動は、教授が学生に学習してもらいたいと思う特定のスキルと、紐付いている。この会議では、学生の誤答率の高かった問題について検討が行われていた。議論は、より複雑な課題へとつながる多面的な問題に集中している。何かがおかしい。小問で異常なほど誤答する学生が多いのに、大問としては正解しているのである。このチームはなぜ、このようなことが起こるのか、データを凝視していた。また科目内に仕掛けたヒントを、どのようにすれば学生にもっと見てもらえるのかを考えていた。

これら科目は従来型の授業を代替するものではなく、これを補完し、教員が授業時間をより質の高い活動に使えるようにするためのものであると、オープンラーニング・イニシアティブのディレクターであるカンダス・ティルは語る。「私はこれを TA と本のコンビネーションと考えているの」とティルは語る。「私たちは貴重な教員の時間を、コンピュータの方がうまくできる活動に費やしすぎているわ」。

このような科目を共有することの最大のメリットは、高品質のコンテンツが低価格で提供されることと、大学を何世代にもわたって悩ませ続けた慢性病が緩和させることである——ボーモルのコスト病である。このコスト病は 1960 年代に初めて経済学者ウィリアム・ボーモルにより指摘された。高等教育や医療などにおいては、製造業と同じようには生産性を向上することができない、ということを指摘したものである[6]。ゼネラル・モーターズは現在、1980 年代に必要していたのより少ない人員と短縮された時間で、車を一台を製造できる。このため給与と収益を上げながらも、車の価格は下げることができる。平均的な大学はクラスにおいて 16 名の学生に対して教員 1 名が

おり、これは 1980 年代初頭とほぼ同じ比率である。大学は高給を払うためには、授業料を値上げするほかない。

カーネギーメロンから Coursera に至る公開講座の出現は、過去 20 年間のオンライン学習の迅速かつ急速な成長を上回って、更に拡大、スピードアップするだろう。2002 年には 160 万人の学生が最低一つのオンライン科目を履修していた。2010 年にはこれが 610 万人、米国高等教育に在籍する全学生の 31％に膨れあがっている[7]。米国にあるほぼどのタイプの大学もオンライン科目を提供しており、小さな教室と親密的な環境で知られるリベラルアーツ・カレッジすら、その 61％がオンライン科目を提供している[8]。オンライン学習は確実に、単なる一時的な流行から確立した教育形態となっており、これは特に国内の最大規模の大学に最も顕著なのである。

オンライン、対面、両世界の組み合わせ

オーランドのはずれにあるセントラルフロリダ大学（UCF）は、1968 年にフロリダ技術工科大学として開学した。開学時の学生数は 2000 名で、大学の主要な使命は 35 マイル東にある NASA のケネディ宇宙センターで働く人たちに対して、研修を施すことであった。その後の 45 年間に、観光やハイテク産業がオーランド地域に大発展をもたらすと、入学者数は膨れあがり、同大学は通学圏内から学生を集めるコミューター・キャンパスから、州内でより良く知られているフロリダ大学やフロリダ州立大学などのライバルと同様の、本格的な研究型大学へと変身した。

UCF は 2012 年には、アリゾナ州立大学に続く、全米 2 位の入学者数を誇る大学となっていた。在学生 5.8 万人、1400 エーカーの現代的なキャンパスに 158 の建物、90 以上の学部生向けメジャーを有する。その年、6300 名近くの学生が春の卒業式に学士号を取得した。そのなかに、ジェニファー・ブラックもいた。クロニクル・オブ・ハイヤー・エデュケーション紙に彼女が話したように、ジャクソンヴィル育ち、22 歳の彼女は、典型的な学部生活を送った——寮で生活し、寮のアシスタントとオリエンテーション・リー

ダーを務め、近くのマリオット・ホテルとユニバーサル・スタジオでパートタイムで働き、ダンスのパフォーマンスで忙しい日々を送った[9]。最終学年の最終学期のときに会ったとき彼女は、このような驚異的なスケジュールをこなしつつ4年間で卒業できたのは、授業のうち4分の1をオンラインあるいはUCFで言うところの「ミックス・モード」形態の科目を取ったからだと語った。後者は、対面の授業は一週間のうち一回のみで、残りはオンラインで行われる。

　キャンパスでお金を払って生活する学生が、これほど多くの科目をオンラインで取るのは馬鹿げているように見える。なんといっても何百という教室に生身の教授が、至近距離にいるのである。しかし、UCFではジェニファーのような学生生活は徐々に当たり前となってきている。学生のうち10人に6人が毎年、オンラインまたはミックス・モードの科目を履修する。どの学期においても約2700名の学生がオンライン、ミックス・モード、あるいは対面の科目を同時に履修する。これほど目に見えない授業が多いと、キャンパスを有する大学の一体的な性格が分裂の危機にさらされるが、UCFの学生はこれら異なる形態の間を——日常の他のルーチンの作業と同様——、自由に渡り歩くようである。

　授業の最終週にさしかかる4月終わり頃の蒸し暑い日に、学生ユニオンは学生の活動でざわめいている。5名の学生グループはサブウェイで昼食を急いでつかみ、席についてからお互いの顔も見ずにまず、ノートパソコンまたはiPadの電源を入れる。数分もしないうちに、そのなかの一人はフェイスブック、Twitter、そして児童発達の科目のためのウェブ・ベースの議論の間をまわる。毎日24時間開いている学生ユニオンは、多くの学生にとって第二の教室なのである。多くのキャンパスでそうあるように、空いている駐車スペースを見つけることはここでは不可能に近い。そのことと、オーランドの交通事情は、キャンパス外に住む学生にとって、オンライン教室が好まれる理由の一つである。学生が対面またはオンライン学習とミックスされた授業を受けるためにキャンパスに来るとき、彼らは学生ユニオンに集い、オ

ンライン教育のための学習活動をいくつかこなしてから、実際の教室に向かう。

　ジェニファーは学生寮に戻るためのシャトルバスをここでよく待つ。ホスピタリティを専攻する彼女は、ホスピタリティ学科のあるリゾート・タイプのキャンパスから40分離れたところに住んでいる。最終学期にあって彼女はオンライン科目を2つ、対面科目を3つ、ミックス・モードの科目を1つ履修している。特別に好む方式はない。彼女にとって、どれもメリットとデメリットがあるのである。対面教育は授業の時間が動かせないため、規律を要求される。オンライン科目は遠隔から学習することを可能とする。ミックス・モードは場合によっては最も大変かもしれない、と彼女は語る。多くの教員がオンライン学習の課題も出し、しかし授業の参加も要求するからである。そうであっても、セントラルフロリダ大学においてミックス・モードの科目は、最も高い授業評価を学生から得る。いくつかの科目については、どのような方式の科目を取るかについて、選択の自由はない。「ダンスを副専攻としているため、これらの授業についてはその場にいなくてはいけないの」とジェニファーは語る。

　ダンスの授業をスケジュールに組み込むためには、オンラインやミックス・モード科目の自由度が必要である。この自由度のおかげで主専攻と副専攻に加えてジェニファーは、リーダーシップの修了書も得ることができた。5月にジェニファーは149単位を取得して大学を卒業する。これは学士号の要求単位数より29単位も多い。秋には彼女はサウスカロライナ大学の修士課程で、高等教育と学生支援を学ぶ。セントラルフロリダ大学で対面教育しか得られなかったとしたら、これだけの成果を得て4年間で卒業することはできなかっただろう。彼女は、セントラルフロリダ大学が自分たちの実験で最も狙う成果の好例である――物理的教室を追加することなく、より多くの学生をより早く（少なくとも4年以内に）卒業させたいのである。

　学生を可能な限り早く卒業させることが最優先事項となっている、動く歩道のような大学教育のイメージはまさに、伝統的な大学教員がオンライン教育について最も憂慮している事項である。実際、このオンラインで提供され

た科目ほどに熱い議論を巻き起こした高等教育の課題は少ない。教室におい
て教育活動をずっと行ってきた教員にとって、対面教育は最も確立された検
証済の方式であり、それ以外のいかなる方法も教育を非人間的なものにし、
管理もされず、そして最も問題なことに、効果がないものなのである。しか
しオンライン教育といっても多様であること、またその質も、ブランド力の
あるものから零細経営により作成されたものまで様々であることなどから、
この主張は弱められる。オンライン教育の拡大と営利大学の隆盛は表裏一体
の関係にあるため、メディアでも頻繁に、両者は同時に語られた。たとえば
フェニックス大学は一般にオンライン大学の代表のように語られるが、完全
にオンラインのみで学習している学生はそのうちごく一部である。そうで
あっても、近年連邦政府が営利大学の質について監視するようになったため、
オンライン教育の価値にも同様の疑義が呈されるようになった。

　高等教育は色々な意味で、製品を長い間、同じ方法で生産し続け、新しい
ものに疑い深い、他の産業と似ている。この懐疑的な態度は、大学において
一層強い──誰もがなんらかの分野の専門家だからである。学術的立場を有
しているにもかかわらず、一部の教員および執行部はオンライン教育の強み
に関する研究について、懐疑的であり続ける。オンライン教育に関する新し
い研究のどれもが同じ結論を示すにもかかわらず、これは変わらない。対面
教育の学生よりオンライン教育のみ、あるいはオンライン教育を一部受けた
学生の方が高い学習成果を示す、という研究結果が出ている。

ハイブリッド・モデル──同程度に良いか、より速いぐらい？

　2011 年秋、6 つの異なる州立大学に在籍する、統計学入門を履修する学
部生に対して、ある調査研究への参加が呼びかけられた[10]。一部の学生は
教室で対面教育を、残りの学生はカーネギーメロン大学のオープンラーニン
グ・イニシアティブに基づきデザインされたハイブリッドの科目を履修す
る。600 名の学生が参加し、それぞれの授業形態にランダムに割り当てられ
た。ブレンド型の科目では毎週 1 時間対面教育の授業があり、残りはオンラ

130 第Ⅱ部 破壊

イン教育となる。伝統的な対面教育のグループは、3時間の授業を毎週一回受けるか、1時間半の授業を毎週二回受ける。

調査研究に参加した学生は多様な集団であった。これはこの調査研究をリードする研究者にとっては重要なことであった。オンライン教育でうまくいく学習者は典型的には自律的な優秀な学生である、と一般に思われているからである。この調査研究に参加した学生の半数は年収5万ドル以下の家庭の出身で、半数は家庭で初めて大学に進学した者であった。白人系であったのは半数以下であり、GPA3.0を境に半数はそれより上、半数はそれより下であった。

調査研究に参加した学生は、学期の始めに統計のリテラシーに関する試験を受けた。学期末にも同じ試験をアンケートとともに受けた。教員の授業方法は参加大学により異なった。一般には、対面教育を担当した教員は講義を主体とした授業を行った（その分をオンラインで提供せずにである）。ハイブリッドの授業における学生の授業への出席率は対面教育のそれより低かった（更なる説明が必要な場合など、必要と感じる場合のみ出席すれば良い、ということになっていたからである）。この調査研究の結論としては、ハイブリッドの学生が伝統的な対面教育の学生と最終的には同じだけ学ぶということであった。更に、ハイブリッドの学生は同じだけの学習量を得るのに、学習時間を4分の1削減できるということが分かった——これは、大教室で行われる入門科目のコストを大きく削減できる可能性を意味する。「オンライン教育は残るだろうし、より改善するだろう」とタフツ大学の前学長であり、ハーバード大学の理事会メンバーであるローレンス・バコウは語った[11]。

我々は伝統的な教室で行われることも含め、大学キャンパスで起こっていることを美化しがちである。教員は過去には学生を教室に集め、講義をしたり議論をさせたりしていた——他の選択肢があまりなかったからである。学生の学習スタイルが多様化し、学生にリーチする新しいツールが今日はあるにもかかわらず、教員の一部は未だに10年、20年前に教えていたのと同じ方法で、教育を行っている。オンライン教育に最も懐疑的な者の一部は、オンラインで一度も教育したことのない者である。オンライン教育を現代版通

信教育課程と見て、物理的な対面教育の足下にも及ばない二流の教育の提供手段とみなす。プリンストン大学の前学長であり、前述のハイブリッド教育に関する調査研究の設計者のうちの一人であるウィリアム・ボウエンは、「この調査研究の最も重要な成果は、『学生の教育を害するから試したくない』という懐疑主義者に考え方の見直しを迫ることである」と語る[12]。

第III部

未来

7. 学生の渦

「大学を99ドルで始めてみましょう！」。これは深夜テレビ放送のインフォーマーシャル[1]ではない。ストレーター・ライン（StraighterLine）という実際にあるオンライン教育提供機関のウェブ広告である。目が眩むほどの多様な大学オプションと授業ディスカウントの世界において、この妙な名前を持つ営利企業は、シンプルな売り込み文句を有している。一ヶ月の授業は99ドル、新しく開始する科目は加えて39ドル、あるいは全初年次教育を999ドルで、というものである。

この売り込み文句はホセ・ブラウンの目に止まった。この57歳の元諜報部員は最近、ワシントンDC近郊の警備員としての契約を失ったところであった。年金を補うために同様の職を探していたが、毎回同じ壁に突き当たっていた。どの職も学士号を要件として掲げており、しかしブラウンはそれを有していなかったのである。高校卒業後、彼はアイオワ州にいる母を助けるためにグレースランド大学への入学を延期した。まもなく連邦政府における堅実な職が見つかった——1970年代の職の多くがそうであったように、学士号を必要としないものであった。このため彼はグレースランド大学にも、他のどこの大学にも進学しなかった。

2008年の定年を目前に、彼は同年代の多くが定年後のキャリア形成のために、大学の授業を受けているのに気がついた。彼はそれに倣うことにした。現在彼はジョージ・ワシントン大学の警察科学の学位にあと6単位足りないだけである。彼は学士号を得るために必要な単位を数年掛けて、複数の大学

---

1) インフォーマーシャル（infomercial）：インフォメーションとコマーシャルを合わせた造語。米国のテレビショッピングの一種で、一つの商品に時間をかけて宣伝をする。

を渡り歩きながら取得した——北バージニア・コミュニティ・カレッジ、モントゴメリー・カレッジ、そしてストレーヤー大学である。

一般教育課程を修了するためにあと必要なのは、数学の6単位のみである。「高校以来40年間、数学の授業を受けたことはないんだ」とブラウンは語る。いかなる年代の学部生と同様、彼もまた必須科目を取るのを後回しにしていた。この6単位を取得するために彼は、自宅近くのモントゴメリー・カレッジに行こうと思った。しかし、この二年制のコミュニティ・カレッジは数学のリメディアル科目をまず取得することを要件とすることが分かった。これは学士号取得に更に時間がかかるだけでなく、お金も余分にかかることを意味する。

そのような状況のときにブラウンはストレーター・ラインの宣伝を見たのだ。初め、これは美味しすぎる話にみえた——実際には学位につながらないディプロマ・ミルかと思った。このようなプログラムには注意をするように、また、単位を取得する場合はそれが学士号への単位に参入可能かを事前に確認するように、他の大学のアドバイザーからは注意を受けていた。このためジョージ・ワシントン大学でストレーター・ラインの単位の参入可能性について確認したとき、その回答に彼は驚いた。「勿論！これら科目は一般教育科目として参入されますよ」。

ちょうど4月であり、他の大学で新しく授業に参加するためには夏または秋まで待たなくてはいけないタイミングであった——しかも他の大学の場合は、秋に科目が実際に開講され、履修可能で、スケジュールとしても都合の良い時間に提供されることが前提である。ストレーター・ラインの科目はセルフ・ペース——つまり、ブラウンはすぐにでも履修開始できる、ということである（さらに良いことに、試験終了とともに科目も修了できる）。彼は大学の代数学の科目を登録した。マグローヒル出版の教科書を買い込み、毎晩ウェブサイトにログインし、教材をダウンロード、ビデオを見た。質問をしたいときは、科目登録とともに得るオンライン・チューター10時間分から質問をする。4ヶ月以内に彼は両科目とも500ドル以内で修了した。彼に8月に会ったとき——つまり本来であればモントゴメリー・カレッジで初めの科目

を履修開始していたであろう時期——ブラウンはストレーター・ラインの科目をジョージ・ワシントン大学に編入する手続きをしているところであった。大学卒業目前ということである。

　ストレーター・ラインはバーク・スミスの発明品である。スミスは42歳の坊ちゃん顔、評判の良いハーバード大学行政学院の卒業生で、高等教育やイノベーションについて議論されるときは、いつでもそこにいる。どの会合においても彼は同じような論で、熱弁をふるう。曰く、「今日の大学は、初年次学生対象の入門科目で莫大な利益を得ている」と言うのだ。ドロップアウトした場合、学生は数千ドルを失い、しかし借金をするための保証は何一つない。スミスに言わせると、彼の企業はリスクの低い、別の選択肢を提供する。学生が科目を履修しなくなっても、数百ドルしか穴があかないからである。スミスが苛立つのは、伝統的な大学、そして特に営利大学が、オンライン教育の方が安価に提供できるのにもかかわらず、オンライン教育も対面教育も同じ価格で提供していることである。彼によると、大学はオンライン教育も金儲けの手段として捉えており、学生の教育費削減の手段として捉えていない。そこでスミスの企業は、実際にかかる経費に近い価格で科目を2ダースほど提供し、それでもなお利益を得ることが出来るのである。

　このようなモデルでやっているのであれば、ストレーター・ラインは数千ではなく、すでに数十万人の受講者がいると思うだろう。問題は、スミスが提供しようとしている代替科目は、多くの平均的な大学にとっての生命線であるということである。伝統的な大学では、得られた余剰のキャッシュは、それ以外の活動の補填に充てられる。営利大学では利益は全て収益となる。大学の入門科目は、新聞の案内広告としばしば比較される。新聞の広告はニュースの宣伝場所を何世代にもわたり提供し、莫大な収益源となってきた。この比喩でスミスとストレーター・ラインはクレイグスリスト（craigslist）役となる。クレイグスリストは無償のオンライン求人広告サイトで、新聞の収入源のかなりの部分を奪い取った。

　新聞と違い、大学はストレーター・ラインに対して、認証評価というかたちの防御壁がある。高等教育における通貨は、授業を受けることで学生が得

る単位である。前述のように、学生は認証評価を得ていない大学からは学資
援助を得ることはできない。認証機関は学位を授与し、彼らが設定した人工
的な基準、つまり図書館における蔵書数や PhD を有するフルタイムの教授
数などを満たす機関しか承認しない。ストレーター・ラインは学位を授与せ
ず、勿論のこと図書館も有さないため、認証評価を得ることはできない。し
かし想像してみても欲しい。もし不動産会社が、買い手に住宅ローンを保証
するために新聞に必ず広告を載せなくてはいけないとしたら、新聞の案内広
告部門がどんなに分厚くなくてはいけないことか。

　バーク・スミスにとって、ストレーター・ラインが認証評価を得ていない
ことは、学生のための学資援助の面からは、さほど問題ではない。結局のと
ころ、数百ドル程度であればほとんどの学生は自己負担できるのだ。科目に
対して単位を与えたい場合は、認証評価が必要である。単位は高等教育の通
貨なのだ――単位を毎年積み重ねて、最終的に学位の取得につながる。学位
取得が目的である場合、単位を得られない授業科目は学生にとって無意味で
ある。つまり、ストレーター・ラインが生き延びるためにスミスは、彼の企
業の科目を単位として認めてくれる、認証評価を得た大学が必要である。

　高等教育における単位互換は気まぐれである。コミュニティ・カレッジで
取得した単位は他州の州立大学で認められても、自分の出身地の大学では認
められないことがある。だから学生は卒業に必要である以上の単位を取得し
て、貴重な時間とお金を無駄にするのだ。

　ストレーター・ラインは、自企業の単位を認めてくれる一握りの大学と契
約を結び、単位の互換を容易にしようとしている。近年一握りの伝統的な大
学が、ストレーター・ライン科目の質に対する教員からの批判にもかかわら
ず、契約を締結した [1]。「教員は自分のキャンパス内の質の低い科目は見な
いくせに、通常の多くの科目より入念に検査されている我々の科目は批判す
るのです」とスミスは語る。実際、スミスの科目は現在教壇に立っているか、
引退した教授によりデザインされており、全米の対面授業において何百もの
学生が使用しているのと同じマグローヒルの教材を使用している。ストレー
ター・ラインで取得した二科目は、伝統的なキャンパスで取得するのと全く

同じぐらいの難易度だった、とブラウンは語る。「大学は自己矛盾に陥っているのです」と彼は続ける。「同様の科目を提供している場合、ストレーター・ライン科目の単位を認めると、収入の縮小につながってしまうのです」。

　大学がいつまで自分の芝を、これほどまでに強固に守り通せるかは、問題である——特にホセ・ブラウンのような、高等教育システムのなかを自在に渡り歩く学生を防ごうとする場合である。あるいはイネッサ・ボルコナイディナのような学生が期間内に卒業することを防ごうとする場合に。イネッサは、ロングアイランド大学を卒業するために微積分の前学習クラス（precalculus）が必要であると知り、ストレーター・ラインの科目を履修した。この手の技術は、どこでどのように科目を取るかの自由度を、学生にこれまで以上に与える。限られた予算で最高品質と価値を得ようと家族が悪戦苦闘するようになるにつれ、学生は大学から大学へ——あるいはストレーター・ラインのようなプロバイダへ——と移り渡り、どうにか学位に必要な単位を稼ぎ集めようとするようになる。言い換えると、学生は将来、これまでほどには一つの機関のブランドに固執しなくなるということである。それは既に始まっている。

一人の学生と、多くの大学

　高校卒業3ヶ月後に全米の18歳人口が青年期から成人へと変わる旅を始めるというのは、米国高等教育の不朽の儀式である。彼らは家族のセダンあるいはスポーツ用多目的車（SUV）に牛乳箱、冷蔵庫、ノートパソコン、その他の持ち物を詰め込み、大学へと向かう。休暇のある数ヶ月ごとに自宅に戻り、夏は働き、そして4年後には角帽と礼服を身にまとい、学士号を手に卒業していく。これはハリウッドでは素晴らしい物語になるが、残念ながら現実からはほど遠い。実際には学部生10名中2名のみしか四年制大学にフルタイムで在籍しないし、全員が4年間で卒業するわけでもない。今日の大学時代は以前の世代のように単線ではなく、渦巻いているのである。

　このような新しい米国高等教育のかたちはフロリダ州オーランドにあるバ

レンシア・カレッジのようなキャンパスにおいて急速に広まっている。全米の多くの二年制の大学同様、この大学は大学の規模と提供する教育プログラムの多様性の拡大を示すために、「コミュニティ」という文字を大学名からなくした。バレンシア・カレッジは、5万人の学生と一学期あたり700科目を擁し、2つの分野において四年制の学位を授与している。5つのキャンパスのうちの一つにセントラルフロリダ大学の出先も有し、バレンシア・カレッジから足を踏み出さなくても、セントラルフロリダ大学から多様な専攻の学士号を得られるようになっている。

バレンシア・カレッジの通常「ウェスト・キャンパス」は交通量の多い高速道路からそれ、曲がりくねった道を行ったところにある。現代的な低い建物群が湖畔に面している。これは一見、典型的な全寮制のキャンパスに見える。ただし寮と緑生い茂る中庭という2つのアメニティはなく、その代わりに通学生のための広大な駐車スペースがある。9号棟では建築を専攻する学生のグループが、彼らが製作した木製の建物の模型を用いて学習や議論をしていた。この部屋では形式的な授業は行われず、「協働的スタジオ文化」を醸しだし、学生にまたとない職場経験を与えるという戦略であると、バレンシア・カレッジ建築プログラムの専攻長アレン・ウォッターズは説明した。「これはコミュニティ・カレッジモデルからの完全なる転換です」とフロリダ大学を卒業したウォッターズは語る。「学生が何をしたいのか分からない場合、色々なことを試し、実際の教授に教えてもらう機会を与えることができるのです」。

スタジオのドアには、前年度の卒業生が学士号を取得するために編入した数十の大学の一覧が張り出されている。オーバーン大学、ミシガン大学、コロンビア大学、そしてサヴァンナ芸術カレッジである。学士号に向けてのコースで人気があるのは、バレンシア・カレッジがフロリダ州の2つの州立大学と推進しているパートナーシップによるコースである。これにより建築学科の学生は、セントラルフロリダ大学の学士号とフロリダ大学の修士号を、オーランドを離れずに取得できる。3つの異なる大学からの3つの学位の取得総額は5.8万ドルである。これは一部の私立大学の一年の学費の定価と同等で

140 第Ⅲ部 未来

ある。

　ホセ・ハイメスは授業を受けるために一度もそのキャンパスを踏み入れた
こともないにもかかわらず、あと 2 週間でセントラルフロリダ大学の建築プ
ログラムを修了予定である。ウェスト・キャンパス春学期の最終日、ハイメ
スは、バレンシア・カレッジがセントラルフロリダ大学と共有している、40
もの教室のある新しいガラス張りの 11 号棟で、ランチを取っている。ハイ
メスは、大学を渦のように通過する今日の学生の見本のような学生である。
他の学生とサンドイッチをほおばりながら彼は、どのようにしてここに流れ
着いたかを話してくれた。オーランド高校卒業後、彼は 100 マイルほど離れ
たゲインズビルにメイン・キャンパスがあるフロリダ大学に入学した。機械
工学と航空工学を彼は専攻した――彼の両親が二人とも技術者だったからで
ある。2 年後、彼はホームシックになり、オーランドに戻った。セントラル
フロリダ大学に入学するのには時機を逸していたため、彼はバレンシア・カ
レッジの工学系で一年学ぶことになった。そこで彼は「友人が模型を持って
いるのをみて、建築学に恋をした」。彼はバレンシア・カレッジで専攻を変
更し、準学士号を取得、セントラルフロリダ大学の学士課程に編入した。彼
は今、サンディエゴにあるニュースクール・オブ・建築＆デザインの修士課
程に入学予定である。

　ハイメスのような四年制学位に向けての回り道は、バレンシア・カレッジ
ではよく見られる。5 名中 4 名がセントラルフロリダ大学に編入するのであ
る。実際、バレンシア・カレッジの卒業生は、セントラルフロリダ大学に自
動的に編入されるのである。編入がこのように保証されるのは、州立大学で
は徐々に一般的になりつつある。そうでなかったとしても、学生は自身で学
位に向けての自分だけのパスを、編み出していく。今日、学生の 3 名中 1 名は、
学位取得までに大学を変える。4 分の 1 の学生は複数回大学を変更し、同じ
く 4 分の 1 ぐらいの学生はその際、州をまたぐ。学生が大学を変えるのは新
しい現象ではない。新しいのは、その際に従来からの価値観に基づいた行動
をしないことである。伝統的には二年次の学年で編入するが、編入者のうち
22％は、四年次あるいは五年次に大学を変える。また従来からの価値観に反し、

今日の学生は四年制大学から二年制大学に移ることの方が多いのである[2]。

　なぜ四年制大学に入学した学生がその大学をやめて、元に戻るような行為をするのだろうか？この所謂逆編入の理由は十分に明らかにされていないが、学業と経済問題が一役を買っていることには間違いない。四年制大学への準備が十分でない学生にとって、コミュニティ・カレッジにおける授業は、リスクの低い環境における良いリフレッシュとなる。コミュニティ・カレッジは年間平均３千ドルで、年間の授業料が平均８千ドルである四年制の州立大学――しかもこれは、下宿費と生活費を含まない――に比べて、遙かに安価な選択肢となる。この価格の違いにより、近年では経済的に恵まれた家庭の学生も徐々に、四年制ではなく、初めからコミュニティ・カレッジを選ぶようになっている。学生ローン企業であるサリー・メーの調査によると、年収10万ドル以上の家庭からの学生のうち23%が2011－12年度にコミュニティ・カレッジに在籍した。この数値は３年前は12%であった。

　節約あるいは学業を全うするために大学を変えるということは、学位を得るという本来の目的を学生が達成したときにのみ意味がある。ある調査によると、逆編入した学生のうちの半数は四年制大学に戻らなかったどころか、二年制カレッジすらもドロップアウトした。複数の大学をくぐり抜け、自分で学位取得に至ろうとする学生は、多少の運も必要である。全米学生の９名中１名を州立大学で収容するカリフォルニア州では、よく練られた計画すらおかしくなることがままある、ということが判明しつつある。2008年以降、３つの州立大学システムのための州の予算が25億ドル近く削減されたため、多くの学生が学位取得に向けての障壁に直面するようになっている。ロングビーチ・シティ・カレッジの学生であるエドガー・グズマンは、科目履修が毎回難しく、カリフォルニア州立大学ロングビーチ校への念願の編入を遅らせなくてはいけなくなっているとクロニクル・オブ・ハイヤー・エデュケーション紙に語った。既に満員となっている数学を履修できることを期待して学期初日に授業に行き、ぎっしりと立っている群衆に遭遇する。履修登録が出来ていない学生は教室から退室するように教授は伝える。「半数以上が教室を去りました」とグズマンは語った。そして教授は「よろしい。あと２名

142 第Ⅲ部 未来

程度は追加登録できるでしょう。残りの皆さんは、申し訳ないけれど、この授業を取ることはできません」と言った[3]。

ロングビーチ・シティ・カレッジの授業が混みすぎているということはグズマンにとって、チックフィレー[2]のドライブスルーで働き続けるということを意味する。渦の中にいる学生の多くは、学位取得に向けての次の一歩に進むために待つ時間やお金がない。「学生は最短で学位を得る方法を知りたいだけなのです」とバレンシア・カレッジのアカデミック・アドバイザーのフォンテッラ・ジョーンズは語る。このため学習を全くの新しい方法で計測するという革新的なアイディアが、経費削減と、将来においてより明確な価値を示せる学位につながる可能性を生むのである。

座っている時間で学習時間を計る

米国の高等教育は「時間」という単位で測られている――単位、学期、学年などである。基礎となるのは単位時間である。これは連邦政府により公式に、学期期間中の教員による指導1時間と教室外における学習2時間と定められている。インターンシップやラボにおける研究などでは異なるルールもあるが、いずれにしても椅子に座っている時間が基準となっている。

この計測方法では無論、椅子の上で実際に学習されたことを意味ある方法で評価することはできない。だからバーク・スミスは、いかなる大学であれ教授が、自分たちの講義の方が彼のものより優れていると主張する、と身をすくませるのだ。彼らは、学生がより多くの時間を教室で平均的に過ごす、と主張する以外、質を評価する方法がないのである。学士号を取得した候補者について雇用者が確証をもって分かるのは、当該者が学位取得に至るための120単位時間をやり遂げるだけの自制心があった、ということだけである。だから高等教育においてランキングに過分の重きを置かれるのだ。雇用者や社会にとって、トップ大学の学位は、当該卒業生が入学に向けての厳しい競争を勝ち抜くことが出来たという最低限の証なのである。

---

2) チックフィレー（Chick-fil-A）：チキンのみのハンバーガーを提供する米国のファーストフードショップ。

時間に基づく単位システムは、教室における学習以外の選択肢が皆無であり、ほとんどの大学生が 18 - 22 歳で時間がたっぷりあり、学位取得に向けての価格が遙かに低く、ほぼ全ての大学の提供する科目が十分に厳格であることに信頼がおけた時代には、適切であった。しかし、これらの条件のどれ一つとして現在は通用しない。にもかかわらず、伝統的な非営利大学は多くの場合、20 - 30 年前と同じ方法で学生を教育している。これに対して 1990 年代後半まで存在すらしなかったある大学——ウェスタンガバナーズ大学——は、学習を革新的な方法で計測し、学位を授与することについて、徐々に勢いを増しつつある。この大学のアイディアは簡単で実践的である。学位は学生がどれだけ知っているかで授与されるべきであり、教室で何時間過ごしたかであってはいけない、というものである。

このコンピテンシーを基準としたモデルにより、シェリル・シューのような学生は決められた科目群を黙々と受講するのではなく、科目をマスターしていることを証明するための試験群を受ければ良いことになる。三人の娘をかかえた 45 歳の母は、内容を理解できれば、多くの大学において典型的な一学期 15 週間を経ることなく、次に進むことが出来る。一方、ある概念がすぐには理解できない場合は、伝統的な学事暦に縛られることなく、自分がその科目を理解できるまで時間をかけることができる。シューが最短で取得した科目「論理的思考と問題解決」は、2 週間しかかからなかった。これに対して最長の科目は「税と財務会計」で、14 週間かかった。すでに分かっていることは飛ばし、分かっていないことに集中することで、彼女は授業料も節約する。彼女は 6 ヶ月で取得できるかぎりの科目を取得できるという条件で、一学期に 3 千ドルしか払わない。ウェスタンガバナーズ大学の平均的な学生は約 2 年半、およそ 1.5 万ドルで学士号を取得する。これは典型的な学生が学士号を取得する半分の期間で、平均的な州立大学の半額である。

シューは会計学における学士号を 2 年以内に取得予定である。彼女が育児のために空軍での職を辞めたとき、彼女に残されていた選択肢は、高額すぎるか、時間的拘束が厳しすぎた。このため彼女の夫が、ウェスタンガバナーズ大学を提案したのだ。「説明されたモデルによると、自分が既に理解して

いる科目について、受講してからでないと単位をもらえないという訳ではないとのことで、とても筋が通っていると思ったの」とシューは語った。「私の初めの科目は、マネジメントについてだったの。私は軍で 15 年も働いていたから、マネジメントについてはよく理解しているわ。他の大学であれば、授業料を払って教授の話を席について聞いていなくてはいけなかったわ」。

シューのように、単に学位を取得したいだけの成人学生にとって、ウェスタンガバナーズ大学は余計なサービスのない、実質本意の経験を提供してくれる。勿論これはオンライン上のみで提供される。提供される 50 の学位は 4 つの専門分野のみに絞られている。教育学、ビジネス、IT と健康福祉の専門職の分野のみである。この大学はフルタイムの講師はいない——少なくとも他の多くの高等教育において設定されているような意味においては。その代わり、科目メンターの軍団がおり、学位プログラムを通じて学生と密接に連絡をとり、スケジュールをデザインし、適切な学習教材を選定する。学生は一か八かの試験を受け続ける——初めは入学時点で何を既に知っているかを把握するため、後には理解したというコンピテンスを証明し次に進むために。もう一つの、科目評価を行うグループがこれら課題の成績評価をする。ウェスタンガバナーズ大学副学長のケン・ソーバーが説明するように、このプロセスでは、学生が学業でうまくいくことに価値を置く教育者と、学生パフォーマンスの評価者とを分けている。このように役割を分けることにより、数日以内に課題に対する詳細なフィードバックを返すことも可能となる。伝統的な大学では、教授が試験や小論文を成績評価するのに数週間かかる（そしてその間、学生はあがき、改善する可能性のあったはずの貴重な時間を逸する）。そうであっても、このコンピテンシーベースドのモデルは、質の高い教室における教育ほど適切であるようには思えない。教室においては偶然に素晴らしい学習機会に恵まれるといった思いがけない出会いがあり、これはいかなるユニバーサルな学習計画によっても得ることはできない。この点についてシューに聞いたところ、彼女は自身が苦労した「税」の科目について話してくれた。「ここでは B を取らない限り、この科目を取得して先に進むことはできないの」と彼女は語った。「だから私はいつもより多く勉強

し、より多く本を読み、またより多くの問題を解いたわ。他の大学であれば、私はＣで満足して先に進んだと思うわ。ここではそうすることは出来なかったの。私はこれを厳しいと思うわ」。

　高等教育における他の新しいアイディアと同様、ウェスタンガバナーズ大学は現状に対する不満から生まれた。1995 年、西部の 20 近くの州知事が集まり、既存の大学を改革するより、新しい大学を創設する方が簡単である、という合意に達した [4]。ウェスタンガバナーズ大学には現在 2.5 万人の学生が在籍し、毎年 40％増という猛烈な勢いで成長している。その教員養成プログラムは、町の学校における数学と理科の教師の最大の供給源である。2010 年以来、インディアナ、テキサス、ワシントンの 3 州は公式にスピン・オフを作り、授業料を支払うために州の学資援助を得られるようにした。このような成功にもかかわらず、コンピテンシーベースド教育の考え方はしばしばアカデミアから懐疑的にみられる。高等教育において長らく支配的であった、大学の財務と教育のモデルに挑むというリスクをおかそうとする大学は少ない。

　伝統ある大学に対してそのような賭に挑む大学があるとすれば、それはサザン・ニューハンプシャー大学である。この大学は州立大学のような名前を有するが、高等教育機関がひしめくニューイングランドにある、何百もの小規模私立大学の一つである。ポール・ルブランは 2003 年に学長に就任し、マンチェスターから数マイル郊外のメリマク川岸にあるキャンパスを見たとき、彼はこの大学が州における高校卒業生の減少予測とともに衰退する運命にあることを直感した。それから数年、キャンパスから離れ、産業界から優秀な人材を雇用することを通じて、同大学は 2.1 万人以上の学生、1.18 億ドルの収入、総予算 2 億ドルの、ニューイングランド最大のオンライン教育プロバイダに成長した。

　このベンチャーがどれだけ急速に成長したかというと、3 年前には学生は 700 名、授業料収入は 3900 万ドルであった。このオンライン事業への大展開により、同大学は世界で最も革新的な企業の「急速成長企業（Fast Company）」リストに唯一の高等教育機関として名を連ね、全米の大学がル

ブランの助言を求めて、継続的に訪問するようになった。

身長6フィート4（約193cm）でよく響く声をもつ54歳のルブランは一見、高等教育の基盤を揺るがすような人物に見えない。彼は伝統的な高等教育を受けており、彼の二人の娘は尚更そうである。二人ともブラウン大学で学び、内一名はローズ奨学生である。高等教育へのアクセスを拡大したいという情熱を持つに至った過去が彼にはある。高度で学識を要する学長職において、ルブランの人生の履歴は珍しい。彼は家族で初めて大学に進学した、第一世代学生なのだ。彼の両親は大学に行っておらず、5人兄弟のうち大学に進学したのは、彼一人だけであった。

破壊運動の祖であるクレイ・クリステンセンの旧来からの友であるルブランにとって、オンライン教育はすでに高等教育における大きな革新的ブレークスルーではない。すでに主流の座に上がりこんだのだ。多くの大学が未だにオンライン学習の取り込みに苦労しているのに対して、ルブランはすでに次の破壊的革新について苦慮している。彼が設立したイノベーション・ラボと、「自分たちを廃業に追い込む方法（how to put us out of business）」を緊密に協働しながら、彼はオフィスのホワイトボードに新しい学位プログラムの未来を描き出した。私が彼を訪問した日、そのホワイトボードは色とりどりの矢印やボックスで覆われていたが、角に赤い丸で囲まれた2500ドルという数字が目に付いた。「これは新しい学位プログラムの目標なんだ」と彼は年間の授業料となる値を示した。学位プログラムを企画するにあたり、この数字を越えることがある場合は、その分を差し引くものを探さなくてはいけない。一方多くの大学で授業料の最終価格は、学位プログラムの内容が確定してから決まる。

サザン・ニューハンプシャー大学が提供を計画しているのはある面、ウェスタンガバナーズ大学をモデルとしたコンピテンシーベースドの準学士プログラムである。違うのは、サザン・ニューハンプシャー大学がこのプログラムを伝統的な大学のなかに設置しようとしていること、そしていくつかの地域の雇用者と提携し、カリキュラムの企画と学生へのプログラム提供の協力を得ていることである。「どこに科目はあるのか？と聞く人は今のところい

ないです」とルブランは言う。「雇用者はコンピテンシーを理解していいます。書く、コミュニケーションをとる、コンピュータを使うといった基礎的なスキルを有する人材が見つからないのです。このプログラムは学生ができることについて雇用主に確証を与えるのです」。ビル＆メリンダ・ゲイツ財団から100万ドルの助成を得たこのプログラムは、大学の学位を取得したことのない社会人かつ、大学キャンパスや伝統的なオンライン科目には向かない人たちが対象である。同大学のオンライン・プログラムをミルウォーキーやオクラホマ・シティに宣伝していることから分かるように、ルブランは大学の野望を、自身の州内に狭く留めようとしていない。メンフィスに飛び、FedExの幹部と会い、従業員に新しいコンピテンシーベースド学位はどうかと既に相談した。

　ルブランはこの低価格のコンピテンシーベースドモデルが、同大学が2500名の在学生に対して年間3万ドル近くで提供する高価格な学部教育を代替することはない、と断言する。同様に、同大学の急成長をしているオンライン・プログラムや、主に教室外のインターンシップを中心にデザインされている3年間の学位プログラムも、代替されることはない。ルブランによると大学は、社会のために研究をしたり、成人しつつある18歳人口を受け入れたり、多様な人々に教育を授けたりするなど、「色々な機能」がある。多くの高等教育機関はこれらの多様な機能に対して一つのモデルのみを踏襲しているが、誰にも適した万能なモデルというのは既にないのである。

既に知っていることに対して単位を得る

　ホセ・ブラウンやシェリル・シューが、ストレーター・ラインやウェスタンガバナーズ大学など、普通ではない学位取得の道を歩んだと思うのであるなら、自身の人生経験により大学の単位を得たマイク・ルッソに会ってみるとよい。この顎の角張った55歳の男は、大学に対して急進的な考えをもち、教師との対面で、あるいは近年のようにバーチャルな教室であっても、学習が体系だったかたちで成立する、といった古い考え方を排除する。

148 第III部 未来

　ルッソは1975年に高校を卒業し、大学に入学するまえに一年だけ工事現場で働く予定であった。そのようにしたところ、彼の言い方では「人生に翻弄された（life then got in the way）」。2年後、彼は結婚し二児の父となり、直後に離婚した。シングル・ファザーとして、彼は大学に通うのではなく働き続け、最終的にはニューヨーク州オールバニ郊外にあるオーウェンス・コーニング社の断熱材工場の製造ラインで働くことになった。彼は組合に入り、その後25年間、初めは地方支部、そして後には国際組合などで多様なリーダーの役を担った。2006年、彼は新しい挑戦をすることにした。とうとう学士号を取得しようと思ったのだ。

　ルッソは1990年代中盤から大学の講義を地域の大学で取っていた。しかし学士号に必要な120単位にはほど遠かった。しかし、彼が教師とすでに同じぐらいに知っている、受け売りの情報を垂れ流す授業を、聞く気にはなれなかった。キャリアの過程でルッソはしばしば全国労働契約の交渉のリーダーを務め、仲裁に関する研修セミナーでも講義をしていた。彼は調停者としてのトレーニングも受けていた。ルッソは単に、これらを証明する一枚の紙切れがなかっただけなのである。「家族はみな学位を取得しており、身の回りの成功した人たちも皆学位を持っているのです」とルッソは語る。「人生で何が起こるか分かりませんし、私も学位を取得しておくべきと思ったのです」。

　この目標に達するために彼は、彼の仕事に対して単位を得ることが必要だった。このためルッソは、ニューヨーク州立大学の一部であるエンパイアステート・カレッジに行った。1971年に設立されたこの大学は、ある教育運動の先駆的存在であった——学生は十数の広い分野において自分のみの学位プログラムを計画し、自身が経てきた経験により評価される。まさに、マイク・ルッソのような成人学生のためにデザインされた大学であった。大学は多様な方法により、学生が教室外で学んだことに対して単位を付与することができる。大学レベル検定プログラム[3]などの標準テストで得た点数や、企業や軍隊の研修のための全米協会による評価、学生がとりまとめた仕事の

3）　大学レベル検定プログラム（College Level Examination Program, CLEP）：カレッジボードが提供する検定プログラム。大学で受講した科目、独自研究（independent study）、課外活動などで得た、大学レベルの知識やスキルを検定する。大学に入学する社会人学生や軍関係者、一般大学生が受ける。

ポートフォリオなどによってである。

ルッソは 20 以上のポートフォリオを完成した。「先進的仲裁」においては、彼が組合における指導的役割において「個人的な苦情を、仲裁を含め、初めから終わりまでの全てのプロセスにおいて対処する機会を得て、実際の仲裁を完全に理解し、対処する方法を学んだこと。成功裏に仲裁を行うために、ごく初期の段階からどのようなことをしなくてはいけないかを学んだこと」を説明した。ポートフォリオが完成すると、その分野の専門家である教授がそれを査読した。ルッソは評価者と数回の面談を行い、何単位必要かを教えてもらった。「先進的仲裁」のための 17 頁の小論により、8 単位を取得した。彼は合計で 80 単位を、既に学んだことに関するポートフォリオにより取得した。これは学位に必要な単位の 3 分の 2 に当たる。ルッソは卒業後すぐに、グローバルな半導体製造業者の、政府関係と規制関連業務の長としての職を得た。この職はルッソによると学士号を要求していた。

既に学んだことに対して単位を得る学生は、そのような単位を得られない学生に比べて、卒業率が 2 倍以上である[5]。単位はあるが学位なしの学生が入学してくるケースが増えるにつれ、大学側は徐々になんらかの形の既習評価の方法を導入しつつある。しかしこれはアカデミアにおいては多大な不信感をもって受け止められる。「伝統的な大学の大講義室の外で人が学べると言うと、人々は心から憤慨するのです」と元教育省の幹部で現在ニューアメリカ財団のエミー・レイティネンは語る。「伝統的な高等教育においても自らを省みれば、このような批判が少々偽善的であることが分かるはずです。我々は特殊な状況においては既に事前学習に対して単位を与えているのです。AP 試験[4]について、多くの大学はこれを編入単位として認めています——昨年は 370 万人が AP 試験に合格しました」。レイティネンはアメリカ高等教育のエリート主義が、事前学習に対して単位を与えることついての不信感を生んでいるとする。伝統的な大学は、職を得るのに学位証明が必要である「社会人に対しては侮蔑的」であるが、AP 試験を通過する、恵まれた環境

---

4) AP 試験（Advanced Placement exam, AP exam）：カレッジボードが提供する AP プログラムの試験。高校生は、大学レベルの講義を高校段階で受けることにより、大学教育への準備ができるとともに、大学入試においても有利となり、また進学する大学によってはこの単位も認める。

150 第Ⅲ部 未来

からの出身者に偏る18歳人口に対しては「大丈夫」、なのである。

　新規の考え方に基づくにもかかわらず、事前学習の評価は、雇用者が伝統的な学位を信用している、という前提のもとに成り立っている。そうでなかったとしたら、熟練者は高等教育を完全に無視して、自身の経験を他の方法で証明することもできるはずである。たとえば、LinkedInやフェイスブックのプロファイルにおいて自分の仕事のポートフォリオを示したり、ウェブ上で無料のバッジを得て掲示したりすることができる。「結局のところ、雇用者が本当に信じるものを持っている必要があるのだ」とマイクロソフトの創設者であるビル・ゲイツは、自身は学位を有していないが、クロニクル・オブ・ハイヤー・エデュケーション紙に語る。「そして今日彼らが全般的に信じるのは、学位である」[6]。

　しっかりした学習機会を追求する学生全員が学位を欲している訳ではない。（たとえばウェブ・デザインなどで）起業するために新しいスキルを習得する必要があったり、（たとえばエクセルをマスターするなど）自身のスキルをアップグレードする必要があったりする。学位を既に有していて、頭脳の鍛錬をしたいだけであったり、自由時間のための新しい趣味を見つけたいだけであったりの場合もある。これらの学生はこれまで、それが州立大学のエクステンションが地域の高校で提供する科目やコミュニティ・カレッジが提供する夜間クラスであれ、伝統的な大学に行くよりほかに、選択肢がほぼなかった。

　今日高等教育の定義は拡大し、それとともに市場におけるプロバイダも拡大した。勿論、カーン・アカデミーなどの無償のリソースもあり、YouTubeからですらも、水漏れするパイプの補修方法や自動車のオイル交換方法を、自身のモバイル端末から即座に学ぶことができる。ウェブ上にはそのほかにも、特定の内容のみを学べるコースがある。Codeacademyではコンピュータ・プログラムの買い方を学ぶことができ、ジェイムズ・テイラー（James Taylor）のウェブサイトではギターのレッスンを受けることができる。驚くことにこれら新規プロバイダの一部は、この密接に結ばれたオンラインの世界においても、従来からの対面教育の方法で、自分たちのニッチ・マーケットを形成している。たとえばジェネラル・アセンブリー社を見てみるとよい。

このスタートアップ企業は共有スペースと指導を組み合わせることにより、大学キャンパスの雰囲気を再現しようとしている。ビジネスをする場所を必要とする起業家を対象に、ニューヨークとロンドンに物理的場所を提供している。多くの都市がスタートアップ企業に場所を提供しているが、ジェネラル・アセンブリー社はこれに加えて、弁論方法から企画書の製作方法に至るまでの授業やワークショップ、講義などをオフィスで提供しているところに、ひねりがある。ある意味、このモデルは教育の原点への回帰を意味する──人間は、周りにいる人から学ぶのである。このような考え方はスキルシェア社にもある。同企業はマフィンの作り方から写真の取り方までの多様な内容について、教えたい人と学びたい人を組み合わせる。

　ジェネラル・アセンブリー社は、アリゾナ州の教育イノベーション・サミットで投資家に対して宣伝する、テク・スタートアップ企業のうちの一つであった。教育内容を提供する企業に対して何回となく問われたのは、彼らが大学学位を提供予定であるか、ということであった。一社たりともそうすると回答しなかった。もしかして彼らはストレーター・ラインを開発したバーク・スミスの経験から、高等教育の縁で運営した方が聖域に踏み入るより得策である、と悟ったのかもしれない。ジェネラル・アセンブリー社の創立者の一人であるジェイク・シュワルツは、大学における経験で最良の部分を再現することが目的であり、大学の学生生活を全て代替することが目的なのではないと説明した。「我々はリベラルアーツが根幹にあると思っています」とイエール大学とペンシルバニア大学の卒業生である彼は語った。「我々はリベラル・アーツを補完しているのです」。

　他の教育テク起業者は、単位システムを衰退産業の遺産であるとあざ笑う。彼らは学位の独裁政治を、その基盤となっている単位システムと共に、打ち壊す計画である。彼らの計画で、少なくとも現時点において、欠落しているのは、その市場を代替するものである。これら起業家はシリコンバレーの文化に埋没しているため、彼らのモデルは主として特定のスキルを有する技術者の教育と雇用に基づいている。コンピュータ・プログラムのコーディングの方法をオンラインで提供し、その学習の成果を評価することは比較的容易

である。しかし英語や、よりソフト・スキルであるクリティカル・シンキングやコミュニケーションなどの直感的な学問分野では、これはずっと難しい。「学位をパッケージやバッジ、授業に分解したら、全体のパッケージを誰が保証するのか？」とゲイツ財団のジョッシュ・ジャレットは問う。

ウェスタンガバナーズ大学はそのような保証者になれたはずである——それが同大学の当初のヴィジョンの一部である。学生は複数のプロバイダからの単位や人生経験を持っていき、ウェスタンガバナーズ大学はそれを学位として承認する。ウェスタンガバナーズ大学の歴史について多くを執筆しているケビン・キンザーによると、問題は学生が、自身のカリキュラムを有する大学からの学位を欲し、単位や経験のロンダリングを行う大学からの学位は欲しなかったことにある。

もしかしたらウェスタンガバナーズ大学のコンセプトは、時代の先を行っていたのかもしれない——オンライン教育サービスの始まりや、学生が大学のなかを渦のように駆け抜ける前である。ウェスタンガバナーズ大学の初期の経験は、変革期のまっただ中にあっても、大学経験の標準的なかたちの残る余地があるということを示している——特に意欲はあっても未成熟で、労働市場に即座に飛び込むには不十分で他の選択肢のない18歳人口に対しては。これからの10年程度で全米の大学が急になくなるということはない。大学における経験は、多様な人と生活し、多様な活動やスポーツに参加し、自分自身に責任を持たせることを通じて、青年を若年の成人へと転換し、人生の準備を図る。この人間形成期を形成するメンターへのアクセスや、スタートアップ企業やビッグ・アイディアの種となる人と人との対面のネットワークを提供する。フェイスブックの創設者であるマーク・ザッカーバーグはハーバード大学からドロップアウトしたのかもしれないが、映画「ソーシャル・ネットワーク（The Social Network）」を観たのなら、ザッカーバーグのハーバード大学時代の学寮経験がなかったら、フェイスブックは生まれなかっただろうことが分かる。今日の問題は、価格上昇および市場に多様な選択肢が提供されているときに、伝統的な大学の学部経験の価値を如何に定義づけるかにかかっている。

8. 価値の対価としての学位

お金を払う価値があるだろうか？

これは大きな買い物をするたびに、我々が自分自身に問うことである。家、車、そして大学教育についても次第に問われるようになっている。

高等教育の経済的価値を計る如何なる指標も、その価値があるということを明白に示す——大卒の年収は高卒のそれをはるかに上回る。学士号が経済的価値があるかを問う人は少ない——簡単な計算でもその推定値が激しく異なるにもかかわらずである。大卒と高卒の生涯賃金の差は 279,883 ドルから 570,000 ドルのどこかにあり、ある調査によると 100 万ドル近いこともある[1]。

学歴間賃金格差は長い間、大学の最大のセールス・ポイントであった。宣伝文句は大体以下のようであった。学位取得にどれだけかかるかは気にするな。大学学位はその価値があることを我々は皆知っている。

勿論、全ての大学が同じであるわけではない。消費者にとって、特定の大学の特定の専攻の卒業生の収入の情報を得ることは、ほぼ不可能であった。そのようなデータはおそらく、高等教育への投資に対する財務リターンを測る最も適切な指標であっただろう。しかし、消費者が最終的な比較をする他の多くのツールと同様、大学はそうした情報を（もし所有していたとしても）共有することを拒む。そのようなデータが存在しない状態においては、如何なる価格であっても、高等教育を得る夢を売る方が、大学にとっては容易である。

しかし授業料は今日高額すぎ、入学する可能性のある学生やその両親に、その大学の学位の価値を信頼しろ、と言うだけでは足りなくなっている。具体的な数字が必要なのである——高額な学位プログラムに学生をおびき寄せ

るためではなく、大学選択に必要な情報を提供するためにである。高等教育産業はもう何年も、その経済価値をアピールしてきたにもかかわらず、アカデミアは大学における経験をお金で測ることを躊躇うか、場合によっては露骨に敵対心をむきだしにする。SATの所有者であるカレッジボードは、3年ごとに州立および私立大学の利益を公表する。毎年行われるあるメジャーな入学生調査によると、近年の入学生にとって大学に進学する第一の理由は、「よい就職口を得ること」である。2006年より前、これは「自分に関心のあることを学ぶため」であった[2]。

　大学に進学するのは勿論、卒業後の給与だけのためではない。お金では測ることの難しい、より重要な意味が個人および社会にとってある（これについては第10章に詳述する）。大学の学位の価値を計算するためには、学生ごとに異なる複雑な方程式を解かなくてはならない。別の言い方をすると、いつでも問われる「どの大学に行けばいい？」という質問に簡単な答えはない。リチャード・ヘーゼルは大学探しと選択について「チェックリストはない。それは期待しすぎだ」と述べている。ヘーゼルは、大学に助言を行うバルティモアにある、アドミッションのためのコンサルティング企業「アート＆サイエンス・グループ」の社長である。「多くの生徒や家庭にとって、大学選びは合理的なプロセスではありません」。

　結果として、より多くの学生がリスクを分散させるために、多くの大学に出願する。2010年秋、大学出願者の4分の3が3大学以上に出願をした。出願者の4分の1が7大学以上に出願した[3]。同時に、第一希望に入学できたという入学者は減少している[4]。

　なぜこちらではなく、違う大学に行ったのだろう？これは全米の大学のアドミッション担当が毎春、競争大学に学生を奪われるときに、自らに問いかける質問である。この質問に対して答えを見つけるのは難しい。18歳児の意志決定は多くの場合、説明がつかない。学生は「自分に合うか」といった曖昧な考え方で選択をする。家族も同じぐらい曖昧な、「価値」という理由で選択をする。現在、いずれも、正しい選択をしたかが、失敗をしてからしか、分からない。情報が氾濫しているこの時代において、大学の選択プロセ

スは簡単にではなく、より複雑になっているようだ。

　これより前の章で、将来高等教育の提供方法がテクノロジーによってどのように変わるか、学生の大学通過により多くの区切りや再スタートがあるか、について説明した。我々の知っている伝統的な高等教育——つまり、手入れされたキャンパスと目を輝かせた18歳人口——はなくならない。この章と次の章はこうした伝統的なシステムに関するものであり、ある特定の大学からの特別の専攻や学位にその価値があるか判断するために、それが自分に合っているかや、その価値をよりよく判断する方法について説明する。

卒業生の収入により大学を選ぶ

　米国高等教育の価値体系において、コミュニティ・カレッジは底辺にあると認識されている。四年制大学と学寮経験が大学であるという世間一般の通念によると、準学士号は学士号より価値が低い。

　この認識がトム・ケーリーの心に重くのしかかっている。彼は人生をかけて車に愛着があったため、彼は北バージニア・コミュニティ・カレッジの自動車技術プログラムに入学した。北バージニア・コミュニティ・カレッジは、首都郊外の5つのキャンパスにまたがり乱雑に広がっており、近隣地域とともに発展し、現在では7.5万人以上の学生を擁する、全米でも最大級のコミュニティ・カレッジである。その規模からすると北バージニア・コミュニティ・カレッジは四年制大学のようにもみえるが、トム・ケーリーにとってこのキャンパスは、通学可能なローカルな学校にしか見えない。四年制大学に入った同級生はどうしているかと思ったり、二年制大学に行くために気持ちに踏ん切りを付けるために断ったバージニア州南部にあるラドフォード大学のことを思ったりする。

　北バージニア・コミュニティ・カレッジでの初めの学期が終わる頃になってもケーリーの、四年制の大学に行かなかったという後悔の念は消えなかった。このためケーリーは転校することとした。北バージニア・コミュニティ・カレッジであと一年少し残っていたが、ラドフォード大学への編入をした。

ラドフォード大学では自動車技術に関するプログラムがなかったため、彼はビジネスを専攻することとした。大学にはすぐなじみ、特に夜のパーティーは楽しんだ。バージニア工科大学はすぐ近くにある。ロアノークの町も同様に近くにある。しかしラドフォード大学における学業はやはり自分の肌に合わない。ケーリーは手を動かすのが好きなのだ。このため彼はビジネスの授業でぼーっと座っている。

ラドフォード大学に二年在籍し、もうこれ以上耐えられない、とケーリーは思った。彼は北バージニア・コミュニティ・カレッジに戻り、同大学と提携をしている地域のキャデラックのディーラーのもとで技術者としての職を得る。2年後には卒業し、そのディーラーのところの職を続けることにした。ラドフォード大学の彼の友人はその間、給料の良い職を探すのに苦労していた。「四年制大学に進むのが正しいことだとずっと思っていました——そういうプレッシャーは確実にありました」とケーリーは語る。平日の夕方5時を少し過ぎたところで、ちょうど仕事が終わったところだ。「自分を幸せにできる選択をしなくてはいけない、と気が付いたのです。スクーリングは私を幸せにしてくれませんでした。ラドフォード大学でどのような学位を得ようと、興味なかったのです。自動車技術は私にとって最良の答えだったのです」。

その後、彼の選択が経済的観点からも最善の策であったことが判明した。長い目でみると一般には四年制学位の方が二年制の学位より収入が多くなる。しかし卒業直後、両者はそれほど変わらない。ケーリーにとっては実際そうである。北バージニア・コミュニティ・カレッジ自動車技術プログラム卒業者のうち、州内で働く者の初任給は平均37,312ドルである。ラドフォード大学のビジネス学位のそれは34,938ドルである。差は小さく感じるが、両大学の授業料の差と、北バージニア・コミュニティ・カレッジでは2年で卒業できることを考えると、差は大きくなる。勿論、ケーリーは二度も編入をしているため、その貯金の一部は相殺されている。しかし、ラドフォード大学に対して未練があったということは、編入をしなかった場合、途中でドロップアウトし、在学していたことを証明する学位もなく終わる可能性も高かっ

8. 価値の対価としての学位　157

たということである（ラドフォード大学学生が 6 年以内に卒業する率は 57% のみである）。ケーリーにこの二つの数字を見せ、大学選択においてこの数字があれば違ったかを聞いてみた。「お金は常に物を語ります」と彼は語る。「ラドフォード大学への編入について、もう少し熟考したことでしょう」。

　しかしケーリーが大学探しをしていたとき、初任給にかかわるこのような正確な数字は存在しなかった。この数字はバージニア州が最近公的なデータベース（esm.collegemeasures.org/esm/virginia）からリリースしたもので、州内 67 大学の何百という学位プログラムの卒業生の平均給与を一覧したものである。政治家や家族に、学位を購入するときに実際に何を買っているのか、より詳細な情報を提供したいと思い、立法府の議員はこうしたツールを要求する法案を通した。このデータベースの中身を眺めているうちに、気づくとその数字に見入っている自分に気づき、また、学位の経済的価値のみに焦点を定めることが如何に簡単か分かった。

　バージニア大学を見てみるといい。誰からみても同大学は全米でもトップの州立大学の一つである。しかしこのフラッグシップ大学は初任給のランキングにおいて、ワシントン・アンド・リー大学、ジョージ・メーソン大学、バージニア工科大学やリッチモンド大学とともに、14 位より下になる。州内の 42 の四年制大学の平均給与はジェファーソン健康科学大学の 70,700 ドルからホリンズ大学の 26,300 ドルまでばらついている。学位プログラムの分野によっても大きく異なり、生物学の学位における 30,100 ドルから正看護師（registered-nursing）の学位の 52,800 ドルまである。

　最も興味深い――そしてもしかしたら最も有用な――情報は、一般的な学位プログラムを、分野別に比較することから得られる。心理学と生物学を専攻した卒業生は、どの大学から学位を取得したかに寄らず、20 代、30 代でほぼ同じ給与を得る。しかしビジネスで学位を得た者の給与は、大学によって大きく異なる。ビジネスを専攻したバージニア州立大学の卒業生は 31,500 ドルを得るが、ジョージ・メーソン大学の卒業生は 50,000 ドル近く得る。州の 25 のコミュニティ・カレッジのうち、（正看護師や刑事司法などの）特別なキャリアや技術職における準学士号は、（一般教育や社会科学などの）

158 第Ⅲ部 未来

四年制大学に編入をしやすい分野の学位より、給与が高い。

こうした情報はこれから学生になる者にとって有用な情報である。想像できるように、こうしたデータはバージニア州の多くの大学にとって気がかりなものとなる。給与水準が低い大学では、学生が逃げるのではないかと懸念する。給与水準の高い大学も、こうしたデータによって、学生や家族が専攻を選ぶときに、卒業後の給与を気にしすぎるようになることを懸念する。「初めの試行として、これは価値ある」とジョージ・メーソン大学のプロボストであるピーター・スターンズは語る。同大学は総合的な初任給ランキングで42の四年制大学のうち5位で良かった方である。「懸念しているのは、このデータにより短絡的判断がなされることである。初任給は本当に大事ではあるが、長い目でみると、その分野にどの程度の人材が流れ込むかと、職業満足度がどの程度かの数値を組み合わせたものを指標として用いるべきである」。

学位を数値指標で測ろうとするのはバージニア州だけでない。アーカンソー州やテネシー州も同様のデータベースを構築し、いくつかの他の州も、自分たちの消費者フレンドリーなツールの構築を計画しているところである。計算は実際、とても簡単である。データが2セット必要なだけである。一つはどの州も運用する失業保険プログラムから得るものである。このプログラムに加盟する雇用者は四半期ごとに被雇用者の給与を報告しなくてはならない。もう一つは州内大学に在籍した学生毎に振られているユニークなIDナンバーである。これらデータには制約がある。州内の大学を卒業し、かつ、州内で雇用される者のデータしか含まれないこと（この層は流動化の進む社会において縮小しつつある）、かつ自営業の者が除かれるということである。

「やってみると、それほど複雑な計算ではないということが分かる」と州のデータベース構築に協力をしたAIR[1]の部長マーク・シュナイダーは説明する。ではデータに制約があるといっても、なぜ構築にこんなにも時間がかかったのであろう？技術の問題か？「ITの問題ではなく、政治的問題です」

---

1) AIR（American Institutes for Research）：1946年設立、ワシントンDCに立地する行動・社会科学、評価、技術支援に関わる米国のNPO。社会科学分野では世界最大級の組織。

と 2005 － 2008 年に全米教育統計の委員を務めたシュナイダーは語る。データにより大学が不利益を被ること、家族には見せたくないデータが流出することを大学は懸念する。大学は現状では、全米の平均給与の影に隠れることによって生じている市場の混乱により、利益している。正確な情報がない中、学生は大学が展開する広報資料を信じる傾向にあるからである。

　連邦政府は 2000 年代中頃、より優れた消費者情報を提供できる仕組みを構築しようとした。しかし、学生を大学から就職後のキャリアまでトラッキングするこの全国レベルの仕組みは、議会における私立大学の集中的なロビイングによりお流れとなった。このシステムが実現していれば、個々の大学卒業生を社会保障局の保有する所得情報とマッチングできただけでなく、より正確な卒業率が公表できたはずだ（現在は計算できていない編入学生も、計算に入れられるからである）。私立大学は学生のプライバシーが侵害される危険性を指摘した。「より精度の高いデータとプライバシーとがバッティングしているのです」とワシントン DC にある私立大学協会のロビイスト、セーラ・フラナガンは語る。

　このシステムに賛成であった高等教育のリーダー達は、学生のプライバシーに関する懸念は大袈裟であると言う。私立大学がシステムの改良に反対する理由の一つは、特に卒業率をみた場合、州立大学のランクが上がる可能性があるからである。私立大学と州立大学の間にあると思われている差が縮まり、特にランクの低い私立大学において、値段は高いがその価値はあるというその主張に、疑義が呈される可能性がある。

　州政府や連邦政府が介入しようとしまいと、卒業生や大学によって収入がどの程度異なるか比較するための簡単なツールはすでに存在する。2008 年以降、PayScale というよく知られているウェブサイトでは多様な職業について給与データを集め、ユーザから寄せられた情報を元に、どの大学や専攻において給与が最も高くなるかを示す、独自の大学ランキングを提供している。初任給でトップに立つのは MIT で 6.97 万ドルである（プリンストンは卒業 10 年後の給与が 13 万ドルでトップに立つ）。初任給および卒業 10 年後の給与で最下位なのは、サウスカロライナ州のコカー・カレッジである（それぞれ 2.76

160　第Ⅲ部　未来

万ドルと 4.34 万ドルである）。

　これは科学的な調査からはほど遠い。自ら情報を提供した人たちのデータだけであるし、こうした数字は誰もが時折誇張して言う数字だ。2009 年に PayScale は投資対効果を考慮に入れた別のランキングをリリースした。給料と大学に行く費用を因子とした、複雑な方程式を用いている。最近のリストでトップに輝くのはハーヴェイ・マッド・カレッジである。生涯の投資利益率（ROI）はほぼ 150 億ドル、あるいは年間 11.2％である（同大学の最も人気のある専攻は工学である）。逆に一番底辺にあるのはサヴァンナ芸術カレッジで、マイナスの ROI は 18.9 万ドルである。

　底辺に近い大学の卒業生はこのランキングの問題について、数多くのコメントを PayScale のウェブサイトに寄せた。学位は十分に多くの人がその価値を認めてくれているときのみ価値がある。PayScale の主任エコノミストであるケイティ・バーダロは、将来の給与は大学探しにおいて「多くの場合見逃されている」要素であり、「大学や専攻を選ぶ際に、将来の経済面も考慮に入れるように促さないのは無責任であると我々は考えている」と彼女は語る。

　この給与ツールには問題点がある——学生や親がこれに頼るようになった場合、大学もこれを真剣に捉えるようになるだろう。そうした場合、大学はこのシステムで（US ニューズのランキングでしたのと同じように）ゲームをするようになる——給料が多く得られる専攻をより提供し、特定の学生を獲得しようとするようになる。そうすると、学生が重要な意志決定をする際に支援するはずのツールが単に、大学が自身の質向上のために注視する指標の一つとなってしまう。

　結局のところ、バージニア州や PayScale の両者に見られる給与水準の数値は、これまでに我々の見たことのあるいかなる数値よりも精緻であることは事実であるが、それほど意外なものではない。高い給与を得たいのであれば、英語ではなく工学に進まなくてはいけないということは、我々は長年の経験により知っている。それが周知の事実であったにもかかわらず、英語科やその他の高い給与が見込めない学科に学生は進学していた。勿論、ツールが精緻になるにしたがって、自分達の愛娘を州立大学の哲学科に進学させる

前に熟慮する家庭は増えるだろう。しかし、卒業後の予想給与所得のみで専攻を決める学生はおそらく、その専攻に対してモチベーションや情熱も持たず、大学においても、卒業後のキャリアにおいても、苦戦するであろう。

大学の専攻は意味を持つのか？

　高等教育と経済の関係を研究することは、ジョージタウン大学の「教育と労働力センター（Center on Education and the Workforce）」のアンソニー・カーネベルセンター長のライフワークであった。歴史的なジョージタウン大学のキャンパスから数ブロック離れた窮屈なオフィスから、学位やキャリアパス、給与所得などの間の複雑な相互作用を分析し、労働市場における大学の価値を取りまとめた、一連の際だって優れたレポートが輩出されている。根っからの経済学者であるカーネベルにとって、大学の専攻は重要な意味を持つ。大学で専攻した内容により、卒業後の給与所得、失業の危険性、そして高給与所得というかたちで教育投資の見返りが満たされるかが変わる、と彼は結論づけている。

　より良い就職を得ることが主眼で大学に進学する学生に対して、カーネベルは基本的に、リベラルアーツの学位は避けるようにとアドバイスしている。国税調査のデータを用い、彼はコンピュータ科学、工学、ビジネスを専攻した者の生涯賃金が、人文学や芸術を専攻した学生より 50％ 近く高いことを示した。後者は、失業している可能性もより高い。学部の専攻において、最も給与水準のメジアン（中間値）が高いのは、12 万ドルの年収を得る石油工学である。これに対して、最も低いのは年収 2.9 万ドルの心理カウンセラーである。

　石油工学を有する大学は少ないだろう。実際、ビジネス、教育学、文学などのポピュラーな専攻は、給与に関連する表のどこにも見られる──学生がお金のみで進路決定をしないという証拠である。教育学の給与所得のメジアンは 4.2 万ドル、人文学は 4.7 万ドル、ビジネスや医療などの専門職はどちらも 6 万ドルである。さらに、給与所得の高い低いは、安定した職であるか

162　第III部　未来

の有無とも関係がない、とカーネベルは発見した。近年、失業率が最も高い
のは建築学、芸術、文学であり、最も失業率が低いのは医療と教育学である。

　カーネベルはメイン州にある小さなリベラルアーツ・カレッジであるコル
ビー・カレッジから学士号を得た。私のオフィスにくるリベラルアーツ・カ
レッジの学長の多くが、特定の職業のための訓練ではなく、クリティカル・
シンキングを醸成する彼らの教育方法が、長い人生において価値が高いこと
をいつも誇らしげに語ることについて、カーネベルがどのように考えるか、
聞いてみた。複雑さが増し、変わりゆく現代において、柔軟性をもって問題
を解決できる能力が重要である、と学長は繰り返し主張するのである。「そ
れはよく言われることである」とカーネベルは言った。「しかし工学の方が、
カリキュラムとしてはより優れた、問題解決型の学位である。学位の内容が
より明確で技術的であるほど、学生は卒業後、職務で活躍し、キャリアにお
いて一歩先んじるのだ——つまり、ボスになる」、そして結果としてより多
くの給与を得る。

　リベラルアーツ・カレッジの学長のみが、その教育の良さを誇っているの
ではない。雇用者側も、リベラルアーツから学生が得るスキルを評価すると
言っている（これについては次節で詳説する）。ここに、特定の大学や専攻に関
する価値判断から切り離して給与水準という指標を用いることの問題がある。
データには相互に矛盾するものが多数ある。変数が多すぎるのである。考え
てみても欲しい。これらの給与水準に関するレポートはどれも、給与平均と
メジアンに関するものである。つまり、バージニア州または PayScale の調
査で最高ランクにある大学の最低水準の労働者は、それより遥かにランク下
の大学の最高水準の卒業生より給与が低い可能性があるのである。

　この給与に関する調査は、これら大学に入学する学生が異なるバックグラ
ウンドを有するということも考慮に入れていない。テキサス大学オースティ
ン校に入学する学生と、ワシントン大学に入学する学生は異なる。ゲッティ
スバーグ・カレッジで英語を専攻する一年生と、ウィリアムズ・カレッジで
同じく英語を専攻する学生は異なる。彼らが違う大学に進学したり、異なる
専攻を選択した場合に、経済的により良かったかは、ほぼ判定不可能である。

全く同じ学生を二つの異なる大学に同時に進学させることは結局のところ、出来ないのである。

しかし、同じような学生を二つの異なる大学、たとえば、一人はより難関の大学（私立アイビー・リーグのペンシルバニア大学としておこう）へ、もう一人はよりランク下の大学（ペンシルバニア州の州立大学、ペン・ステートなど）へ進学させたら、どのようになるだろう？ペンシルバニア大学に行った学生がペン・ステートに進学した学生より、給与面で明白に有利であるだろうか？これは、進学する大学と将来の給与水準は関係するかという研究において頻繁に引用される研究の中心的なテーマである。最終的には、関係する。しかし、より関係する場合と、それほどでもない場合とがある。

最高峰の大学間では、違いはない。ペンシルバニア大学は自分達がペン・ステートより遥かに良いと思いたいに違いないが、卒業生の生涯賃金を比較した場合に、両者の間には優位な差は見られない。別々に行われた2つの研究において、アラン・クルーガーとステイシィ・バーグ・デイルは、30の異なる大学から20年近く前に卒業した大学卒業生3万名を対象に、その給与水準を分析した[5]。いずれの研究においても、その研究を推進したエコノミストは、SATとクラスのランクにおいて「ほぼ同等の能力」で、同じような大学に進学したが、異なる進路選択をした学生を見いだすことが出来た。一部は最も難関校に進学し、一部は若干ランク下の大学に進学した。この研究では、少なくとも学術面の能力においては「同じ学生」で、異なる大学に進学した学生を比較した。この2つの研究の結果は意外なものであった――これら二つのグループの給与水準は基本的に同じであったのである。どの学術研究においても、絶対ということはない。クルーガー、デイルそれぞれの研究において、いくつかの重要な例外事例がある。一つは、大学の選抜率の高さにより、一部の少数のグループの学生には違いが出た――黒人、ヒスパニック、低所得家庭の学生、そして両親が大卒ではない家庭の学生である。両エコノミストとも、これらの学生は特別にエリートの大学に進学することで、そこで得

164 第Ⅲ部 未来

られるスキルやコネにより助けられるとする。もう一つ特筆すべき点がある。彼らは大学の授業料が、卒業生の給与に影響するということを発見したのである。授業料が高い大学に通った学生ほど、高い給与を得ている。そしてその逆も然りである。これに理屈を付けるとしたら、授業料の高い大学ほど手厚いリソースを提供するということであろうか。クルーガーとデイルの研究について批判の声もない訳ではない。選抜率といった観点からみて、十分に幅広い大学層を調べていないというものである。別のいい方をすると、彼らが調査をした30の大学は、多少の違いこそあれ、どれも選抜性の高い難関校であったのである。

選抜率の高い大学に行くほど、学生は得をする。 スタンフォード大学エコノミストのキャロライン・ホックスビーが行った研究では、何百もの大学をその選抜率に応じて、8つのグループに分けた[6]。そしてこれらの大学に1960年、1972年、1982年に入学した男性について分析を行った（この時期に入学した男性の給与の方が、他の影響をあまり受けず、分かりやすいと彼女は語る）。1982年に最上グループに入学した学生（アマースト大学やハーバード大学などがこのカテゴリーに属す）は290万ドルの生涯賃金を得ることが出来たが、8番目のグループの学生は175万ドルに留まる。更に、この生涯賃金の差は1960年から拡大し続けている。これは重要な発見である。なぜなら、より選抜率の低い大学は近年授業料の減免（あるいは無償）を行い、よりランク上の大学に進学できる優秀な学生を惹きつけようとしているからである。これに乗ると損をする場合が多い、とホックスビーは主張する。

州立のフラッグシップ大学にどうにかして入学した方が、入学しないより得である。 テキサスA&M大学のマーク・フックストラ教授は2009年に、無名の州立フラッグシップ大学に辛うじて入学した学生と、最終的に入学許可を得られなかった者とを比較した[7]。これらの学生の学力はほぼ変わらなかったものの、将来の賃金における違いは明白であった。州立フラッ

グシップ大学に入学できた学生の給与は2割高かった。

　これらの研究はいずれも、卒業生の生涯賃金と大学との関係に着目し、いずれの大学を卒業することに価値があるかを見いだそうとしている。もしかしたら卒業生の給与を比較する上で大事なのは、学位を最終的に得ているかということかもしれない。この観点においては、より選抜率の高い大学の方が価値が高いことが、複数の証拠から示唆される。しかし、学生は（その資格があっても）最上位の大学に応募しなかったり、大学選択において卒業率の重要性を加味しなかったりすることが多い。

大学に進学することだけが重要なのではない。大学を卒業することが重要である

　サム・シュマーダーとカレン・エドマンズは、現代の米国高等教育システムにおいて進学ではなく卒業することがその将来に効くということについての、両極の事例である。

　シュマーダーはニュージャージー州プリンストン大学の近くのローレンスビル・スクール[2]に通う、能力の高い、大学進学を希望する、典型的な生徒であった。高校2年生のとき、彼は二つのAPクラスと、数多くの大学準備クラスを履修し、更にその他多数の活動に加えて、毎週カムデンの青少年クラブにボランティアとして参加した。

　彼は小規模なリベラルアーツ・カレッジの進学希望であった——ハミルトン、トリニティ、ゲッティスバーグ、デニソン、そしてフランクリン＆マーシャルなどが候補である。総学生数2300名程度のフランクリン＆マーシャルカレッジに二度目に訪問したとき、彼は心理学入門の授業を受講した。大学初年次に履修するレベルの授業である。彼は学生同士の議論や、教員とのギブ・アンド・テイクに驚嘆した。これは一方通行の講義形式の授業ではなかった。彼はこの大学に惚れ込み、アドミッションの初期の段階でこの大学に応募し

　2）　ローレンスビル・スクール（Lawrenceville School）：米国ニュージャージー州にある共学の名門ボーディングスクール。

166 第Ⅲ部 未来

た。高校2年生のクリスマスの頃には、彼はペンシルバニア州ランカスターにあるこの大学に入学できることが決まっていた。

しかし3月になってシュマーダーは、自分がまだ大学への入学準備が整っていないと感じた。濃密な高校生活により、一時期休養が必要だったのである。彼はフランクリン＆マーシャルへの入学を一年延期してもらい、全米のサービス・プログラムであるアメリコー[3]に行くことにした。高校卒業後の夏、同級生が大学に向かう頃、彼はニューオーリンズに向かい、1年間、ハリケーン災害に晒された都市の家屋の建設をハビタット・フォー・ヒューマニティ[4]のためにするというギャップイヤーを過ごした。「全く異なる視点を得ることができました」とシュマーダーは語る。「学校という枠では得られなかったことを学びました。そして、それをもって学校に戻りたいと思いました」。

フランクリン＆マーシャルで彼は二年次まで、専攻を決める必要がなかった。「心理学、歴史、そしてスペイン語などが候補でした」と彼は語る。「色々な授業に参加し、探索するのが好きでした。しかしいずれ専攻を決める必要があり、たまたま行政学を専攻として選びました」。彼は移民に対して法的手続きを提供するNPOにインターンをした。三年次にシュマーダーは、次期学長の選考委員会の学生資格のメンバーの、二人のうちの一人であった。

同じ頃、カレン・エドマンズは、ニューハンプシャー州ホワイトマウンテンの麓にあるプリマス州立大学の一学期に向けて準備を整えていた。熱狂的スノーボーダーであったエドマンズは、自分の趣味を続けられる地形と天候から、コロラド大学、コロラド州立大学、バーモント大学などを候補としていたが、最終的には自宅から60マイルほどしか離れない州内の大学に落ち着いた。他の候補は自分の居住州の外にあり、授業料が高すぎると感じた。しかし秋学期が数ヶ月過ぎた頃、エドマンズはすでに、一般教育の要件修了後に別の大学に編入することを検討し始めていた。授業は簡単すぎた。寮生

---

3) アメリコー（AmeriCorps）：米国内で活動する米国連邦政府が運営するボランティア・プログラム。ピースコー（PeaceCorps）の国内版とも言われている。
4) ハビタット・フォー・ヒューマニティ（Habitat for Humanity）：家を建てることで人々の希望を築く国際支援団体。世界約80カ国で活動。

活もつまらなかった。彼が専攻したいと思っていた分野－物理か工学－は提供されていなかった。「まだ高校にいるようでした」と彼は語る。「どの授業も、高校で受けた授業と似通っていたのです」。「国家建設（Creating a Nation）」という歴史の授業は「少しばかり深みがあった」が、数学の「代数学演習（Problem Solving in Algebra）」は、「高校の数学より簡単だった」。

　春学期のあいだに彼は、スノーボードをしていて鎖骨を折った。その手術のため、多くの単位を落とした。3月には彼はドロップアウトした。夏のあいだに彼は、もう戻らないと決めた。「そのお金の価値がないのです」と彼は語る。「いつか学位は欲しいので、どこかの大学に行くことになるとは思います」。エドマンズは自分の名前で15単位を有している。ボストンに行きたいと思っているが、今のところ、モービルのガソリンスタンドのレジ担当として働いている。大学に行く前に数年働いてお金を貯め、それから自分にあった大学を選べば良かった、と後から思っている。「鎖骨を折って頓挫した訳ですが、でもプリマス州立大学は自分には合いませんでした」とエドマンズは語った。

　ある晴れた暖かい春の金曜日の午後、私は卒業数週間前のサム・シュマーダーと、フランクリン＆マーシャルのキャンパスで会った。彼はリサーチアシスタントとして、デューク大学の短期間の仕事に登録していた。彼はその後、ワシントンDCで政策に関わるポジションを得ることを期待している。ロースクールあるいは大学院に進学をしたいと思っているからだ。行政学のメジャーと、哲学のマイナーが就職にどのように関わってくるのかを彼に聞いた。「質の高い被雇用者に必要な基本的な資質（core value）が養成されるとして、高く評価されています」と彼は語る。「労働市場でこれらは価値あるものとして評価されます」。

　シュマーダーのように、四年制の大学に進学し、実際に四年以内に卒業するという学生は現在、全体の半数程度しかいない。大学一年生の多くは、エドマンズと同じような運命を辿る可能性の方が高い。しかし我々は大学教育の真価が、単に単位を取得することではなく、その学位の信用力にあること

を知っている。「雇用者は6年間の大学経験が欲しいとは言っていません」と、全米教育統計の前長官であるシュナイダーは語る。「彼らは学位が欲しいのです」。

シュマーダーとエドマンズが大学キャンパスに足を踏み入れる前に、彼らが最終的に学位取得に至るか否かは、彼らが知っていなかったとしても、ほぼ決まっていた。プリマス州立大学で6年以内に学位を取得するのは57％のみであるのに対して、フランクリン＆マーシャルでは87％が取得する。両大学は無論、全く異なる大学である。フランクリン＆マーシャルは選抜性の高い、小規模な私立の大学であるのに対して、プリマス州立大学は規模の大きい州立大学で、入学も遙かにしやすい。そのためこれら大学を比較するのは、その学生の学力も大きく異なるため、不公平であると思われるかもしれない。しかしどの大学に行くとしても、学生は卒業する可能性を同程度、有すべきである。卒業する可能性が異なるのであれば、初年次のために数千ドルを振り込む前に、その事実を知っているべきである。州外学生のための高い授業料で進学を躊躇したとしても、エドマンズはバーモント大学での方が卒業生する可能性は高かった（ここでは学生の67％が6年以内に卒業する）。

長い時間をかけているにもかかわらず、一定の学生層が卒業できないということを、最近まで、多くの親や学生は気がついていないか、気にしていなかった。大学を4年間で卒業するのは「パーティーを10時半に去るようなものだ」とある卒業生は言う[8]。大学のコストが高くなるにつれ、大学卒業率は学生や親にとって、学位の価値を測る重要な指標になりつつある。今では学士援助のために連邦政府のオンラインシステムに入力をすると、教育省により、学生が関心を示した大学の卒業率が表示される。この機能が加わってから、大学の卒業率を気に掛ける家族が明らかに増えた。

修業年限内に学生が卒業することについて、大学はどの程度責任があるのだろう？エドマンズの場合、鎖骨を折ってしまったため、ドロップアウトした。プリマス州立大学に戻らなかったのは大学の責任ではなく、彼の責任ではないか？フランクリン＆マーシャルに行っても、エドマンズはドロップアウトしたのではないか？特定の大学の学位の価値に関する論争のなかで、い

つも脳裏に浮かぶ疑問は次のようなものである——学生が大学のあり方を決めるのだろうか。それとも、大学が学生のあり方を決めるのだろうか？

　私の理解では、いずれも正しい。ただし、何を評価するかによって、いずれの方が重要であるかが決まる。学位の価値が、学生が実際に卒業することにあるのであれば、学生と大学とを的確にマッチングさせることが最も重要である、とプリンストン大学前学長のウィリアム・ボウエンは指摘する。プリンストン大学は学生を卒業させることに特に問題は有していない（ボウエンが学長であった 1970 － 80 年代も同様である）。しかし 78 歳になってもまだ高等教育の未来の問題に関わっているボウエンは近年、学生がなぜ大学からドロップアウトするのかを解明しようと思った。エコノミストであるボウエンは、米国における人材ニーズと、世界と比較した場合の米国の潤落しつつある教育水準に、憂えているのである。2009 年に執筆した『卒業の境界線（Crossing the Finish Line）』という著書において、ボウエンとその共著者は、大学の選抜率が高いほど、あらゆるタイプの学生について卒業率が高いことを指摘した——アドミッション・オフィスが入学させることに当初難色を示した学生についてもである。著者らは卒業率が低迷する問題は、彼らの言うところのアンダー・マッチングにあるとした——自分が入学できる大学のうち最高レベルに入学しない学生のことである。選抜率がそれほど高くない大学に学生が進学する理由は色々とある。自宅から離れたくないということや、（エドマンズのように）スキー・リゾートの近くが良いということもある。最も安価な大学に行きたいという場合もある（真に経済的に恵まれない学生の場合、特にそうである）。クラスメートに付いていけないと思う場合もある。

　ボウエンらはノースカロライナ州の 300 以上の高校からの卒業生 6 万名を 1999 年に調査した。豊富な調査対象者がいただけでなく、これら卒業生は大学とも紐づけられていた。調査において高校の成績（GPA）と SAT の点数から判断するに、6 万人中 6200 名は、入りうる最高水準の大学に入学できていた。さらに 10 名中 4 名は、出願をしない、もしくは入学しないことにより、こうした入りうる最高水準の大学に入学しなかったことが判明した。この調査において興味深いのは、自分の入りうる最高水準の大学に入ら

なかった卒業生の分布である——経済的に恵まれた家庭の学生のうち27％がこれに該当したが、経済的に最も恵まれない家庭の学生の59％がこれに該当した。また親が大卒ではない家庭の学生の64％が、より選抜性の低い大学に行った。

これらの学生は、オハイオ州立大学（6年以内の卒業率が78％）に入学できたはずが、ヤングスタウン州立大学（37％）あるいはエクロン大学（35％）に入学した。このような現象には理由がある、とボウエンは語る。大学選びの基準が相互矛盾するのである。彼によると、自分が入学可能な最高水準の大学を積極的に選ばない理由があるという。学生がこのような問題ある選択をする理由は、「成り行き、情報不足、大学に向けての計画、周囲からの励ましの欠落の絡み合いによる」。

別の大学に無償で行けるため、自分の行ける最高水準の大学に行かないことがある。ジョージア州、フロリダ州、マサチューセッツ州、ウェスト・バージニア州を含む十数の州では、州内に留まり、州立大学に入学する優秀な学生に、授業料全額免除の奨学金を提供する。これら学生の多くはそのような奨学金を断り、より良い大学に行った方が良かったであろう。ハーバード大学ケネディ行政学院の研究者は、州の奨学金にぎりぎり達した学生と、ぎりぎり奨学金を得られなかった学生の両グループを比較した。州の奨学金を得るために州内の州立大学に入学した学生は、修業年限内に卒業する機会が4割も低かった[9]。

ボウエンと同様、ハーバードの研究者は大学の価値を、修業年限内に学位を得ることにあるとする。この章の他の者は、大学の価値を生涯賃金にあるとした。しかし、いずれの評価方法も、大学の真価の近似値でしかない。高等教育にどんなにお金を掛けていても、我々は未だに、大学が青少年を成人へと変化させる評価方法と、これを大学間で比較する方法とを知らないのである。ただし知らないのは、これを試みていないからではない。

8. 価値の対価としての学位　171

究極の問い：質の高い高等教育とは何か？

　1994年5月、私は、夏をキャピトルヒルのNPOや、全米メディアの放送局のインターンとして首都に向かう何千もの大学生と同様、ワシントンDCに来た。これから3ヶ月の私のすみかはUSニューズ＆ワールド・レポートである。平日の毎朝、N通りにある優美なオフィスビルの窓のない地下室で私は、プリンストン大学やブラウン大学、コルビー・カレッジ、ノースカロライナ大学チャペルヒル校から来た他の6名のインターンと一緒に、仕事の報告をしていた。我々の仕事は、同誌の要となる大量のデータ・コレクションにおいて、欠如しているデータを埋めたり、怪しいデータを再点検したりすることであった。感謝されることがほぼない仕事で、20歳前後の仲間との友情や、雑誌を時折面白くするストーリー、そして勿論、（多くのインターンシップが無償であるのに対してここは）報酬が得られることのみが励みであった。少しデータをいじるだけで、大学ランキングの序列を変え、永年の首位であるハーバード大学に対して、如何なる大学も一位に持って行ける、とよく冗談を言い合ったものである。

　USニューズの大学ランキングは単に、同誌が発刊する数多くのランキングのうちの一つとして、1983年に始まった。そのとき初めて同誌は大学の学長に、全米の最高の大学とリベラルアーツ・カレッジを挙げてもらった。私がインターンとなったころには同誌は、私の言うところの、消費者レポートという領域に移行していた――つまり、商品の質を、大学の提供する定量的データで評価しようとしていた。データには、学長対象の調査結果に加えて、SATの点数、卒業率、教員の給与が含まれていた。同ランキングが掲載された印刷版の週刊誌がほぼ消滅してしまったにもかかわらず、同ランキングは今日、一つのブランドを形成するほどに規模と影響力を拡大した。

　既に発刊されていない雑誌が、消費者にとっての高等教育の質の羅針盤となっていることは、アカデミアの人々を混迷させつづけている。USニューズはその役割を負おうとしたことは一度もないのである。雑誌の編集者によると、ランキングは単に、「ジャーナルのための道具」にすぎない[10]。他の

雑誌は独自の大学ガイドを発行することでこの競争に参戦したが、まだどの雑誌も、US ニューズが築き上げた権威を代替するどころか、その地位を脅かす存在にすらなり得ていないのである。大学やカレッジが信頼できる代替的手法を開発できなかったことが、US ニューズの永続的な優位性をもたらした。アメリカの多様な高等教育システムにおいて、質をどのように定義して良いのかが分からないのである。また近年まで大学は、大学のパフォーマンスを比較する如何なる方法を社会が編み出すプレッシャーに晒されることもなかった。

そこに、マーガレット・スペリングスの登場である。2005 年秋、ジョージ・W・ブッシュ政権第二期のこの改革派の教育長官は、「高等教育の将来に関する委員会（Commission on the Future of Higher Education）」を立ち上げた。この 19 名の委員の課題は、全米の総合的高等教育戦略を開発することである。「この巨像の方向を転換させ、上下を逆にし、吟味する時期である」と彼女は言った[11]。アカデミアは初めから、この委員会の仕事について懐疑的であった。高等教育にレーザー光線のようなスポットライトを当てることで、同政権の「落ちこぼれゼロ法（No Child Left Behind）」を高等教育に拡大しようとしていると見たのである。委員会のメンバーの多くは研究大学やリベラルアーツ・カレッジの学長であったが、伝統的な大学は、その他の委員について懸念をした。営利大学や、IBM、マイクロソフト、ボーイングなどの大企業からのメンバーであった。

11 ヶ月後の蒸し暑い夏の朝、これら委員はワシントン DC にある教育省の建物に集まった。最終報告について審議するためである。初期のバージョンからだいぶ希釈されたものの、この報告は学習を計測し、質をモニターし、連邦政府の学資援助の仕組みを根底から見直す、数十からなる一連の政策提案を含んでいた。委員は一人ずつ、賛成の意を表明していった。一人だけ、反対者がいた。米国教育協議会（ACE）の長であり、高等教育システムの最高の代表者、デイビッド・ウォードである。最後にノースカロライナ州の前州知事であるジェームズ・B・ハントはこの報告を、「実行したなら、これは米国の教育と経済の歴史上、最も重要な意味を持つ報告である」と評価した。

8. 価値の対価としての学位　173

　これは近年の歴史において、高等教育の質を問う、という最も重要な瞬間であったのかもしれない。これには大学も注意を即座に惹きつけられた。意にそぐわない要求を政府から押しつけられることを恐れ、大学やカレッジはより簡易的に利用できる消費者情報を公表し、大学で学習した内容を測る取り組みを始めた。そのうちの一部は、表面のみを取り繕っている。大学への入学を検討する学生に有用な情報を提供するはずが、就職に関する詳細や州立大学と私立大学間の比較が得にくい情報となっている。しかし大部分の大学がこの取り組みを通じて初めて、「学位で何を獲得しようとしているのか？」という学生の問いに真剣に答えようとしているのである。

　「一部の指標が良く、一部の指標で良くない定期健康診断書と同様の、大学の診断書を作成しようとしているのである」と米国大学協会（AAC&U）の副理事であるデイヴィッド・ペーリスは語る。特定の事項をうまく果たした大学を評価することを彼は想定している。環境に優しいデザインを有する新しい建物が、LEED 認証 [5] の認証評価を得るのと同様である。同時にルミナ財団は、特定の学問分野の各段階の学位の卒業生が身につけているべき素養を定義づける試みを、インディアナ州やユタ州、テキサス州などを含む複数の州において支援している。これら大学は、卒業生が獲得しているべき知識、考え方、スキルを厳密に特定するガイドラインを作成している。

　究極の――そして最も議論の多い――質の評価方法は、標準テストである。SAT の大学版を想像して欲しい。その初期の報告書においてスペリング委員会は各州において、州立大学で学生が何を学んだかを評価するテストをすることを要求していた。最終報告では単なる提案に落ち着いたがそれでも、今日、千もの大学が、学生が初年次と二年次の間に学習した内容を測る3 つのテストのうちの一つを導入している。マーガレット・スペリングスは最近、「社会からの要求と、大学を負担できるかという不安に押されて、これらは大学に受け入れられつつある」と指摘した [12]。

　これらの取り組みはしかしながら、US ニューズのランキングが提供する

　5）　LEED 認証（LEED-certified）：米国の非営利団体である米国グリーンビルディング評議会（U. S. Green Building Council; USGBC）が開発・運営する環境配慮型建築物の格付けシステム。

簡略さと比較可能性を提供しない。我々は皆、高等教育の価値を異なる方法で評価する。完璧な評価ツールを早々に得ることは、ほぼあり得ないだろう——大学に入学しようとしている学生が、生涯年収や自分の類似の学生の卒業率、卒業生の就職や入学してから知識やスキルにおいてどの程度の付加価値を得たかを評価できるツールである。そのようなツールが開発可能であったとしても、消費者が大学を比較できるような標準指標に向けて、複数の大学が協力するとは思えない。私立大学を代表する全米の協会のある理事が言うように、同協会の大学は「標準化を嫌う」のである[13]。

　一部の大学では、政府からの助成や学生ローン、研究資金も含めると、政府補助が収入の9割近くを占める。この投資の大きさを考えると、政府は大学に、大学の価値を測るのにより良い、簡便な評価指標を開発するのに協力するよう、要求して良いはずだ。「政府補助がなければ、多くの大学は定員を満たすことが出来ない」と高等教育エコノミストでコロンビア大学教授であるロナルド・エーレンバーグは語る。各家庭を圧倒し混乱させるパッチワークのようなシステムより良いものを、我々は開発できるはずだ（グーグルで「college search」と検索してくれれば、私の言うことが分かる）。大学Bではなく大学Aを選び取った場合、スキル、知識、そして就職の見通しにおいて何を得られるのか、学生は知っている必要がある。それが起こらない限り、大学選びは場所や宣伝、友人からの推薦、あるいは雑誌からの評価に依存することになる。

9. 未来に必要なスキル

　大学教育がアラカルテ・メニューのように、学生が自分に合った科目と提供者を選ぶことによってパーソナライズできるものになりつつあるとするなら、タイラー・サックスのように、一カ所にあらゆる選択肢が提供されているビュフェ形式を好む学生もいる。

　ジョージタウン大学で探索中、サックスは「コンピュータ科学Ｉ」という科目を取った。ちょうど二年次になったところで、コンピュータ科学専攻のための入門科目に手を出してみたのである。ニューオーリンズで生まれ育ったサックスは、自由時間に複数のプログラミング言語で遊んだことはあったが、イサイドア・ニューマン・スクールに在学していたため、真のコンピュータ科学に近い科目を取ったこともなかったのだ。最終的には政治への関心から彼はジョージタウン大学の行政学専攻に惹きつけられた——同大学はホワイトハウスから遠くないポトマック川の川岸にある、ジェスイット派のエリート大学である。初年次にサックスは経済学を第二の専攻として選んだ。

　二年次の春学期の科目を登録する時期になり、彼はやはりコンピュータ科学に惹かれているのを感じた。「結局本当に好きだったことが分かったのです」とサックスはこの入門科目について語る。このため彼はこれに続く科目を登録し、コンピュータ科学をマイナーとして専攻することを検討した。春学期の途中で彼は決意を固めた。コンピュータ科学はマイナーではなく、メジャーであるべきである。「長い目でみたとき、その方がいいと思ったのです」と彼は語る。

　しかしそれでも、3つのメジャーのうちどれを落とすかを考えなければいけなかった。科目カタログをみていてサックスは異なる解決法を見いだした

——新しいメジャー「政治経済学」があったのである。政治学と経済学の完璧なコンビネーションである。二年次の終わりに彼は、政治経済学とコンピュータ科学のダブルメジャーに自身の学位計画を変更した。「自分のやりたかったことを全てできる解決法を見つけたのです」と現在、四年次に在籍するサックスは語る。「就職市場でも有利です。より魅力的な候補として見て貰えます」。

　厳しい経済状況において、自分の選択でより有利になろうとするのはサックスだけでない。全米のキャンパスでダブルメジャーは拡大中で、なんでも成し遂げたいと思う学生の多い、最もエリートの大学では特にそうである。ナッシュビルにあるヴァンダービルト大学の学生の10人中4名がダブルメジャーを専攻している。カリフォルニア大学デービス校では過去5年で、ダブルメジャーの数が5割拡大した。MITでは1993年からダブルメジャーが二倍となった。「大学が宣伝しているため需要が拡大しているのではなく、学生が要求しているから、拡大しているのです」とリチャード・ピットは語る。ピットはヴァンダービルト大学の社会学者で、彼はアイデンティティーに関する研究の一環として、9つのキャンパスにおけるダブルメジャーの拡大を調査した。

　ジョージタウン大学では4分の1近くの学生がサックスと同じく、2つの専攻を追求している。ピットの調査によると、サックスはこれら大学のダブルメジャー学生の典型である。大学入学時点で単位が前倒しで少しあり、最終的にお互いに全く異なる二つの専攻を選択した。ジョージタウン大学は高校時代のAP科目に対して18単位を付与したため、学業の負荷が重くなりすぎたり、就業時期を伸ばしたりすることなく、二つ目の専攻を加えることができたのだ。二つの類似の専攻を取るより、二つの関係のない専攻を選んだ方が就職市場でより有利だろう、とピットは語る。「知識の幅広さを獲得することができるのです」。

　大学キャンパスにおいて、専攻は究極の身分証明書である。学生にいつあっても、第一の質問は必然的に、「専攻は何ですか？」というものである。専攻があるというのは、高等教育の習わしである。ごく一部の例外を除いて、

ほぼ全ての大学がこの習わしに従う。一部の例外には、専攻をもたないニューヨークのサラ・ローレンス大学がある。また、メリーランド州とニューメキシコ州にキャンパスを有するセントジョーンズ・カレッジは、西欧文明の主要な業績を追う「グレートブックス（great books）」カリキュラムを有する。その他、教養教育（arts and science）に手の職（manual skills）を組み合わせる一握りの「ワークカレッジ[1]」がある。これにはウォレン・ウィルソン・カレッジやザ・オーザークス大学が含まれる。

　多くの場合、大学はどこも、類似のメジャーやマイナー、コンセントレーションのリストを有する。ダイナミックな就職市場において、深さと幅広さが最高の保険であるように思われる時代において、なぜこれほどまでに狭い領域で形取られた専攻がたくさん大学にはあるのかを分かりやすく説明できる教育者（educator）は、ほとんどいない——教員がそのように自身を組織化した、と説明する程度である。こうなると、専攻というのは実際にはどれほど効いてくるのか、また学生の最終的なキャリアと成功にどれほど専攻は関係があるのか、という疑問が浮上してくる。

専攻をどのように選ぶか

　子ども達は小学校から高校に至るまで、「大きくなったら何になりたいの？」と聞かれる。

　もしそのときの答えを大人になるまで、誰しもが追い続けていたら、我々は明らかに教員、消防隊員、フットボール選手、ダンサー、医師、看護師過多になっていただろう。40歳の時に自分が何をしたいと思っているかを予測できる人はほとんどいないし、ましてや14歳のときにそれをするのはほぼ不可能である。平均のアメリカ人は4年ごとに職を変える[1]。つまり我々は、40年の職業生活において10程度の職を変遷しており、そのうち半数程度は異なるキャリアへ移行している。

---

1)　ワークカレッジ（work colleges）：就労と学習、サービスを有機的に統合した教育プログラムを有する、米国の8つの特別なリベラルアーツカレッジを指す。これらカレッジの学生は、経済的必要性にかかわらず、週8-10時間就労をする。

178　第Ⅲ部　未来

　このような不安定さが、学生の専攻選びへの態度を決める。自分に合った大学選びのためにはこれほどの時間と努力、羨望がかけられるのに対して、学生は専攻選びにはそれほど慎重ではない。

　この本の調査のために私は、ジョージタウン大学、バレンシア・カレッジ、オーランドにおけるセントラルフロリダ大学、アリゾナ州立大学、サザン・ニューハンプシャー大学、そしてフランクリン&マーシャルカレッジを含む6つの大学の在学生のグループと会った。私が彼らにした質問の一つは、どのように専攻を選んだかである。一部の学生は特定の職（マーケティングなど）に就きたいと思っており、それに適したインターンシップを得るのに必要なスキルを提供する学位を手に入れて、最終的にはフルタイムの職に就きたいと思っていた。「結局のところ、特定の職に向けて築き上げる、ということだけなのです」とサザン・ニューハンプシャー大学でコミュニケーションを専攻するルネ・ディピエトロは語る。「インターンシップを得るためには特定の専攻が必要で、職を得るためには特定のインターンシップが必要なのです」。

　適切な専攻を選ぶこと以上に、新しい見方や分野横断的に課題を見ることが出来るクラスを選ぶことを重視したという学生もいる。何よりも、自分に興味関心のあることを学びたかった学生達である。

　「大学への申請書に記入するのに、高校最終学年の最後の週に何か選ばなくてはならなかったのです」とバレンシアの学生であるイアン・サムズは語った。「このため『自分がこれまでずっと好きだった物は何か』を自分に問い、子ども時代からレゴが好きで、物を分解して中を見てみるのがいつも好きだったことを思い出しました。グーグルでこれを検索してみたら工学が出てきたのです」。サムズは、自動編入プログラムによりバレンシアからセントラルフロリダ大学に受け入れられており、そこで機械工学を専攻予定である。

　「高校卒業したてで、自分が何をしたいのか全く分かりませんでした」とフランクリン&マーシャルカレッジで英語学を専攻するポール・ベリーは語る。ベリーは映画が好きで、プロデューサーかつライターであるスティーブン・ボチョコに会い、次の助言を得た。「彼曰く、カリフォルニアの大きな

大学に行く必要はないとのことでした。フランクリン＆マーシャルカレッジに来れば、上手く書く方法や、如何なる内容も学ぶ方法を学べる。それが大事だと言われました。ここに来れば自分の興味関心が満たされると思いました」。

カリフォルニア大学ロサンゼルス校の調査によると、大学生は十中八九、「実用的であるかないかにかかわらず」、関心を持てる専攻を選ぶことが大事だ、と言うそうである。同程度の学生が、どの専攻に行っても、仕事に役に立つスキルを得られると言う。

実際、私がインタビューした学生の一部は、常に流動的な経済状況に鑑み、専攻が特定の職への準備過程であると思ったことはないと言う。銀行でインターンをしたジョージタウン大学の学生の一部は、英語学専攻出身者が財務専攻出身者と隣り合わせに働いていることを知り、衝撃を受けている。

「変化の激しい世界で、情報も常に変化している状況において、スキルセットはあまり関係ない」とジョージタウン大学で哲学と心理学を専攻する学生は私に語った。インタビューに答えてくれた学生グループの一つである留学生の一部は、母国では特定の専攻やキャリアに早い段階で絞り込まなくてはいけないため、米国の大学に進学しようと思ったという。「自分はなんでも勉強してみたいたちで、ここであればそれが出来たのです」と南アフリカ出身のジョージタウン大学の学生は語る。

専攻は変更することも可能である――もし自分の専攻が気に入らない場合は、違う専攻に変更するか、違う専攻を付け加えれば良いのである。初年次の終わり頃には、学生の４分の１が専攻を変更する。UCLA研究者の調査によると、それ以外の学生の半数が、専攻の変更を検討していると回答するという。

私が話した一部の学生は、自分では一番合っていると思う専攻を選択したのだが、実際に進学してみて、数学や科学の比率が多すぎると思ったという。多くの学生が専攻を変更する理由の一部は、科学からの逃避ある。工学、理学、医学部準備課程（premed）を専攻予定の学生の６割が、最終的には異なる専攻を選んだり、学位取得にそもそも至らなかったりする。「これが自分の進

180　第Ⅲ部　未来

む道と信じ、やる気になっているところに、教員が義務的な仕事かのように代数や化学を大講義室で講義しだすのです」と、UCLA の大学共同 IR プログラム[2]の長であるジョン・プライヤは私に語った。

UCLA の調査結果は、過去 5 年間の専攻選択における全般的なトレンドに合致する――このトレンドとは、学者が「文理の学問からの劇的な逃避（dramatic flight from the arts and sciences）」と嘆き、現在では「実践的学問（practical arts）」と呼ばれるものである[2]。伝統的な文理の分野（英語、数学、生物等）における学位授与数は、1968 年の 5 割近くから、2010 年の 26％にまで落ちた。近年の学位の多くはビジネス、教育、コミュニケーションなどの、職業に関連する分野で授与される。最も人気のある学士号は、ビジネス専攻である。

高等教育の価値が徐々に生涯賃金と結びつけて見られるようになってくるにつれ、自分の人生で何をしたいのか、と学生は家や高校で迫られ、そして職につながる専攻を大学で選ぶ。しかし学生がいつもこうしたプレッシャーに反応する訳ではないため、矛盾も多く見られる。学生は職業につながる専攻を選択しておきながら、必ずしも実用的な内容を学ぼうとしている訳ではないと主張する。心理学者であるウィリアム・デーモンが近年行った研究によると、このような不一致のもう一つの理由は、今日の高校生および大学生の大部分が「漂流」しているためである。人生で何を成し遂げたいのか、明確なヴィジョンをもっているのは 5 人に 1 人だけなのである[3]。

私の大学時代のルームメイトは、そのような人物の一人だった。彼は高校時代から何をしたいのか分かっていた――テレビ・ジャーナリストになることだ。二人でジャーナリズムの学位を取得して卒業後ほぼ 20 年たったいま、デビッド・ミューアは ABC ワールドニュースのアンカー[3]兼特派員である。報道が、我々が卒業してから大きく変化したことを踏まえ、我々の実用的な学位のどのような部分が現在でも彼の役に立つか聞いてみた――彼は米国内

---

2)　大学共同 IR プログラム（Cooperative Institutional Research Program, CIRP）：全米の学生調査プログラム。米国教育協議会（ACE）により 1966 年に開始され、1973 年からカリフォルニア大学ロサンゼルス校高等教育研究所（Higher Education Research Institute, UCLA）により実施される。1900 機関、学生 1500 万名、教員 30 万名のデータを擁する。この CIRP に倣い、日本においても、複数大学が共同して学生調査を行う JCIRP が実施されている。

3)　アンカー：ニュース番組の責任者兼キャスター

の大統領キャンペーンをカバーしたかと思うと、世界中を飛び回り、中東の最新の出来事をレポートしたりしているのだ。彼日く、あの当時技術を習得することに重点のあった講義は、もう役に立たないとのことだ（なんといっても我々はビデオテープとオープンリール式のオーディオを使っていたのだ）。「今役に立っているのは、それ以外の授業だ——クリティカル・シンキング、公共政策を疑うこと、主張を形成すること、我々が習ったことを、世界がどこに向かっているのかという、より広い文脈で理解するための議論などだ」とミューアは語る。「我々は現在、注意力欠如の文化にある。このため一歩引いて、課題を分解し、時間をかけて吟味し、それについて執筆できることが優位になるのだ」。

　その場合、大学における専攻は関係あるのだろうか？それほどではない、と彼は語る。彼の職場にはジャーナリズムの学位を取得していない人が数多くいる。彼らの共通点は、「我々が自分の興味をもったことを専攻した、ということである。好奇心や新しいものを吸収するという姿勢の方が、学位そのものより大事である」。

　これは雇用者がどの調査においても、将来の職業人のもつべき資質について言うことである。採用担当者は常に、近年の大学卒業生が対人関係力、問題解決力、効果的なライティングおよび口頭でのコミュニケーションスキル、チームで働くこと、批判的かつ分析的思考に欠けることを嘆く。問題に対して新しい解決法を見いだすことができたり、最も肝要な部分を抽出できるように、情報をより良く整理できたりする学位取得者が、将来的には職場では必要だと雇用者は言う。

　どの大学学位がこれらのスキルを身につけるのに最適なのか？この問いかけは、実利的な専攻の擁護者と、流動的な時代においてリベラル・アーツの学位が最大の保険であると主張する人々との間で、白熱した議論を巻き起こした。雇用者は両者でほぼ二分される。ある調査において、採用担当者の45％は職場のために特別に準備する教育を受けた学生を好むとし、55％は幅広い教育を好むとした[4]。

　「理想的には両者とも欲しいのだ」とリチャード・アラムは語る。アラムは、

学生の半数近くが大学の初めの2年間で、クリティカル・シンキングのスキルを改善できていないということを発見した、第2章で紹介した『学業的漂流』の共著者の一人である。アラムによると、専攻以上に、その専攻でどの程度学習したかの方が効く、という。たとえば、数学や科学の専攻では、授業であまり読んだり書いたりしないが、彼らは大学生活の時間の多くを研究に費やすため、クリティカル・シンキングの力を獲得する」とアラムは語る。「真剣に取り組んでいれば大丈夫である」。

科目は関係ない。認知的能力は関係ある

　認知科学者であり人工知能の理論家であるロジャー・シャンクは、教育において何を改革すべきかを語らせると、熱のこもった説教師になる。彼はイエール大学と北西部の大学で教鞭をとっていたことがあり、現在では、企業や学校に対して学習ツールを構築する企業であるソクラティック・アーツ社を経営している。彼に初めてジョージア工科大学の「21世紀大学のためのセンター」（新しい高等教育モデルを実験するラボ）で会ったとき、彼は私に二次方程式を知っているか聞いた。勿論知らない。だから私はジャーナリズムを専攻したのだ。難しい数学は要らないしね、と私は答えた。この質問は会う人、誰にでもするのだ、と彼は言った。しかし、誰も答えを言えないのだ——カレッジボードの前会長であるガストン・ケーパートンも含めてね。「SATで、これらの役に立たない事項を全て暗記させられるくせにね」とシャンクは言った。

　シャンクは、大学の構造全体が間違って設計されていると私に説明しながら、いきり立ってきた。大学は教員の研究関心と彼らが何を教えたいかに沿って設置されていて、学生がどのように学習をしなくてはいけないかという視点に基づいていない。自分が大学運営をするのであれば、学科、専攻、そして科目までも全てなくす。科目は関係ないのだ。認知的能力は関係ある、と彼は語る。

　彼の著書『思考を教育する（Teaching Minds）』においてシャンクは、人工

知能の研究において、コンピュータに事実をたくさん記憶させても、機械を利口にすることもできなければ、やってもらいたいことも出来るようにならなかった、と説明している。学生においても同様である。事実をたくさん記憶させると試験は通るかもしれないが、ある問題の原因を突き止めたり、正確な予測をしたりすることが出来るようにはならない。「人に何かを教えようとするとき、彼らがより良く思考できるようになるために我々が何をすべきか、理解したいと思う」とシャンクは記している[5]。

　従来からの専攻に対してシャンクは、4年間の大学教育を二期に分けることを提案している。初めの2年間は彼の言うところの「学習の基礎となる12の認知プロセス」（予想、モデリング、企画、交渉、チームワークなど）を教える。後半の2年間は特定の内容に関する教育である。大学の学科を廃止すべき、とするのは彼だけでない。コロンビア大学の宗教学教授であるマーク・テイラーは、現在の学科を、問題に即した学科編成に変えることを提案する。「探求課題を位置づけることのできる、幅広いトピックスが想定できる——精神、肉体、法、情報、ネットワーク、言語、空間、時間、メディア、お金、生命、そして水」[6]。

　もしかしたらいつかある日、専攻や学科を廃止する大学が増えるかもしれない。それまでは、ほぼ全てのキャンパスにおいて学生は、学習する分野を決めなければならない。いくつかの産業においては、専攻分野が職に直結する（たとえば工学だ）。しかし多くの場合、雇用者や教育者と話してみて、彼らが就労者に最も求めるのは、学び方を学ぶ能力である。言い換えると、今日問うても想像もつかない、将来的な問題に対して回答を見つけることのできる能力である。

　経済は急速に変化している。2010年において最もニーズの高い上位10の職は2004年には存在しなかった。将来に役に立つ専攻を勧めるのではなく——そのようなことをしても、この本を皆が読むころには、それは廃れかけているだろう——、将来の労働において成功するために、必要なスキルを開発するのに役立つ4つの活動を以下に挙げた。このような活動に学生が焦点を合わせるのならば、専攻はあまり関係なくなる。

熱心な教員メンターを探そう

　専攻選びにおいて多くの学生が情熱や好奇心を挙げたが、ジョージタウン大学の何名かの学部生は、違う理由を挙げてくれた。教員である。「RateMyProfessor でトップの教員をみて、その教員の科目を登録します」とあるジョージタウン大学の学生が語った。「チャレンジを受けたいのです。研究より学生を大事に思う教授がいいのです」。最もきつい科目を選ぶ、という意味で彼女は他のクラスメートと違っているだろうが、ジョージタウン大学のほぼどの学生も、自分の学部時代において影響を受けた教員の名前を挙げてくれた。教員と学生間のメンター的関係は、オンライン教育プロバイダに対して伝統的大学が有する、大きな利点である。オンライン教育において学生は、インストラクターと意味のある会話を一度も交わさない可能性もある。しかし伝統的な大学におけるこのような利点は徐々に消えつつある——教室外で学生と時間を掛けて関わることのできない、パートタイムの非常勤講師の比率が拡大しているからである。

　大講義室で無名の存在となりがちな大学において、初年次に熱心で、密に関わってくれる教員を見つけることは絶対的に大事である。インディアナ大学の名誉教授ジョージ・クーは、初年次に最低一人、そのような教員と知り合うことができると、大学においてより多くを得るチャンス（学位を含む）が拡大するという。クーは高等教育における「ハイ・インパクト実践[4]」について多く執筆しており、学生が大学入学時に持ってくる土台の上に高等教育を築くことが究極的には成功に繋がる、と繰り返している。彼は、教授との関係性を含むこれらの活動に、学生が十分に参加していないと主張する。新入生の 5 人中約 2 名は「読書したことや、授業において得たアイディアについて、教員と教室外で話したことがない」とする。残りの 5 人中 3 名の新入生は、授業以外で教員と関わることはない、と言っている。

　4）　ハイ・インパクト実践（high-impact practices, HIP）：学生の関与（エンゲージメント）を高め効果的学習につなげるための 10 の教育手法［初年次ゼミ、共通知的経験、ラーニング・コミュニティ、集中的ライティング、協働学習、学部研究、多様性／グローバル学習、コミュニティベースド学習、インターンシップ、卒業制作］。全米大学協会（AAC&U）が推進する「リベラル教育と米国の未来（Liberal Education and America's Promise, LEAP）」において提唱されている。

これは全米学生エンゲージメント調査（NSSE）による。毎年、数百の大学の何万人もの学生が、この15分の調査を受けている。この調査は大学における経験に関連する質問をしている——他の学生とどの程度協働作業をするか、教室外の活動に参加するか、そして学習も含めたこれらにおいて、どの程度熱心に活動するか。質問は、クーの高インパクト活動に関連して設計されている。

この調査は、家族が大学選びにおいて参考となる情報をまさに提供している。調査結果が見つけられることを期待する。個々の大学の調査結果は公表されていないが、一部の大学は結果を色々な形で共有している。

そうであったとしても、この調査とその質問項目は、特定の大学にいく価値を見定めるのに必要なロードマップとなる。大学ツアーのときに質問するためのハンドブックをダウンロードすることも可能だ——教員との研究プロジェクトに参加する学生は何名か？自分の学業のパフォーマンスについて即座にフィードバックを得られるか？自分のキャリアについて学生は、アドバイザーあるいは教員とどの程度相談する機会があるか？

「深い学びをする学生」が、キャンパスにおいて最も参加度の高い学生であるとクーは語る。つまり、教室で単にノートを取るのではなく、自身の知的探求を能動的に行う参加者である。アクティブ・ラーニングの重要な尺度の一つが「課題に取り組む時間」である、とクーは語る。言い換えると、アラムが提案したように、厳しさが違いを生み出す。同様に深いアクティブ・ラーニングを要求する、未来のスキル開発につながる残り二つの活動は、学部における研究活動とスタディ・アブロードである。

研究プロジェクトに没頭しよう

「私は単なる学生ではない気がするのです」とハイディ・クライズは語る。「私は自分の研究分野に何かを付加した者なのです」。

クライズは自分が完成したばかりの研究プロジェクトについて説明しているのである。第二次世界大戦において比較的隠れた形で活動していた、第

186 第Ⅲ部 未来

15 陸軍航空隊に関する歴史的物語である。イタリアを本拠とするその連隊は、東欧に何十もの爆撃奇襲を行った。クライズの 91 歳の祖父はこの部隊の一員であり、彼女のプロジェクトの主要な情報源となった。彼女はジョージア州にある空軍博物館で数日、手紙や雑誌、その他の文書のアーカイブをじっくり吟味するための助成も得た。「その時代に深くもぐりこみ、それを私の書き物のなかで生き返らせることができたのです」とクライズは語る。

クライズは歴史学の卒業生ではない。彼女はオハイオ州ウースター大学の学士号を得たばかりである。彼女の論文は、ウースター大学の学生が卒業前に完成させなければいけない、学部研究[5]プロジェクトの一部である。研究は四年次に行われる。学生は毎週一対一で 1 時間、指導教員と会い、研究の焦点の合わせ方や教えてもらったり、疑問に答えてもらったり、ドラフトにフィードバックを得たりする。春学期の終盤に、学生は委員会において卒論発表を行う。「このような形で教授と関わり合えたのは、とても素晴らしかったです」とクライズは語る。「会話は全て、私の研究についてでした。学生の研究についてであり、教授の研究についてではなかったのです」。

クライズの指導教員は、ハイデン・シリングであった。彼はウースター大学で 50 年近く教鞭を担っている。この研究経験は多くの学生の学部時代を形作る、と彼は語る。「これは人生の節目となる行事です」とシリングは語る。「とても濃密なのです。これを通じて彼らは自分が出来ること、出来ないことなど、自分について多くのことを学ぶのです。また多くの学生が、自身が学んだ内容について驚いていると私は思います」。

ウースター大学の教員は初年次から学生に多くの作文をさせたり研究課題を与えたりすることで、この研究に向けて彼らの準備をする。結果としてその卒論は、「学生が雇用者や大学院に持って行き、彼らが執筆できること、論旨を展開できること、うまくできることを示す証明となるのです」とシリングは語る。

---

5)　学部研究（undergraduate research）：学部生に行わせる研究活動。近年、その重要性が認識され、米国の多くの大学で導入されている。カーネギー教育振興財団からの通称「ボイヤー報告書」(Boyer Commission on Educating Undergraduates in the Research University (Carnegie Foundation for the Advancement of Teaching), Reinventing Undergraduate Education : A Blueprint for America's Research Universities, 1998) がその動き拡大に大きな影響を及ぼした。

学部時代に研究を行うのは新しいことではない。学生が研究室において教授や大学院生とチームで働き、発見を論文として公表できる理系では、以前からその価値が認識されてきた。新しいのは、その考え方がほぼ全ての学問分野に拡がったことである。3分の1近くの四年制大学がなんらかの卒業プロジェクトを行う。約3000名の学生は毎年開催される「学部生研究の全米大会（National Conference on Undergraduate Research）」で発表する——1987年の第一回大会のときは数百名のみであった。

　長年の研究によると、学部時代の研究活動は批判的思考を触発し、講義で習ったことをより良く理解する機会を与え、答えのない状況において働く力を与え、達成感を与える。「すごい成長があるようである」とグリネル・カレッジの心理学教授であり、学部時代の研究活動について研究をしたデイビッド・ロパットは語る。「より自立して働くことができるようになった、と学生は語っています。仕事における障害に以前より耐えることができるようになった、と感じています。彼らは挑戦に立ち向かえる、と感じているのです」[7]。

自分を変えてくれるグローバルな経験をしに行こう

　ロニー・ウィンバリーは2012年春に3週間半エジプトに行くまで、一度も飛行機に乗ったことがなかった。彼はデューク大学の一年生で、イラクの難民をインタビューする学生グループの一人であった。帰国後、学生達はインタビューに基づき記事を書き、難民の身の上話についての語りを、3分程度の短い一人芝居として行った。この経験をきっかけとしてウィンバリーは次の夏はジュネーブに滞在し、経済学とビジネスの二科目を取った。

　海外に行くと「異なる文化があるということの深さと広さを学ぶ」とウィンバリーは語る。「物事を、授業における単なる理論としてではなく、肌身で感じる」。

　20年前の三倍にも当たる、毎年27万人以上のアメリカ人が海外で学ぶが、これは未だにアメリカの全学部生のごく少数にすぎない。スタディ・アブロードは今まで、ヨーロッパの裕福な家庭の子が一学期間のんびり過ごすために

188 第Ⅲ部 未来

すること、とみなされていた。最近では海外の大学で学ぶことが、グローバ
ルな労働市場で役に立つということが認識されてきている。これは学生の渡
航先の国からも顕著に分かる。渡航先上位 25 カ国のうち 14 カ国はヨーロッ
パ以外で、渡航する学生の多い順に、インド、ブラジル、イスラエル、ニュー
ジーランドである [8]。海外に渡航した者は、自分の人生を変えるような経験
であった、と感じる場合が多い。ある卒業生調査において海外における経験
は、交友関係や受講科目を抜いて、学部時代の最も重要な側面であることが
示された [9]。

　他方、スタディ・アブロードを阻む最大の障壁は、経済的問題である。デュー
ク大学では、同大学の経済的支援のおかげで、学部生の約半数が卒業までに
海外に行く。ローレン・ヘンドリックスの初渡航は、デューク大学が負担した。
公共政策専攻である彼女は一年次が終わった後の夏を、南アフリカで過ごし
た。ケープタウンで彼女はある NPO のために、新しい国の医療サービスの
プランについての調査を行った。1 年後、彼女はイタリアで一学期間、授業
を受けた。このときに最も勉強になったのは、グローバルな課題について幅
広い視野を得たことである。「イタリアあるいは EU の視点から見る機会を
得て、問題が突然、全く異なって見えてきたのです」と彼女は語る。「国家
間がどれだけ密接に関係しあっていて、国際的なスケールにおいて政策がど
れだけ複雑になりうるかが、急に見えるようになったのです」。

クリエイティブになろう。リスクを取れ。失敗することを学ぼう

　アメリカの州立の学校や大学は、試験対策的な授業展開が得意で、学生は
それに慣れている。コロンビア大学の前プロボストで、同大学ロースクール
の教授であるジョナサン・コールは、彼の教えた最も優秀な学生ですら、自
分たちが A を取った「憲法学」の授業で学んだ事例の内容を思い出せない
と言う。これは一部にはテストの点を重視しすぎる入試により、「一次元的
な学生」ばかりが入学しているからであるという。彼の論では、キャンパス
内の最も優秀な人々がアドミッションに協力し、もっと面白い学生の入学に

努めるべきだという。

　多くのアカデミアは、学生がクリエイティブである能力を失った、と感じている——やることにより学ぶこと、失敗を通じて学ぶこと、単に楽しむことから学ぶこと。「私の時代の幼稚園は本当に、何かをすることができた。今日と全く違う」とアラン・ケイはジョージア工科大学のパネル・ディスカッションで嘆いた。「現在ではそれは大学院だ」。ケイはビューポインツ研究所という、「パワフルなアイディアを育む教育」を改善する非営利団体を運営する、コンピュータ科学者である。

　我々の教育システムの欠陥は、職場にも及びつつある。社員が創造的でなくなりつつあることを懸念して、ミスや疑わしいリスクを報奨することを通じて、独創的な考え方を奨励する企業が一部に出てきた[10]。企業がどこの優秀な人材にもリーチアウトできる、密に結びついた世界において、優秀であるというだけでは通用しない。将来、大学が自身の存在意義を示すには、学生が創造的活動をしたり、試行したり、またたまには罰せられることなく失敗できる学習空間を用意する必要があるだろう。

　これは数年前、ダニエル・H・ピンクが、ある高等教育関係の会議において、数百の大学長にあてたメッセージであった。ピンクは『ハイ・コンセプト——「新しいこと」を考え出す人の時代（A Whole New Mind）』というベストセラーの著者である。彼が大学長にあてた主要メッセージは次のものであった。経済も社会も、論理的、線形的、コンピュータのような左脳の時代から、大きな構図で物事を捉える右脳の方がより重要である、概念的な時代に移行しつつある。

　このメッセージははじめ、理数科教育に対する警告のように、一部の聴衆には受け取られた。そのようなつもりはなかった、とピンクは語る。実際、「理数科教育が機械的なルーチンの学問であるという考え方は、この国において今日最も危険な考え方である」と彼は語る。「理数科教育によって、子ども達が正解のみをはき出す自動販売機になるという考え方は、本当に危険である」。彼はマウントサイナイ医科大学の医学部生のグループが美術館を訪問している写真を見せてくれた。遠足ではなく、診断のトレーニングの一環と

してである。「ある種の診療はルーチンのアプローチでは対処できない。今日、医学においては学ぶべき事項が極めて多く、正しい答えに到達するのには、正しい質問ができなくてはいけない、ということを意味する」とピンクは語る。「優れた医師は、画家や彫刻家と同様の観察眼を有する」。

　ピンクはニューエコノミーにおいて最も重要と考えられる6つの能力について語った。最も感銘を受けたのは「シンフォニー（交響曲）」と彼が表現したものであった。彼はこれを最重要事項と語った。優秀なリーダーは関心が集中している、と一般に考えられている。「しかしその反対の能力、つまり一歩引いて大きな構図から物事をみて、点を線に繋げられる能力の方が重要である」。ダニエル・ゴールマンが行った研究において、数十の組織のリーダーを対象に、一連のテストがなされた。これらリーダーがその他の人々と認知的能力において異なったのは、パターン認識であった。これらリーダーは大きな構図で考える能力を有しており、多くの情報のなかから意味あるトレンドを読み取り、戦略的に考えることができた。

　大学やカレッジは、学生がこうした能力開発ができるように支援する必要がある。そうしないと、卒業生はルーチンの仕事しかできない人材となってしまう。こうした人材は試験には強いかもしれないが、ルーチンの仕事が自動化されアウトソーシングされたときに、労働市場で使い物にならなくなる。

　21世紀に成功するために必要な能力は、算数、幾何学、文法、レトリックが求められる古典的なリベラルアーツへの逆行のように見えるかもしれない。実際、米国が幅広い教育から狭い実用的なメジャーに移行しつつあるのに対して、多くのアジア諸国は、試験に強いだけの人材を輩出しすぎているという懸念から、まさに逆の方向に移行しつつある。私はレポーターとして何度も、学生と大学が、幅広い知識と特定の領域における深い研究といった、よりバランスの取れた学位を得る必要があると聞いた。雇用者はこのように主張するが、しかし彼らの採用行動は、この目標からは外れている可能性がある。

産業界のリーダーはリベラルアーツの価値を認める

2000年代の大部分、サミュエル・パルミザノとA.G.ラフリーは、米国のビッグネーム企業のうちの2社を率いてきた。IBMとプロクター・アンド・ギャンブル（P&G）である。両者とも、就職開始からそれぞれの企業に入社し、キャリアを築いてきた。彼らが最高経営責任者（CEO）になった頃には、米国の象徴的な企業であった両社とも抜本的改革が必要になっていた。ラフリー指揮のもと、P&Gはより革新的な企業となり、売り上げを倍増させた。IBMにおいてパルミザノはパーソナルコンピュータの事業部門をとりやめ、企業と政府にサービスを提供することに事業を絞り、利益は膨れあがった。両者とも、これ以外にも共通点がある——両者ともリベラルアーツの学位を大学で得ていることである。

パルミザノもラフリーも、彼らの偉業が彼らの学部教育のおかげであるとする。引退した現在、彼らはリベラルアーツの内在的強みが職場にもたらす、創造力、問題解決、柔軟性、チームワークが最重要である、と頻繁に語る。リベラルアーツでは、「自分の脳の全てを鍛錬することになる」とハミルトン・カレッジを歴史学の学位で卒業したラフリーは語る。「サイエンスの科目では帰納的に推論（inductive）することを学び、哲学と人文学の科目の一部では演繹的に推論（deductive）することを学び、デザインでは仮説的に推論（abductive）することを学ぶ。探求ということを理解し、アドボカシー（見解の主張）を理解するようになる」[11]。

パルミザノは、大学卒業生が特定の学問領域において「深いスキル」が必要である、との立場は崩さない。ただし、その特定の領域における深みは、他の知識によって補完されなければならないとする。「どの分野において専門的知見を有していようが、それとは反対の領域でバランスを取る必要がある」とジョンズ・ホプキンス大学で行動社会科学を専攻したパルミザノは語る。「数学と理学、又は工学で専門性を有しているのであれば、人文学でバランスをとる必要がある。なぜなら、多様性の最たる状況にある、多文化のグローバルな環境で仕事をする必要があるからである。全ての宗教、全ての

192 第Ⅲ部 未来

文化、全ての言語が関わってくる。IBM は 170 カ国に展開しており、社員は特定の領域において深さと優秀さを併せ持つと同時に、文化的な問題について耳を傾け、理解し、それを踏まえた対応ができることを証明できなければいけない。しかし特定の分野で深さと優秀さを持っていなかった場合、競争に大変な思いをするだろう」[12]。

パルミザノやラフリーにとって、リベラルアーツの学位を有する人材を雇用すべき、と言うのは簡単である。IBM や P&G は社内研修で有名である。優秀な大学卒業生を採用し、徒弟訓練をさせればよい。何を専攻したかは、さほど問題ではない。しかし多くの企業は IBM や P&G のようには対応できない。社内研修はほぼ消滅し、それと同時に、その社内研修プログラムに最優秀な候補を配置するリクルーターも消えた、とピーター・カペッリは語る。

カペッリはペンシルバニア大学ウォートン・スクールの教授で、『なぜ優秀な人材が職に就けないか（Why Good People Can't Get Jobs）』の著者である。企業の CEO が幅広い教育を基礎として受けた人材が欲しいと言っていても、彼らは概ね採用プロセスからは外れている。今日、採用の現場で働くのはよりレベルの低いマネージャーであり、即戦力となる人材で職のポストを埋めたがっている。「採用担当マネージャーの偏った見方が反映されてしまう」と彼は語る。「修士号取得の人材が必要と思えば、それを採用条件としてしまう。リベラルアーツの卒業生を鍛えるのには時間がかかりすぎると思えば、その応募書類は脇に追いやられてしまう。仕事に本当に必要なのは何かというエビデンスもなく、である」。

リクルーターも、自動化されたソフトにより人の目から離れたスクリーニング済みの人材プールから、仕事を開始する。特定のキーワードで応募書類と履歴書がフィルタリングされているのである。「これらソフトは、人の優れた判断を真似ようとする」とカペッリは語る。問題は、「これらコンピュータ・システムがあまり柔軟ではないということである。これらソフトは判断をしない。プログラムに書き込んでやらない限り、当該人材がどのような仕事能力や経験を有しているかを、これらソフトはイメージできないのだ」。

システム一つ一つの要求がハードルであると想像してほしい、とカペッリ

は語る。学位が要求されている場合、それを有していない応募者は、それ以外の証明書や経験を有していたとしても、排除される。これらシステムはとりわけ、特別で実務的な専攻分野を好む――キーワードとして登録されているような内容のものである。「あなたが今もし学生であったならば、このゲームに付き合い、システムの特性をくぐり抜けて、第一関門を通過しなくてはならない」とカペッリは語る。「リスク・マネジメントのゲームのようなものだ」。

　大学はつい最近まで、新卒業生をキャリアに送り出す支援の必要性を感じていなかった。多くの場合、毎年同じようなつまらないゲームが繰り返されている――キャンパスの隅に追いやられたキャリア・オフィス、就職フェア、企業からのリクルーターの訪問、卒業式半年後ぐらいの、それほど多くの人は回答しない卒業生調査（だからといって、大学が驚くほど高い就職率を公表することの妨げとはなっていないのだが。しかし、公にはしていないものの、この数字はスターバックスで販売スタッフとなる卒業生も含んでいる）。

　経済が灰色で沈滞し、授業料が高騰しつづける今の時代、これから大学に入学する学生やその両親は、大学が実世界への移行をどのように支援してくれるかを、より細かく見るようになっている。キャンパスツアーの傍ら、バラ色の就職について語った年月は過ぎた。大学はより厳密な数字を積み上げるか、この厳しい経済における卒業生のキャリアを、より支援する必要がある。

　「あまりにも多くの学生が卒業後、離陸するのに苦戦している」と、アパレルのコングロマリットである VF コーポレーションの会長兼最高経営責任者であるエリック・C・ワイズマンは語る [13]。彼は、キャリア・サービス部門だけでなく教員も含めた大学の構成員全員が、自分たちの最終成果物、つまり同大学で教育を受けた学生に対して責任を持つべきとする。

　このような領域において先進的な大学は、入学者数を拡大するために過去 10 年、あらゆる専門職領域において新たな専攻を形成してきた大学である、と思うかもしれない。実際、これらは主に、職業の専攻を要望する市場の要求に応えてきた大学である。しかし、卒業生が仕事にありつくのにあたり、際だって革新的なアプローチをとっているのは、学生の就職準備をする

194 第Ⅲ部 未来

といったコンセプトに違和感を持ち続けていたセクターからきた──リベラルアーツ・カレッジである。

フランクリン＆マーシャルカレッジを見てみよう。比較的最近学長となったダン・ポルターフィールドは、キャリア開発が、学生を卒業後の人生に向けて準備する「全体的学習アプローチ」の一部でなければいけない、と主張する。そしてより重要なのは、同大学の大学教育を、卒業後5年間を含めたものとみなす。大学入学前の年、学部生時代の4年間、卒業後の5年間を総称して彼は、大学の10年間の「インパクト・ゾーン」と呼ぶ。「20代は、人間が大きく成長する時期である」と彼は語る。「我々の仕事は大学生の卒業では終わらない」。このため彼は大学にシニアのポジションを新設し、学部生および新卒業生向けに、借金の管理などのライフ・スキルや、紛争解決などのソフト・スキルを学べるプログラムを提供しだした。

ノースカロライナ州デビッドソン・カレッジのキャロル・E・クイレン学長は、ニューヨークで成功している卒業生のグループから、卒業3年後のデビッドソンの卒業生は採用する可能性があるが、卒業1年後では採用しないと聞き、驚いていた。曰く、新卒の学生は、「労働市場に出て行く前に、大学で身につけているとされている資質を試すために」仕事の実世界に晒される必要がある。ティーチ・フォー・アメリカ[6]のモデルに従い、この大学では学生が卒業後1年間、スキル開発のために、非営利団体においてリーダーとともに働くか、戦略的なプロジェクトで働けるようにした。こうしたポジションについては、大学も一部費用を負担している。

ミネソタ州のセントオラフ・カレッジでは、近年の卒業生について、おそらくもっとも包括的な就職先と給与の一覧を作成している。このデータベースで、最終章に紹介するような投資対効果の側面を示すだけでなく、学生が英文学や経済学などの学位で、どのようなキャリアが形成できるかを示す。フランクリン＆マーシャルカレッジでは、専攻を決める二年次の学生が、同じ分野を卒業し、既に働いている卒業生と話しができる夕食会を毎年開催し、

---

[6] ティーチ・フォー・アメリカ（Teach for America）：米国の教育NPO。米国一流大学の卒業生を卒業後2年間、教育免許の有無に関わらず、各地の学校に教諭として派遣するプログラムを実施。

類似の目的を達成しようとしている。

　これらの取り組みが示すのは、知識を如何に獲得するかに比べて、専攻分野は重要ではない、ということである。知識を獲得する最も良い方法は、幅広い分野の知識に晒されながら、単一のテーマの課題について深く、時間をかけて、関わることである。学位と同様、大学の高い授業料により、専攻分野は単に目的を達成するための手段となってしまった。多くの場合、大学は一連のリストをチェックするだけのためのものとなっている——単位を取得し、経験を獲得し、専攻分野を決めるということである。必要なスキルや知識を獲得することは多くの場合、後回しである。ヴァンダービルト大学の研究者であるピットは、理系分野と文系分野の専攻を組み合わせる学生が、文系分野を楽しみの分野、理系分野を両親からのプレッシャーのためにとった実用的な分野、と表現することを発見した。

　大学に進学し、専攻分野を決めるということは本来、熟考と計画に基づいた決定に基づくべきである。学生は、「単にそのように周りから期待されているから」だけでなく、どうして大学に進学するのか、どうして特定の分野を専攻するのかを知っている必要がある。そうでないのであれば、一部の18歳の学生については、最終章で紹介するような、伝統的な大学以外の選択肢を、1，2年間程度経験する方が良い可能性がある。

10. なぜ大学か？

　世界で最も成功している三大テクノロジー企業の創始者はいずれも、同じ信用力が欠落している――誰も大学を卒業していないのである。

　フェイスブックのマーク・ザッカーバーグ、マイクロソフトのビル・ゲイツ、アップルのスティーブ・ジョブズは、学位なしで成功した大学中退者の例として、しばしば紹介される。こうした話に抜けているのは勿論、彼らが大学時代を如何に過ごし、そのキャンパスでの経験が彼らの最終的な成功にどのように役だったか、ということである。大学中退者による目覚ましい成功に関する逸話には圧倒されるが、そのように成功する確率は、高校のアスリートが NFL または NBA で活躍することを期待するのと同程度のものだ。

　大学進学不要論は 2011 年から開始し、以後続いている。2011 年の数ヶ月間、高校卒業生は大学進学をスキップした方がよいのではないかと新聞や雑誌、ウェブサイト、テレビのニュースなどが問題提起するのを見ないことはほぼなかった。

　そのようなカバレッジを生んだのは主に、ピーター・ティールによる。彼はペイパル[1]の共創始者の億万長者で、2011 年 3 月、大学を辞めてビジネスの夢を追いたい若者 20 名に 10 万ドルを提供するとアナウンスした。「我々の社会では大前提として、誰しもが大学に行かなければいけないとされている」と、高等教育の価格上昇を住宅やテク・バブルと比較したティールは語る。「何かが根本的におかしくなっていて、正さなくてはいけない状態になっているという考えが、驚くほど受け入れられるようになっているように思う」[1]。そして 4 月には、ジェームズ・アルトゥッシャーが執筆した『生きている最

---

1) ペイパル（PayPal）：電子メールアカウントとインターネットを利用した決済サービス。

もラッキーな人となる方法（How to Be the Luckiest Person Alive）』という新刊本が大ヒットとなる。これは「大学以外の8つの選択肢」という章を含んでいた。

アルトゥッシャーは翌月、私とともに、ナショナル・パブリック・ラジオで全国中継される、ダイアン・リームのショー（Diane Rehm Show）のゲストだった。彼が大学を「神話」と呼んで会話を開始したとき、これは長い1時間になると直感した。アルトゥッシャー自身はコーネル大学に行ったにもかかわらず、彼は「志、能力、目的志向のある若者はいずれも」即座にキャリアを開始した方が、5年先にキャリアを開始するのより良い、と聴衆に語った。（たとえば医師などの）学位を必要とするキャリアはどのように開始すればよいのかは、言及されずじまいであった。また、大学で提供される知的成長や、人間形成を必要とする高校卒業生が、それをどのように得られるかについても同様に、言及されなかった。

彼の主張は、私からみると筋の通らないものであった。彼は授業料に投資するより、最終的には得する、と子ども達を激励していた。しかし、生涯賃金と職に関わるいずれの統計をとっても、より教育を受ける必要を指し示している。私は事務所にもどって、伝統的な大学と、高校卒業後の教育のスタイルの必要性を擁護するブログを書いた。

そして私はこの本に向けてレポートを開始した。

その後の続く数年、私は勉学あるいは経済面、あるいは双方で苦しむ学生に会った。親の望みであるという以外、なぜ大学に行っているのか分からない学生もいた。大学学位取得以外のキャリアも調べだした。高校卒業後、大学進学前に一年空けた学生にも会った。大学に行くのを数年遅らせた大人にも会った。過去15年の高等教育ジャーナリストとして訪問した数十の大学キャンパスを思い返し、四年制大学に行くことが我々の文化に深く根を張っていて、それ以外のことをイメージするのが難しいということにも気がついた。

現在の大学のスタイルが誰にでも合う訳ではなく、また合うべきでもないのかもしれない、と思うようになった。

誤解しないで欲しい。私は高校卒業後の付加的な教育は絶対必須である、と考えている。二年制あるいは四年制大学のキャンパスは、教育を得る上での最高の場所である、と私は未だに思っている。問題は、相当数の学生が進学先の大学に合わないということである。欠落しているのは、伝統的な大学になじまない 18 歳のための、質の高い、教育の代替品である。他にどこにも行かせるところがないから、子ども達を大学に行かせているように感じる。大学は便利な、しかし高額な、デパートなのである。

「我々は学生が何をしたいのか、どのような関心を有しているのか、どのような領域であれば成功できるのかを考えることなく、彼らをこの細いパイプラインの中に押し込んでいるのです」とキャリア教育協会（ACTE）のジャネット・ブレイ理事は語る。「何をしたいのかも分からず、学位取得時点でスキルも身につけていなければ、彼らは多くの点で借金を抱え込んでいるのです。教育を受けすぎているのです。1，2 年の資格取得プログラムでより早く仕事にありつけるところを、彼らは四年制学位を有しているのです。どの家庭も、何をしたいのか分からないまま、大学を卒業した人を抱えているのです」。

高校卒業後の教育には四年制大学しかない、という考え方にしがみつくことによって、我々は多くのアメリカ市民を、国の経済成長に関わることから閉め出している、というのが真実である。1970 年、高校以下の卒業生 10 名のうち 7 名は中流階級であった。今日、その数は 4 名である。ますます多くの職が中等教育以上の訓練を要しており、2020 年には職の 3 分の 2 がなんらかの高等教育を必要とするだろう[2]。

高校卒業後の教育のあり方について、拡大した発想が必要である。OJT や徒弟訓練、分野横断的な科目の学習との連携、そして高度に構造化された高校の教育から自由な学びの場となる大学への移行を円滑にする、大学入学前の体験などが、これに含まれるべきである。

大学の学位取得とは異なる道を選んだペドロ・マルダナドを取ってみよう。ニューヨークで育った彼は、高校の職業プログラムに進んでおり、大学には進学しないと決めていた。そこで彼は、全米 72 の高校のネットワークを運

営しながら、学生の必要や関心に応じたカリキュラムとコミュニティにおけるインターンシップを提供する、デニス・リトキーと繋った。リトキーは「伝統的アメリカの工場型教育」を軽蔑しており、この高校段階のモデルを大学レベルで展開しつつあった。リトキーはすでに、自身の出身地であるロードアイランド州プロビデンスにあるロジャーウィリアムズ大学とモデル導入の契約をしていた。その直後、サザン・ニューハンプシャー大学も同モデルを採用した。

　そこで私はマルダナドを発見した。といっても彼は教室以上に、キャンパス外の実世界で働いている時間の方が長かった。ニューハンプシャー州マンチェスターで彼を訪問したとき、彼は州の教育省のインターンで、リサーチ・ペーパーの執筆支援とともに、長官代理のアシスタントとして、学生サミットのコーディネートをしていた。「自分の想いに従って、その方向のことをしているのです」と彼は語った。3年間のプログラム修了後、彼は学士号とともにおそらく、多くの卒業生以上に、何をしたいのかが分かっているだろう。「このプログラムは私の関心を絞り、自分の選択に必要な情報を与えることに重きをおいているため、修了後私はキャリア準備が整っているでしょう」。

　高等教育の定義を拡大するにあたり、ジョージタウンのエコノミストであるアンソニー・カーネベルの言う「中ぐらいの職（middle jobs）」により注意を払うべきである。これらは学士号を必要としないが、中流階級の給与を供給する職のことである。米国の中流階級の半数近くはこうした「中ぐらいの職」に就いている。企業執行部がポストを埋めることに苦慮するのは、工学やデザイン、技術系の最高級のポストではなく、こうしたポストである。「エリート大学卒の卒業生は、確実に確保することができる」とユナイテッド・テクノロジーズのトーマス・ボウラーシニア副社長は語る。「それは問題ない。それより気になるのは、残りの半分の労働力である」。

　結果として一部の企業は、高等教育システムを完全に迂回して、社員教育を自ら担うようになっている。ミズーリ州の郊外にあるメイコンでは、オンショア・アウトソーシングという名の企業が、通常ではインドか中国に仕事

200　第Ⅲ部　未来

を外注してしまうフォーチュン 500[2]の企業に対して、ソフトウェア開発からアプリケーション・サポートに及ぶ技術サービスを提供しており、そのための社員教育をしている。従業員 150 名のうち約 8 割は、その気がなかったか、経済的に難しくて大学に進学しなかった人たちである。オンショア社のチャック・ルジェーロ社長は、「これら能力以下の仕事に従事している人々（underemployed worker）」を特にターゲットしていると言う。オンショア社での平均給与は 3 万ドルで、これは近距離に良い仕事が少ないミズーリ州のこの地域では、安定した給与である。しかし、実際に雇用してもらうまでのプロセスは厳しいものである。200 名にも上る初めの応募者は、一連のインタビューやテストにより、30 名程度に絞り込まれる。そのうち 15 名は、講義ではなく、問題解決型の科目を配した 8 - 12 週間の集中キャンプに送り込まれる。「彼らを島に送り込んで、問題を与えるという発想です」とルジェーロは語る。「結局のところ、それが実世界で求められることですから」。

　ビル・アレンズは、コンピュータ・プログラムを開発することを通じて、そうした実世界で働きたいと思っていた。高校卒業後、彼はメイコンから南へ 30 分ほど離れた、モバリー・エリア・コミュニティ・カレッジに入学した。2 セメスター後、彼は 28 歳でドロップアウトした。彼の成績表は A だらけだったが、彼は授業に飽きていた。「私はこれらを自宅の地下室で 11 歳のときからしていたのです」と彼は語る。「授業は全く刺激がありませんでした」。講師の一人はオンショア社で働いており、ここに応募することを彼に勧めた。彼は、インタビューしたチームに強い印象を与え、集中キャンプなしですぐに働き出させてもらえた。現在、彼はオンショア社のクライアント企業の一つである電力会社の、サイバーセキュリティの関係の仕事をしている。

　アレンズは、キャリアで昇進できるよう、学位をいつかは取得しようと思っているが、現時点において彼は、コンピュータ・プログラミングの仕事を得たいという目標を達成したのだ。「学士号なしで企業で働くのは無理だ、と思い込んでいたのです」と彼は語る。「しかし、学位なしであっても実際には仕事はできる、ということを見せることで、仕事に繋げることができたの

2）　フォーチュン 500（Fortune500）：フォーチュン誌が毎年一回発行する、全米上位 500 社のランキング。

です」。オンショア社のルジェーロ社長は、社員教育が高等教育を代替するものではないことを認めている。彼も、従業員がいつかは大学に行くことを期待している——クライアント企業が「大卒の従業員を欲しているから」でもある。実際、同社は現在、オンショア社の社員研修が単位付与と学位につながるように、ある大学と交渉中である。

　ある意味、オンショア社のモデルは徒弟制の名残である。教育を受けた労働力の供給を大学やカレッジに委ねてしまったため、米国ではこのようなOJT は事実上消滅してしまった。米国内の 1200 万の製造業の職に対して徒弟制は 1.8 万人分しかない。徒弟制が復活すれば、多くの州でコミュニティ・カレッジシステムの過密状態が緩和され、学生はローンの負担が減り、雇用者は熟練労働者不足について不満を漏らすことは少なくなるだろう。学生にとって徒弟制は、あらゆる年齢層の者と働き、労働の成果を日常的に確認し、責任感を学ぶための、構造化された環境を与える。欧州の多くの国々は、高度に構造化された徒弟制プログラムを有しており、その結果として、学生が学校から職に移るにあたり、米国ほどの問題は生じていない。世界的経済不況以前、卒業後 6 ヶ月以内に職を得た若手はドイツでは 8 割を占めたのに対して、米国は約半数のみであった[3]。

　米国では大学は、軍隊に行く気のない若者が成熟するための場である、と事実上思われている。大学の授業料が高騰した理由の一つは、大学が、学生を成熟させるためのサービスを拡大する方向での圧力を常に家族や政府から受けている、と感じているためである。世界の多くの国々では、成熟するための経験は大学入学前に、社会奉仕や軍役などの義務により得られる。イギリスでは、旅行あるいは就労のために学生はギャップイヤーを取る。ハーバード大学は、大学入学前に 1 年間の猶予を取ることを学生に勧めた。そのようにすることによって学生は、「大学や学外の目標、大学で得ると思っていた無形の経験、彼らがギャップイヤー期間中にみた数多くのキャリアの可能性について、新たなヴィジョンをもって大学に入学してくる」とハーバード大学のアドミッション担当部長は、ニューヨーク・タイムズに記した。この記事は広く引用されている。

一方欧州では、大学入学前の一年休みは、経済的に恵まれた家庭の子息が欧州中をバックパックして渡り歩くための言い訳と見られてきた。たとえばアメリコー（AmeriCorps）（第8章のサム・シュマーダーを思い出してほしい）など、より組織的な他の選択肢も存在するが、子どもが大学に永遠に入学しないのではないか、と不安に思う家族をなだめるほどには、そのような機会は多くない。

エヴァン・バーフィールドは大学入学前、全米でトップレベルの高校とされている、ノーザンバージニアのトマス・ジェファーソン科学技術高校に在籍していた。1995年の卒業の1ヶ月前になって彼は、テュレーン大学の漕艇チームのメンバーとなることのできる、恵まれた奨学金の賞与を延期することとした。「僕は400名の頭の良い高校生と卒業し、399名は大学に行った。しかしなぜ大学に進学するのかが分かっていない奴らもいた」とバーフィールドは語る。

バーフィールドはその夏、その代わりに、いくつかのどうでもよい職を巡り回り、その後、同級生の親がソフト会社を開業するのに付き合った。その会社は一年のうちに100万ドルの投資を得た。彼は友人からの挑発にのってダートマス大学に応募し、受け入れられた。しかし目の前にビジネスの機会が開け、再び断った。最終的に高校卒業7年後の2002年に、彼は大学に入学した。「人間形成期に一歩後に引き、自分の人生と周りの世界を吟味することには意味がある。僕はそうしたかった」と彼は語る。彼はオックスフォード大学に行き、哲学、政治学と経済学で学位を得た。

彼が起業家として歩んできたルーツと密接に関わり続けている。別の技術系企業を設立し、スタートアップDC（StartupDC）の会長である。これは起業したい者にリソースや資金を提供する、国家プロジェクトの地域支部である。彼は出身高校の若い起業家たちのメンターでもある。彼はそこですでにスタートアップ企業の世話をしていた。その企業を設立した生徒達が彼と同様、大学に進学するのを延期した方が良いか、彼に聞いた。彼にはその選択は良かったが、他人にはそのようなことは勧めない、と彼は言う。大学への進学準備のできていない18歳人口も多いが、彼らは単に放浪することの準

備も出来ていない。

「大学への入学を全員に補助するかわりに、どうにもならない 18 歳の奴らの一部を引き受け、しっかりしたことをさせる国家的サービス・プログラムを創設したらどうだろう？」とバーフィールドは私に聞いた。我々は彼のオフィスの近くの「ザ・フォート（The Fort）」というところでランチを食べていた。ここは十数のスタートアップ企業が、オフィススペースとメンター、資金を共有する場所である。話しながら、どのようなプログラムが可能か構想してみた。ティーチ・フォー・アメリカ [3] やベンチャー・フォー・アメリカ [4] の高校卒業後版と考えてみたらどうだろう。両プログラムとも、トップ大学の大学生を一時期、学校やスタートアップ企業の仕事に就ける。これを高校卒業後に行うことで、大学への移行を円滑にすることができるかもしれない。米国に今欠ける、計画されたギャップイヤーとすることができる。「大学生が働くということがどういうことかを理解できないのは、毎週 20 時間勉強し、自分達の人生の管理を大学に任せているからだ」とバーフィールドは語る。「人生がどのようなものかについて、歪んだ見方しかできなくなる」。

教育による階層化

ワシントン DC にいる我々もおそらく、歪んだ見方をするようになっているのだろう。高等教育が個人の成功に果たす役割だけでなく、高等教育がコミュニティや市のサービス（city service）、小売店や飲食店の選択などのほぼ全てにおいて与えるインパクトについての見方も歪んでいると思われる。バーフィールドとランチをしていても、我々は大学学位取得者に囲まれている。タクシー・ドライバーですら学位を有している。この国の首都は、米国の都市部で最も教育水準の高い地域なのである。ワシントンの成人住民の半数以上が学位を有している。過去 40 年間、知識を基盤に経済を築き、その

---

3) 第 9 章脚注 6) 参照。
4) ベンチャー・フォー・アメリカ（Venture for America）：全米の優秀な人材をスタートアップ企業に送り込む NPO。大学卒業生を研修し、スタートアップ企業に送り込む。これら卒業生は 2 年間、これら企業の起業に関わり、自ら起業家としてのキャリアを歩む。

結果として繁栄した数少ないアメリカの都市の一つなのである。学位取得者が成人の 15％以下であった都市は、30％以上の都市に比べて 2012 年の平均失業率が 3 ポイントも高かった。

このため毎年 5 月、大学の学位授与式に続いて、新しく鋳造された卒業生が全国各地でほぼ同じような場所に向かうことになる——ニューヨーク、サン・フランシスコ、ボストン、レイリー、デンバー、シアトルなどである。未来予言者（futurist）のリチャード・フロリダはこうした大学卒業生の集中度を「富の移住（means migration）」と呼ぶ。1970 年、米国の成人学位取得率は 1970 年時点ではほぼ全ての都市部において、全国平均の前後 5％以内に納まっていた。今日、都市部の約半数しか、それに該当しない。

私の出身地であるペンシルバニア州のウィルクスバリを見てみよう。1970 年に、ウィルクスバリ／スクラントン地域の成人学位取得率はたったの 5.7％で、米国の 100 の都市部のなかで最も教育水準の低い地域であった。最下位の都市部はそれでも、当時の全米平均から 7％内にあった。大学学位を必要としない中間階級向けの職は豊富にあった。今日、嬉しいことにウィルクスバリは、学位取得者率の観点では最下位ではなくなった。成人住民の 2 割以上が四年制学位を取得している。これは 1970 年から 17％の伸びである。このような伸びにもかかわらず、学位取得者率の観点からみて、この都市部は全米平均より 10 ポイントも低く、トップの都市部との差は 1970 年のとき以上に開いている。つまり、ウィルクスバリのような都市部の地域が大学卒業生を獲得していても、大学卒業生をより急ピッチに引き込む地域からは遅れを取る、ということである[4]。

少数の都市部における、高い教育水準および高スキル人口の集中は、更にその集中を強め、これら都市部の成長のペースを加速し、高給などの付加的な便益も押し上げる、とフロリダは指摘する。給与格差は、（「ウォール街を占拠せよ」抗議運動で象徴されているように）富裕層と貧困層の間で開いているのみではない。地理的にも線が引かれるようになっているのだ。それも全て大学教育の有無に結びついている。

20 世紀の大部分、米国における大学を卒業した就労者の供給は需要を上

回り、学位取得者の給与とともに、学位を取得していない者の給与も引き上げた。1980年から、特に男性において、需要が供給を上回り、格差を拡大させた。ハーバードのエコノミスト、ローレンス・カッツとクラウディア・ゴルディンは『教育と技術のレース（The Race Between Education and Technology）』という著書において、大学卒業生比率のペースが1980年以後も過去数十年と同程度であったならば、大学学位取得者と高卒との間の給与格差は今日みるほど開いてはいなかったと主張する。満ち潮は全てのボートを高みに引き上げる。

　おそらく更に悩ましいのは、教育格差は連関性があることである。大学に進学すること、特に選抜性の高い大学に進学することは、年収と密接に関係している。年収9万ドル以上の家庭の子は24歳までに学士号を得るチャンスが2つに1つある。これが年収6－9万ドルの家庭においては、4分の1に下がる。3.5万ドル以下の家庭では17に1のチャンスしかない。高収入の家庭の子弟は、低収入の家庭より、選抜性の高い大学に入る確率が4倍高い（これが生涯年収の増大につながることは、第8章で説明した）[5]。教育は、幼稚園や小学校など、人生の最も初期に開始し、その質は年収に強く関係する。同級生の影響も、このような分離した様相に寄与している。大学に進学する子ども達に囲まれている子どもは、大学に進学する可能性がより高い。

　この格差の拡大は、どこに居住していたとしても、皆に関係する。国全体の人生の質に、そして最終的には限りあるドルを何に使うかに影響するからである——根本的には、未来に投資をできるか、健康状態や薬物乱用による教育の欠落に起因する問題への対処にお金を投げ捨てるかである。大学学位の価値を金換算する際に頻繁に見落とされているのは、高等教育が個人だけでなく、社会全体にもたらす利益であるということである。過去25年間、大学学位の影響に関わる数千の研究をとりまとめたオハイオ大学の政治学者マイケル・マンパーは、「大学がほぼ誰にとっても人生のターニング・ポイントとして寄与したこと。大学が、世界にどのように自分をフィットさせ、人生に意味を持たせることを学ぶ時間と場所であったこと」を発見した[6]。

　実際、ピュー研究所が大学卒業生を対象に行った調査によると、回答者の

4分の3が、知的に成長し、人間として成熟する上で、大学教育がとても役に立ったとしている。同じ調査によると、大学卒業生、特に大学院修了者は、高卒以上に仕事に満足しており、面白い仕事ができていると回答している[7]。どのような尺度を用いても、大学卒業生はより健康で長い人生を送り、より良い就労条件のもとで働いており、学校で良い成績を得る健康な子どもに恵まれ、文化や読書に関心を持ち、人の多様性により理解があり、市民としてもより活動的である。こうした属性は次の世代にも引き継がれる。

　過去50年間、一部の州はカリフォルニアと同様に、高等教育の力を借りて成長を牽引し、住民の生活の質を向上させた。カリフォルニア州は1960年に高等教育のマスタープランを採択し、タイムズの表紙に輝いた。この計画は、誰が州立大学への入学が保証されるべきかを明記するとともに、混沌としていた州立の大学を、明確に定義された3つの層に整理した。優秀な高校卒業生および研究機能はカリフォルニア大学、中間的な卒業生はカリフォルニア州立大学システム、残りは州のコミュニティ・カレッジに属する。この計画は賞賛を受け、多くの他州でも導入され、近年の財政上の問題で州が途方もない困難に見舞われるまで、極めてよく機能した。それでもカリフォルニアの州立の高等教育システムは全米一であり、どの州よりも州立の研究型大学が多い。20世紀末から21世紀頭にかけての多くの進歩がカリフォルニアから生まれ拡がったのは、偶然ではない。

　大学教育の価値を見いだすときに、我々はほぼ確実に、投資に照らした個人の便益を図る。授業料を負担するのは究極的には学生なのである。しかしより良い教育を受けた人口による便益が大きいことも、我々は知っている。大学に関する議論を経済面に限定することで我々は、学生の人生を転換させる場としての大学の価値を見逃す——多様なバックグラウンドや考え方の人々と出会い、彼らから学ぶ。それもこれも大学を卒業する際に、職だけでなく、教育を持って卒業するためである。だからエヴァン・バーフィールドは経済的に成功したにもかかわらず、最終的に大学に進学した——自分の周りの世界についてより良い理解を得るために。

　米国の最も優れた大学群は、自分探しをする学生達のために、このような

高等教育を提供し続けるだろう。大枚を銀行に有する大学は、それが時流に逆らっていても、我が道を行くことが出来る。大学の未来についての近年の議論で私が気になるのは、異なる教育機会（あるいは大学教育をそもそも受けない）といったアイディアを提唱している人々のほとんどが、最も権威有る大学の卒業生である、ということである。彼らが提唱する教育機会が、彼らが受けた大学教育より優れているのか、疑問に思い、その点について問いただす。そのような質問は彼らにとっては居心地の悪いもので、答えは多くの場合微妙である。結局のところ、こうした異なる教育機会の提案はハーバードやミシガン州立大学の息の根を止めようとしているのではなく、全米に存在する質の低い数百もの大学のビジネスモデルを転換しようというものなのである。このような異なる教育機会の実験から、オンライン学位であれ、ウェスタンガバナーズ大学のようなセルフ・ペースの学位であれ、ハーバード大学とMITにより新しく開始された大規模オンライン講座edXからの修了証であれ、その新しいオプションは、彼らが自分の息子や娘を送っても良いと思えるようなものであるべきである。

結語

　フェニックス・スカイハーバー国際空港のランウェーから遠くの砂漠地帯に、その名前とロゴに飾られたオフィスビルがそびえ立つ——全米のオフィスパークどこででも見かけるようになったフェニックス大学である。

　1970年代半ば、サンノゼ州立大学の元教授であるジョン・スパーリングはこの地に来て、ピーク時には60万人の学生と200以上のキャンパスを有する米国最大の高等教育機関となる大学を設立した。スパーリングはこの営利大学を2.6万ドルで開始し、最終的にはそのようなつつましやかな投資で億万長者となった[1]。

　10年前、フェニックス大学に率いられる営利大学は、その高等教育の提供の効率性により、未来の高等教育像として喧伝されていた。市場シェアの10%を得たにもかかわらず、この営利大学の財務モデルは学生の負担は軽減せず、そしてその強引なアドミッションの手法は政府の規制者の広範な監視を受けることになった。

　現在、新たな高等教育の未来がフェニックスの地に誕生しつつある。空港から逆方向に数マイルのところにアリゾナ州立大学がある。7.2万人の学生を要するアリゾナ州立大学は、全米最大の大学である。テンピ・キャンパスを一周すると、大学にのしかかっているプレッシャーとともに、未来の大学がどのようなものかを垣間見ることが出来る。

アリゾナ州立大学の一つの未来

　10月下旬の雲一つない晴天の日に、アリゾナ州立大学のキャンパスの道

は次の授業に急ぐ学生や仲間とたむろする学生であふれていた。一見、どこのアメリカの大学のキャンパスでも繰り広げられる光景のように見える。しかし学生ユニオンの外や、教室や研究室を覗きながら数時間過ごしてみると、顕著な違いが見えてくる。

アリゾナ州立大学の学部生の3分の1はマイノリティーの学生で、3人中1名は家庭から初めて大学に進学した学生、学生の4割は年収5万ドル以下の世帯に与えられるペル奨学金を得ている。これが未来の学生像である。全国でみると、次の10年で公立の高校生の約半数が白人以外となる。

毎年2.6万人の学生がアリゾナ州立大学に新たに入学する。10人中4名は他の大学からの編入学者である——この比率は全米のどの州立大学よりも多い。3500名余りは地元のコミュニティ・カレッジから来る。多くの場合は、授業料が値引きされる特別プログラムを通じてである。

建設のためのクレーン車が、アリゾナ州立大学の風景を支配する。キャンパスの一角で、時代遅れの学生寮が民間のディベロッパーにより改築されている。ここの学生寮は全て民間のディベロッパーにより建設され、大学にリースされている。これにより大学は学生寮建設の赤字を負担する必要がなくなり、必要不可欠なアパートのビルをどのように建設、運営すれば良いかよく分かっている業者に任せてしまうことができる。

フェニックスのダウンタウンを活性化するために、大学は政府の資金を得てキャンパスをそこに移転し、全ての学部を、通信および保育施設も含めて、移動した。二つのキャンパスを簡単な鉄道がつなぐ。テンピのキャンパスに建設される最新のアカデミック・ビルディングは、「研究」という使命のみの用途である。これは分散した、簡易なインターネットのサービスでは、容易には実現できない機能である。教育をいつ、どこでも、自分の都合の良い方法で届けてもらいたいと期待する学生が増加するにつれ、物理的な教室は将来需要が減ると予想されるので、教室の建設計画は少ない。すでに、キャンパスで対面の授業を受ける学生の半数近くが毎学期最低一科目はオンラインで受けているのである。

「我々は、目標達成に用いることのできる革新的な技術を全て用いること

を通じて、前進する」とアリゾナ州立大学のマイケル・クロー学長は語る。彼は、大学の質が、その投資により何を輩出するかではなく、その投じるリソースで決まる、という全米の大学の認識を否定する。「なぜか彼らは、大学の質がテクノロジーの投入によって得られる、とは考えない。だから、最も安価にワールドクラスの教育を提供しよう、という我々の目標は、彼らには馬鹿の戯言にしか見えないのである」。

高等教育の将来を再構築するのは究極的には、未来の学生である。これら未来の学生は現在、小学校や中学、高校にいる。世紀の変わり目の頃に生まれた彼らは、インターネット、スマートフォン、ワイヤレス・コミュニケーションの世界しか知らない。彼らはデジタル・ネイティブとよばれる。彼らは電子機器を手に取り、キーボードを叩くのではなくスワイプすることを、直感的に理解している。彼らはオンラインの社会的世界に居心地の良さを感じる。彼らは数メートルしか離れない友人にもテキスト情報を送信する。

学校では、伝統的な教育方法による学習におおむね無関心でいる。インディアナ大学の調査によると、高校生の3名のうち2名は授業に毎日退屈しているという[2]。そして自宅に帰ると、彼らはカーン・アカデミーにつなぎ、学校で理解できなかった概念をよりよく理解するために、サルマンのオンライン・レッスンを見る。

「行かなければいけないから授業は受けに行くが、本物の学習は授業の後、オンラインでなされる」とトマス・ジェファーソン科学技術高校の上級生であるショーン・マケラフは語る。この高校は、ノーザンバージニアにある競争率の高い公立高校である。1年次のとき、彼は同級生が夜宿題や問題を解くのに、フェイスブックを利用しているのに気がついた。このため彼は数名の友人と、フェイスブックに似たウェブサイトを構築し、同級生同士の学習のナビゲーションが容易になるようにした。現在、彼はこのサイトをホルウェイ社という、彼がエヴァン・バーフィールドと共同設立した企業を通じて、他校の生徒にも提供している。エヴァン・バーフィールドについては10章で紹介した。

「今日の生徒は、彼らの先輩とは全く異なる方法で思考し、情報を処理する」と以前教師で、「デジタル・ネイティブ」という用語を生み出した著者であるマーク・プレンスキーは主張する[3]。彼らは 20 代になるまでに、ビデオ・ゲームに平均 1 万時間を費やし、20 万通の電子メールとインスタントメッセージを送受信するが、読書には 5 千時間しか費やしていない[4]。

　このようなトレンドは学習離れの前兆である、と大人は多くの場合不満を述べる。コロンビア大学ティーチャーズ・カレッジのピーター・クックソン・ジュニアは、デジタルの世界は「アイディアやコミュニケーション、新たな問題解決で活気だっており」、若い生徒が「よりスピーディーに、より深く」学べる、と観察している[5]。学習を研究するコンピューティングのパイオニアであるジョン・シーリー・ブラウンは、生徒が異なる方法で「読む」という行為をするという。情報の中をナビゲートし、如何なる伝統的なルールで並べられた情報とも異なる順番で、必要な情報を発見していく。「ナビゲーション」は 21 世紀のリテラシーである、と彼は主張する[6]。

　来る 10 年に大学キャンパスに現れる学生は、自分達の望みに沿って、知識を吸収、応用したいと考えるだろう。彼らは、失われた 10 年の消費者のメンタリティーを続け、いつ、どこで、どのように学びたいか、と学位を有するということの意味を、自分達で決定づけていくだろう。大学側が現在の 19 世紀型モデルにこうした変化を受け付けるかではなく、この変化がいつ起こるかだけの問題である。数百の大学は、現在の高等教育にのしかかる力に対して抵抗できるだけの権威と資金がある。しかしアメリカ人の大部分が入学する大学は、生き残り、伸びていこうと思うのであるならば、自らを変革していく必要があるであろう。

高等教育が未来に変わる 5 つの方向性

　大恐慌以来初めて、中間階級の年収は 10 年以上連続して減り続けている。これは 21 世紀に入ってずっとの現象と言って良い。

　アメリカンドリームは、オプティミズムに包まれた公平性と機会の上に成

り立っている。我々は、貧困な家庭に生まれても、勤勉に働くことでトップに上り詰めることができる、と信じている。またどの世代も、その前の世代より良い生活水準の恩恵に浴する、と期待している。こうした理想は、これまでにないほど、危機にさらされている。

　大学と同様、米国にあるいくつかの機関は、こうしたプレッシャーを緩和することができる。高等教育は長い目で見れば、米国が現在の経済停滞から抜け出し、力強い、革新的な成長力のある経済を構築するためのキーなのである。

　米国最良の高等教育は、世界のリーダーとして君臨しつづける。最近、大学のリーダー達と、サウジアラビアとインドを旅し、両国の役人がアメリカの大学を賞賛するのに驚いた。サウジアラビアは、米国の大学とパートナーシップを組み、また何千もの学生を毎年米国に留学させることで、実質的にこのシステムを買いたいと思っている。インドは、自分達で大学を建設することで、真似をしたいと思っている。両国とも、中国を含め、米国より遅れをとっているが、急速にキャッチアップを図っている。

　高等教育の未来について人々と話すとき、「オンライン教育が物理的キャンパスを代替するか」という質問は避けて通れない。人々は、1636 年に設立されたハーバード大学が 10 年後にもまだ存在するかを知りたいのである。このような高等教育の未来についての話しぶりは、「宇宙家族ジェットソン（The Jetsons）」というドラマを時々思い起こさせる。自動車が宙を飛び、住居も宙に浮き、ロボットのメイドとホログラムからなる世界である。大学の未来は今日のものから勿論変わるだろうが、教室の教授は早々にはロボットに取って代わられない。ハーバードはハーバードで有り続ける。

　しかしハーバード大学は、米国の大学生の 0.1％しか受け入れない。アメリカ人の大部分を受け入れる大学は、10 年後には大きく異なる場所となっているだろう。今日の学生の経験はすでに 10 年前の学生のそれと異なっている。また変化のスピードは、これから加速していくだけである。次の 10 年で大学が変わる方向性をいくつか示す。

パーソナル化した教育

　大学のリーダー達は、アメリカの大学の多様性について自慢する——州立に私立の大学、地方の小規模に都市部の大規模キャンパス、二年制に四年制大学。米国の高等教育が単一のモデルの教育を誰にでも押しつけている、と言われているにもかかわらずである。ほとんどの大学がセメスター制で秋に始まる。学生は単位を得るために一定の時間を教室の席で過ごさなければならない。いくつかの大学は異なる方法でもやっているが、高等教育は一般に規則に厳しく縛られ、政府から運営補助を受けている産業なのである。しかし伝統的な大学運営方法もようやく、新しいモデルを検討しなければいけないという圧力を大学認証機関が受け、また緊縮財政のもと、州および連邦政府が学生や大学を補助する方法を再検討しだして、変わりつつある。

　数十の学生と会い、話をしてみて、より多くのアメリカ人に大学の門戸を開いてきた高等教育の民主化が、これまでになく多様な、教育上および感情面の学生ニーズをもたらした、と理解した。一部の学生は大学への進学準備が整っているし、他の学生は整っていない。一部の学生は授業の先の先を行けるが、その一方で概念を理解するのに数週間余分に必要な学生もいる。次の試験の試験問題も含めて、教育経験を学生一人一人にパーソナライズして合わせるというアイディアは、学生が難しいと感じる概念に焦点化する一方で、簡単な単元はすり抜けていけるという意味で、圧倒的な期待を抱かせる。

　コンピュータが学生を特定の科目に方向付けたり、議論のために適切なクラスメートと組み合わせたりするというのは、一部の人にはオーウェルの世界[1]のように感じられる。そのような技術革新は、学生が新しく熱中できるものを発見したり、科目や専攻、課外活動を探索する過程で、自らの強みと弱みを認識したりするという、大学の稀少な性質を危機にさらす。学生は失敗から学ぶが、そうした失敗は、確かな情報に基づいて判断をしたり、より経験のある大人から助言を得たりしてから、すべきである。問題は、情報に基づく判断をする上で、適切な情報やメンターにアクセスを有する学生が少

---

1)　オーウェルの世界：全体主義的監視管理社会のこと。イギリスの作家、ジョージ・オーウェル（1903-1950）は、『1984年』や『動物農場』などの著作で全体主義的社会を描き、これを痛烈に批判した。

ない、ということである。

　若い人々が人生の早い段階でする最も重要な決断は、どの大学に行くか、あるいは、そもそも進学するか、ということである。5人中4人が人生で漂流しているのであるならば、圧倒されている親御さんや過労気味のガイダンス・カウンセラーが提供できる以上の支援が、彼らには必要である。この本の初めの方で紹介したサマンサ・ディーツは、ニュージャージー州のトップランクの高校に通っていた。しかし彼女は金銭面のみを念頭に、大学を選んだ。つまり他の大学に比べて卒業率が格段に低いにもかかわらず、奨学金が最も多い大学を選んだのである。もしディーツがこのような消費者情報を知っていたのであれば、別の選択をしたであろう。しかしこうした情報は残念ながら、一カ所にまとめていなかったり、分かりにくかったりして、得られるものではない。ナビアンスやコネクトEDUなどのツールへのアクセスがあったのであれば、彼女は自分により合った大学を見つけ、中退する確率も大きく異なったであろう。我々が自動車を購入するとき、政府はいくつかの特定の項目を表示することを義務づけている。家を購入するときも、購入を検討している人は全員、ディスクロジャーの一覧をもらえる。大学も、マーケティングのための宣伝ばかりするのではなく、同様の購買時の情報を目立つように、ウェブサイトのトップページに提示すべきである。宣伝は定価ショックを乗り越えよと謳い、ケルシー・グリフィスなどのような学生に10万ドル以上の借金を負わせる。

ハイブリッド授業

　過去20年間オンライン教育は、高騰しつづける大学の費用の解決手段として提案されてきた。オンラインの入学者は劇的に拡大したが、大学学位の価格も同時に上がっていった。オンライン教育は、時間と場所に制約のある——多くの場合働く成人の——学生にとって、実質的なニーズがあった。しかしこれで、物理的な教室がすぐになくなるという訳ではない。オンラインのみで学習することに対する需要は頭打ちになった兆候が見られ、オンライ

ン教育が従来からの教室に匹敵するものか不明である、という認識が一般に
広がりつつある。

　しかしだからといって、オンライン教育が一過性のものである、という訳
ではない。オンライン教育が近い将来、キャンパスを消滅させないといって
も、オンライン教育は伝統的な学校においても、学生が校外で授業を受け、
学位取得のペースを加速したり、あるいは対面授業の補習として利用したり
する手段を与えるようになる。別の言い方をすると、多くの大学は、学生の
6割がオンラインまたはハイブリッドの授業を受けているセントラルフロリ
ダ大学や、複数の州にまたがる16のカレッジが連携し、一人の教員の授業
がテレビ会議システムを通じて他大学でも受講できるローリンズ・カレッジ
のようになってきている。

　しかし最大のインパクトは、遙かに多い数のハイブリッド授業の開設であ
ろう。大学に在籍する学生はすでに、授業をオンラインで学習し、貴重な対
面の授業時間は教師と特定の問題を解く、という反転授業に慣れている。ハ
イブリッド授業の方が学生も主体的に学ぶ、という調査結果も出ている。ス
タンフォード大学の教員二名による大規模公開オンライン講座（MOOC）を
思いだして欲しい。その秋にスタンフォード大学で開講された同じ授業は、
学期始めには200名の学生を惹きつけたが、学期末には20名程度しかいな
かった。ほとんどの学生が、オンライン版授業に移行したからである。これ
らの、何万人もの学生が同時に受講できるエリート大学による無償授業はお
そらく、どの大学においても提供されているコア科目のコンテンツ・プロバ
イダーとなるだろう。これら対面の入門科目を補強するためにオンライン教
材を用いることによって、一人の教員がより多くの学生を受け持つことがで
きるようになったり、物理的な教室での方がより良く伝達できる科目につい
て優れた教員をあてがい、貴重な教育資源を有効活用できるようになったり
する。このようにして、授業料の高騰を抑え、かつより多くの学生を高等教
育に受け入れることができる。

　第6章で紹介した、6つの州立大学における入門統計学のハイブリッド科
目では、学生が通常の授業と同程度に学び、しかも所要時間は4分の3に短

縮されたことが判明した。ハイブリッドの未来は、いくつかのキャンパスではすでに現実のものである。「学習転換のための全米センター（NCAT）」という非営利グループは、200以上の大学を対象に科目を再構成した。教員の負担を低減するために学習ソフトウェアを利用し、学生の学習管理をするために頻繁に用いられる簡単なオンライン問題を導入し、学部生のピア・メンターなどの異なる人材を登用することで、平均37％の経費削減を実現した。

学位のアンバンドリング

　私が子どもの頃、電話会社は一つしかなかった。壁に据え付けられた電話と近距離通話、長距離通話がセットで提供されていた。それが唯一の製品であり、価格も一つしかなかった。これはバンドルされた商品として知られている。1984年の電話業界の規制緩和から数十年かけて、今日我々がみる業界へと再編した。幾多もの企業と製品があり、消費者は自分に適した電話サービスを得るために、そのなかから好きなサービスを選び、組み合わせる。これはほとんどの業界で起きている。航空会社は20年前と同じ基本のサービスを提供しているが、荷物を預けたり、食事が欲しかったりする場合は別途料金を払う。どちらも要らない場合は、数ドル節約することができる。iTunesではレコードのように一つのアルバム全体を購入する必要がない。自分の好きなシングルのみを購入して、自分のプレイリストを作成することができる。

　授業に食堂、コンピュータセンター、キャリア・サービスまで一括して提供する大学は、バンドル化されたサービスを未だ提供する、数少ない組織である。学生が高等教育をアンバンドルする上で難しいのは、授業がポータブルでないことである。つまり、大学は、他大学から転入しようとする学生の単位を認めないということができる。

　第7章で、学生がかつてないほど流動的であることを紹介した——卒業までに学生の3分の1は大学を変える。大学がアンバンドル化した製品の提供を強いていられるのは、時間の問題のみである——少なくとも、このような

かたちで高等教育を受けたいという一部の学生には、アンバンドル化で対応する必要がある。

　勿論、このような選択肢が、全ての学生に適している訳ではない。このようになってもおそらくなんらかの構造化はされ、学生は大学に関するより良い比較情報と、彼らの人生をガイドするより良いアドバイザーとに、導かれるようになるだろう。

流動的なタイムライン

　大学の講義室は一般に時間の4割しか使用されていない。講義室は週末および夏の大部分は空であり、最近では金曜日も空いている時間が拡大している——残りの平日4日に講義が詰め込まれるようになっているからである。ベイン・アンド・カンパニーのコンサルタント達が北テキサス大学のダラス・キャンパスをデザインした際、大学の経費削減の6割は空間の有効利用のみから得られると予測した。秋や春学期の開始時のみだけでなく、年間を通して学生を受け入れることによってである。

　大学のパーソナル化とアンバンドル化を検討すると、高等教育について我々が長らく前提としてきたことを再考する機会を得る。大学はなぜ4年かかるのか？なぜ高校を卒業しないと大学に入学できないのか？なぜ一学期は15週間なのか？

　アダプティブ学習の技術により、個々の学生の学習スピードに合わせることが可能となる。飲み込みの早い学生は先に進み、飲み込みの遅い学生は必要なだけ時間をかけて学べる。学期という制度は現在、両グループにとって妨げとなっている。パーソナル化により、アカデミック・カレンダーは分解する——学生はいつでも自分の好きなときに開始し、自分のペースでやり遂げることができる。学期の終了をまたずに先に進むことを認めると、興味をもった科目を追加的にとったり、もう一つ追加的なメジャーをとったり、学位を早期取得したりすることにつながる。

　学生は大学を早めに開始をしても良い。多くの生徒にとって高校最終学年

は、時間の無駄である。ノースカロライナ、カリフォルニア、テキサスを含むいくつかの州は、高校卒業前に大学の単位、場合によっては準学位、を取得できる早期カレッジスクール（early college school）を設置している。こうしたプログラムは、大学への接続を円滑なものにし、高校と大学の間にギャップイヤーを取ると、大学学位を未来永劫取得できないのではないか、と不安を持つ親に安心をもたらす。

　この本執筆のために調査をし、何人もの教育者、学生、両親をインタビューして、大学に入学する前にギャップイヤーをとるという選択肢を学生に与える、構造化されたプログラムが必要である、という確信を私は持つに至った。どの世代においても大学で彷徨う学生が一定の割合いるのかもしれない。しかし今日の高等教育のコストは、なぜ大学に入学したのか分からずに中退する今日の学生にとって、大学に進学したという事実を見せるものが何もない状態で、何千ドルもの借金のみが残ることを意味する。大学における自分発見のフェーズは、ナショナル・サービスの体験で簡単に得ることができる。この体験は、学生が自分の教育の投資を人生の過程で回収することにもつながる。

大学を金銭的に見る

　「ウォール街を占拠せよ」抗議者が連邦政府に、州立大学を全額補助し、学生の借金を帳消しにすべきと訴えても、学生ローンはなくならないだろう。ワシントンの高等教育関係機関は、学生支援プログラムの現状を守り、高い授業料を払うための予算拡大に、時間の大半を費やしている。しかし時代は、連邦政府の緊縮財政に向かっており、学生支援制度は全面的見直しされ、対価に対してより良い結果をもたらすものにならなければならない。

　大学を経済的に負担可能とする将来の新しいシステムは、どのようなものであろう？

　一つには、学生ローンの適格性を大学がより制限できるようにしてもよい。現在、大学が学生ローンの適格性を制限できるのは、事例毎の判断のみに依

る。たとえば専攻によって、借入額の上限を制限することは現状できない。しかし専攻によって所得収入が大きく異なるのは周知の事実である。このような状況は、お金のかからない大学に入学しているにもかかわらず、授業料等に必要である以上の額の借り入れにつながる危険性を誘発する。

　授業料と学資援助は今後、将来の収入可能額を基礎に算定されてもよい。大学には内部相互補助の仕組みが多くある。収入の多いアカデミック・プログラムは需要の低い、高コストのプログラムを下支えする。学資援助においても同様である。裕福な学生が経済的に支援を必要とする学生を補助する。いくつかの大学では、定員が埋まらないプログラムについて、授業料ディスカウントが大きい。これは、それほどの学資援助を得ない、人気のあるプログラムに在籍する学生により負担される。こうしたシステムは現在の学生の経済状況は考慮に入れるが、将来の収入は考慮に入れない。経済的支援を必要とする英語専攻の学生と、低所得家庭から来るファイナンス専攻の学生は、同等に扱われる——後者の方が遙かに多くの収入を生涯得ることが、ほぼ確実であるのにもかかわらずである。もし英語専攻の学生については、ファイナンス専攻の学生より学生ローンが少なく、奨学金がより多く提供されたらどうであろう。このようなシステムがあれば、学生ローンを返済しなくてはいけないとしても、学生は自分の関心のある専攻を選ぶかもしれない。勿論、このような変更には副作用がある。学生ローンをより借り入れする必要が生じるため、高収入の期待できる需要の高い学問分野を、学生が専攻しなくなる可能性がある。

　もう一つ将来の改革としてありえるのは、収入に応じて学生ローンの返済をできるようにすることである。アメリカは、イギリスやオーストラリアに比べて、収入条件付きの返済システムが少ない。多くの学生は卒業直後からゆうに10年以上かけてローンを返済する——人生で最も収入が少ない時期である可能性が高いにもかかわらずである。収入条件付きの返済システムにおいては、学生は借金返済において、自分の収入の一定割合しか払わなくてよい。雇用者は、所得税と同様、ローン返済分を源泉徴収する。またたとえば20年後などの一定の期間を経ると、ローン残高は免除となる。

最後に、大学のための貯金をするように、より奨励しなくてはいけない。ピュー研究所が親に、子どもが大学に行くことを期待しているかと聞いたところ、大多数はこれを肯定した。しかし大学のために貯金を始めたかという質問に対しては、回答は大きくばらついた。長い目で見ると、大学のために貯金をした方が、借り入れるより安上がりである。子どもが1歳の誕生日を迎える前に両親が529大学教育費預金計画[2]の口座を開設すると、いくつかの都市や州はシード・マネーを提供する。他の場所では低所得家庭を対象に、マッチングの奨学金を提供する。学資援助に関する助言とツールのウェブサイトであるFinAidを出版するマーク・カントロヴィッツは、大学と定年のためのプランが多すぎる、と確信している。彼は年金、大学、医療などの一定の「ライフサイクル経費」のための貯金プラン2つのみで、それらを全部置き換えることを提唱している。一つのプランは税引き前収入、もう一つは税引き後の所得を用いる。年間の上限額は拡大されるべきである。複数のプログラムのなかで苦慮するのではなく、子どもが大学に行かないと決めたら、年金のための貯金が増えるという仕組みである。

将来の学生

最後に、学生からの目からみて、大学が10年程度後にどのように見えるかを想像してみるべきである。

彼の名前をエイデンとしよう。彼は早期カレッジプログラム（early college program）に入っていたおかげで、大学一年分の学習は済ませた状態で、高校を卒業する。大学二年次にエイデンは帰省し、第一クォーターは協同教育プログラム[3]の一環で、製薬企業でフルタイムに勤務し、収入も大学単位も得る。年次の残りは二つの異なる大学それぞれから、優れた講師による単位を4科目分取得し、そのほかに、ミシガン大学とペンシルバニア大学の教員

---

2) 529大学教育費預金計画（529 college saving plan）：いくつかの州あるいは教育機関により運営される学費貯金プラン。1996年に施行された、内国蔵入法（Internal Revenue Code, IRC）の529項による。

3) 協同教育プログラム（cooperative-education program, co-op program）：就業体験プログラムの一種。インターンシップのように企業主導ではなく、大学主導で就業教育と就業体験を体系的に組み合わせ、大学教育として位置づけられるとともに、学生は企業から報酬を得られることが多い。

により Coursera から提供されている無償の科目で、スケジュールを埋める。これらの科目の終わりにエイデンはフィラデルフィアにあるペンシルバニア大学のキャンパスに 1 週間滞在し、他のオンライン受講生とともにオンラインで知り合った教授が開催する講義と小グループのセッションに参加し、学習内容の理解度を測るための一連の筆記および口頭試験を受ける。その週が終わると、彼は少額の対価でそれら無償の科目の単位を取得することができる。三年次にエイデンは協同教育プログラムで別の仕事をし、大学の費用を賄うとともに、より多くの単位を勿論取得する。その年は最後にさらに、オフキャンパス・オプション 4)を提供する別の大学で学ぶ。ここではオンライン科目を受講し、キャンパスでは 2 週間、教授との一対一のミーティングやセミナー、その他の集会等に集中的に参加する。エイデンの最終年次は、より従来型である。ここでは多様なプロバイダからの単位を受け入れるミシガン州立大学に行き、セミナー形式の卒業科目と実践的な研究機会に参加する。5 月にはこの大学からの学位をもって、彼は卒業をする。

　新世紀の三十年目における高等教育をイメージするとき我々は、未来における要求と、世界の羨望の的である米国の高等教育の現行のシステムの強みとを、慎重にバランスさせなければならない。多様な可能性を模索する熱意を私は持ち続けるものの、このような解体され、パーソナル化した学生の教育体験において何が失われるか、時に心配になる。未来の学生は、存在するとも知らなかった科目を発見するだろうか？ディスカッションのために教室のどこに座るべきかをコンピュータに指示された場合でも、これらのランダムな座席配置から生涯の友人を見つけ得るのだろうか？高等教育のプロバイダからプロバイダに移りわたった場合、友人やメンターを見つけることができるのだろうか？しかし私は、実現するであろうシステムについては、楽観的である。学生と機関をより適合させ、最終的に学位取得に至らせるのに、より効率的なシステムである。

---

4)　オフキャンパス・オプション（low-residency option）：遠隔教育中心で、キャンパスにおける対面教育を週末や数日の集中講義等のみに切り詰めた教育プログラム。

未来に向けて

　この本を通して、未来に向けて良いポジションにつけている大学と、その延長にある学生を紹介してきた。未来の大学はまだ存在しないが、どのようになるか前もって見てみたいというのであれば、それはアリゾナ州立大学、サザン・ニューハンプシャー大学、セントラルフロリダ大学などに見ることができる。

　すでに紹介したバレンシア・カレッジやフランクリン＆マーシャルカレッジなどの革新的なキャンパスに加えて、注目すべき未来志向の大学のショートリストをここに挙げた。これら大学一覧は、ランキングでもなければ、網羅的なリストでもない。これらは単に、将来的に彼らの学位の価値が評価されるであろう戦略やプログラムを開始した大学のサンプルである。

　これらの概要から私が読み取ることが一つあるとしたら、それは以下のようなものである。大学生は、教室で習った概念と、あらゆる職業において日々生じる問題とを結びつけることのできる、実世界の経験をとても必要としている。以下はまさに、それを多様な方法で提供している大学である。

ボール州立大学（インディアナ州）──学習における実用性を見る

　ボール州立大学のジョー・アン・M・ゴーラ学長が言うには、大学教育において重要な要素の一つは、専門的スキルで何かを成し遂げ、卒業前であっても、大学キャンパスを越えて雇用者に売ることのできるようなスキルを、学習することである。同大学ではこのプロセスを「組込学習（Immersive Learning）」と呼ぶ。「学生にクライアントと組み、実世界の問題を解決してもらいたいのです」とインディアナ州マンシーにあるこの大学の学長を2004年から務めるゴーラは語る。この組込学習は、ゴーラが着任したときにすでに存在していたが、ゴーラはこれをより高いギアに上げた。過去5年間、1.6万人以上の学生が数千のプロジェクトに参加した。「組込学習は、説

得力のある履歴書の形成に役立つだけでなく、学生に卒業後のネットワークを与えます」。

このプログラムは一学期間かかり、学生はこの期間に目が眩むほどの多様な事業を開始する——がん患者のための病院におけるガウンの再デザインから、小学生に歴史をより面白く学ばせるコンピュータ・プログラムの設計までである。

ボール州立大学のベス・ターコット教授は数年前、当時三年次で演劇を専攻していたベン・クラークに、クライアントになる可能性のあるプロのプロデューサーのためのミュージカルの制作依頼した。クラークは音楽を作曲し、歌詞もほぼ全て作詞し、他15名の学生とともに、19世紀末のインディアナ州の小さな街における生活を描いた小説をベースとした『冬のサーカス（Circus in Winter）』を制作した。ミュージカルはボール州立大学で上演されたが、「その後にまだ大きな人生が残っていた」とクラークは語る。サーカスは、ケネディセンター米国大学演劇祭[1]の一部となり、イリノイ州シャンペーンで上演され、8つもの賞を受賞した。次のステップはニューヨーク・プロダクションである、とクラークは期待する。

組込学習の2012年の最も大きな偉業は、ジャーナリズム、広報、グラフィック・アートなどを専攻する40名の学生が、夏のオリンピックを広報するために、ロンドンで数週間活動したときのものであろう。「とても楽しかったが、ものすごい仕事でもあった」と、40名のチームを率いた最終年次学生であるケイト・バックは語る。ボール州立大学のチームはソーシャル・メディアを用いて、主にアメリカオリンピック委員会（Team USA）のメンバーである選手にコンタクトし、特集記事を書いたり、ビデオを製作したりした。その間バックのグループは、選手のパーソナリティよりは試合そのものに惹きつけられている新聞社や報道ステーションに接触し、魅力あるプロファイルで報道を補完した。ボール州立大学は、ハフィントンポスト、USAトゥデイ、インディアナTVステーションズ、その他に記事を売った。シカゴ・ト

---

1) ケネディセンター米国大学演劇祭（Kennedy Center American College Theater Festival）：米国大学における演劇振興のために1969年に開始された全米規模の演劇祭。1.8万人の大学生、600以上の学術機関が参加。

リビューンはグラフィックを購入した。

「組込学習は選択科目です。必修ではありません。しかし参加したい学生には、その機会を保証しています」とゴーラは語る。

ニューヨーク市立大学——新時代のコミュニティ・カレッジ

コミュニティ・カレッジの学生の中退率は、嘆かわしい状態である。全国的に見ると、二年制大学に入学する学生の2割しか、3年以内に卒業しない。何名かの専門家はこのような失敗の原因を、学生が大学やクラスメートとつながりをもつ時間が十分ないことにある、と結論づけた。「帰属意識を一度も持てないため、そっぽを向いて去って行くのです」とこの問題を解決しようとしてニューヨーク市立大学が実験的に設立した、コミュニティ・カレッジの学長であるスコット・E・イーブンベックは語る。

新しすぎて正式な名前すらまだないこの新しいコミュニティ・カレッジは2012年秋に学生を300名、マンハッタンの中心部にあるキャンパスに初めて受け入れた。多くはニューヨーク市にある高校の卒業生で、入学を先着順に許可された者たちである。全員、両親が大学に行ったことのない、低所得家庭からの学生である。学生達の初めての課題——必須である——は、クラスメート全員と共に、高校と大学のギャップを埋めるための2週間半のプログラムに参加することである。「大学入学第一世代の学生は、大学に本当に帰属できるのか、大きな不安を持っている」とイーブンベックは語る。「このブリッジ・プログラムを通して彼らは、自分と同じような人間がこの大学にいるということを見て、仲間が好きになるのです」。

最低限初年次は皆同じ科目を取る。「選択肢があることは、第一世代学生にはあまりうまく機能しない」とイーブンベックは語る。「たくさんの複雑な選択に直面するからです」。初年次プログラムの中心には、ニューヨークについて学際的に学ぶ、シティ・セミナーがある。社会学、歴史、その他の学問分野における文献を読み、それを調査するために近隣に出かける。近隣におけるビジネスの混合度はどのようなものだろうか？デリカテッセンは何

軒あるか？ドライ・クリーニング店はどうか？彼らは厳密かつ正確に数える。「数学は彼らにとっていつも抽象的に感じられる」とイーブンベックは指摘する。「これは数学を実践的に使う」。

学期は 12 週間続き、短い休みがあった後、6 週間さらに続く。これが繰り返される。学生の関心が遠のいてしまう危険のある長い休暇はない。ただし二年次にはもう少し、選択肢が増える。学生の多くはリベラルアーツを専攻する。ビジネスが次に人気で、ヒューマン・サービス、情報技術、都市研究がこれに続く。大学レベルの学習に達していなかったとしても、リメディアル科目はない。

「リメディアル科目を履修させると、そこから抜け出られなくなるのです」とイーブンベックは語る。「さらに、リメディアル・プログラムの底辺にいる学生の卒業率は 1％未満です」。リメディアル教育がどんなに必要であっても、彼らは正規の科目を履修させられる。この新しいコンセプトの大学をもってしても、学生全員が卒業にいたると考えるほど、イーブンベックはナイーブではない。彼の卒業率の目標は 35％である。それでも十分称賛に値するだろう。

コーネル大学（ニューヨーク）──ビッグアップルに在する未来の大学

ニューヨーク市テク・キャンパス（NYC Tech）を開設するにあたってのコーネル大学のミッションは、「世界を変えること」に強くターゲットしたものになるだろう、とダン・フッテンロッハー学部長は語る。高等教育は歴史的に、「彼らのアイディアを商業的に実現することについては、他者に任せてきた」と彼は見る。「研究は大学に始まり、その後何年もかかる開発のフェーズを経る」。

これに対して根本的な変化が生じている、とフッテンロッハーは語る。イノベーションは光のごとくのスピードで起こり、情報は大学と商業世界との間を行き来する。「人間行動に関するデータの多くは、大学からは始まらない」と彼は付け加える。「グーグルやフェイスブックなどの組織が、人々がどの

ように互いに関係しあうかの膨大なデータを持つのである」。

結果としてコーネル大学 NYC Tech は、金融、健康、出版の面で世界的に最も優れた商業都市の中心地に居を構える。初めの数年、NYC Tech はマンハッタンにオフィスを構えることになるが、2017 年までにはイーストリバーのルーズベルト島の永住の地に移転し、250 名の学生と 8 名の教員で開始する予定である。NYC Tech がフルサイズとなる 2043 年には、学生規模は 10 倍になっている予定である。

学部生は受け入れない予定である。学生は全員、コンピュータ科学、電気およびコンピュータ工学、情報科学や情報工学などの分野における、修士または博士学位取得の候補者となる。どの学生もアカデミック・アドバイザーだけでなく、ビジネス・コミュニティにおけるメンターも得る。コーネル大学はこの事業のためにテクニオン（Technion）と提携した。テクニオンは、3 名ものノーベル賞受賞者を輩出した、ハイファにある著名な公立研究型大学、イスラエル工科大学のことである。

NYC Tech の学生達は、ニューヨークのビジネス・コミュニティとどのように関係するのだろうか？フッテンロッハー学部長は一つの可能性を示唆する。ニューヨークは世界的な大学病院が複数あり、数千の医師がいる。世界のどこの医師や病院と同様、彼らは患者に服薬と食事療法のスケジュールを守らせるのに、苦慮している。患者にスケジュールを知らせる電子的警報システムを技術者は開発したが、どれも特別には成功していない。NYC Tech の学生がこうしたソフトを開発すれば、多くの医師がこれを強情な患者に試してみることができるだろう。「ニューヨークは医師も含め、新しい物好きが多い場所である」とフッテンロッハーは語る。「彼らは、何事も不可能はないと信じる学生に協力するだろう」。

カリキュラムは、街と世界のニーズに合わせた市場の変化とともに柔軟に変化する、と想定されている。「たくさんのカオスに付き合う気のある学生を集めたいと思っている」とフッテンロッハーは語る。

ドレクセル大学（ペンシルバニア州）——街を教室に

　ジョン・フライが1990年代にペンシルバニア大学の学長であったとき、彼は、大学がその後運営を支援したチャータースクールの設立を含む、ウェスト・フィラデルフィア近隣の数百万ドル規模の復興計画を監督した。10年後、彼はフランクリン＆マーシャルカレッジの学長として、製造プラントの巨大な再開発をキャンパス近くに実現した——スポーツ施設と地元の病院のための看護学校を含む、47エーカーにおける200もの建物が対象であった。

　フライは今、ドレクセル大学の学長としてフィラデルフィアに返り咲き、ドレクセル（とペンシルバニア大学）の近隣に再び思いを巡らせている。彼は現在の都市型のキャンパスを学術、居住、商業施設の組み合わせで再構築し、ある種のコミュニティを築こうという大計画を構想している。このドレクセル大学の計画は30年先の未来にまで続くが、フライは夢を現実のものとする優れた実績がある。

　他方、単なるディベロッパーとして再び活躍するのではなく、フライは地元が活性化するために、学生および大学の研究力を利用している。20世紀初頭に州全域にエクステンションオフィスを設置し、研究をもって地元の農家の問題解決にあたった（その後地域の経済開発にも寄与した）州立大学の仕組みに学び、ドレクセル大学は都市型のエクステンション・センターを設置した。ドレクセル大学のセンターは、荒れた地域におけるオアシスかつ象牙の塔とみられるのではなく、地元のコミュニティが大学の専門性に直接アクセスする窓口を開く。「これはコミュニティに対して真の貢献をする正しい方法であるとともに、学生に困窮した問題の解決をする機会を提供します」と大学とコミュニティのパートナーシップ担当の副プロボストであるルーシー・カーマンは語る。

　学生はキャンパス周辺において「問題解決のため」のプロジェクトにすでに関わっている、とカーマンは語る。自分たちが学習しているコミュニティの直接の問題解決にあたる、という経験の得られる「サービス学習」は、学生にとって効果が高いとされているハイ・インパクトの教育・学習実践の一

つである。サービス学習の経験を得るために、多くの大学と同様、海外に渡航させるのではなく、ドレクセル大学の学生は数ブロック移動するだけである。

あるプロジェクトでは、工学および建築の学生がその専門性を組み合わせ、高齢者施設の周りを再設計した。学生は授業の一環として施設に定期的に集まり、施設の住民と話をし、彼らのニーズを理解し、バリアフリーのベンチや通路などを含む、住民が利用しやすい設備を設計し、制作することができた。「学習が抽象的なものではないことを、学生は理解します」とカーマンは語る。「それと同時に彼らはコミュニティに支援を提供することができるのです」。

ジョージア州立大学──大学をより手に入れやすくする

過去10年の高等教育の多くと同様、ジョージア州立大学もまた、台所に一人部屋、バスルームを完備した、アパートのような学生寮を建設するというアメニティ提供合戦に参戦していた。「学生はより多く、より良いものを望むというのが定説だった」と大学の主アドミッション担当官のティモシー・ルニックは語る。

しかしそのような素敵な施設は、経済的に困窮する学生にとっては、高いものについた。また学生がこれらアパートのキッチンで食事をしたため、コミュニティとしての一体感や、健康な食生活は得られにくいものとなっていた。このためジョージア州立大学は過去に戻るという実験をすることとした。2009年に同大学は、一世代昔の新しい学生寮を開設した。事実上ツインベッドの2倍の大きさしかないダブルルーム、共同のバスルーム、そして食堂がある。「可能な限り安価な部屋としたのです」とルニックは語る。

学生は家畜の群れのごとく、入居した。この学生寮では、アパートのような学生寮とほぼ同額で、部屋とともに食事も得られるため、開設以来いつも他の学生寮より早く埋まった。

安価な寮の提供というのは、ジョージア州立大学が、奨学金とローンで授

業料を払った後に経済的に困窮している学生を救うために行っている工夫の一つに過ぎない。安価な住居は、他のニーズのための金銭的余裕を与える。経済的ニーズが大きい学生ほど、成績が低いことを大学は発見した。「経済的状況は学業に影響を与えるのです」とルニックは語る。

このため大学は近年、学生が負担できなかった授業料の残りを、学期が開始した後でも払えるように、少しばかりの資金を用意しておくようになった。授業料を払えない場合、学生は当該科目を履修することができず、大学に永遠に戻らないというリスクがあった。負担できない授業料の残りの額というのは、数百ドル程度のこともあった。

支払期限が過ぎると大学関係者は記録をあさり、支払ができていないが卒業間近で、成績もよい学生を探し出す。これら学生にはすぐに連絡を取り、少額の奨学金を提供する。2012年秋、大学は700名の学生に対して60万ドルを提供した。平均すると一人1000ドル以下である。少額のお金であっても、学生を大学にとどめる効果が長く続くことがある。

ガウチャー大学（メリーランド州）──世界を体験するという条件

ガウチャー大学は、学生にスタディ・アブロードを2006年から要求するパイオニアであった。この要求はスタンフォード・J・アンガーによってもたらされた。一つには競争大学に対して比較優位に立つためであったが、若者の教育にとって世界を体験するということは重要である、と学長が信じているからでもある。「世界には、学ぶことがこんなにも沢山ある」とアンガーは語る。「しかし我々アメリカ人はそれを学ばない」と彼は、アメリカの大学生の1％しかスタディ・アブロードに行かないという統計も持ち出し、指摘する。

ガウチャー大学では1500名の学生全員がスタディ・アブロードを経験する。例外はない。多くの場合、学生は初年次に一または二学期間海外大学に留学する。あるいは上海におけるビジネスやガラパゴスにおける環境問題といった特定の課題について3週間、海外で学習活動をする。これらの小旅行

は、ガウチャー大学のキャンパスにおける7週間の事前学習を伴う。滞在期間分のガウチャー大学への授業料は、海外の滞在大学に支払われる。これに加えて学生は、渡航費やその他の経費を賄うために、ガウチャー大学から1200ドルの奨学金を得る。

アンガーは、外国人がアメリカ人よりうまくできることの事例を持ち帰るように学生に要求する。彼らの回答はたとえば、都市交通や高齢者福祉であったりする。ガウチャー大学の学生全員が初めから積極的なわけではない。「スタディ・アブロードは私が人生で聞いた中で最も怖いものだったわ」とボルチモアの近くで生まれ育った最高学年次のアリソン・リッチは語る。「大学に来させ、慣れさせて、どこかに送り込もうとする」。しかしリッチはコスタリカでスペイン語を学ぶ学生として過ごした時期を、こよなく愛することとなった。とても暖かく助けてくれる家庭の世話になったのである。「新しい体験におびえなくなりました」と彼女は語る。

平和学を専攻するレイ・ボイデンは2011年の秋学期を、1994年の大量虐殺の爪痕の残るルワンダで過ごした。「ルワンダのような、その場所を訪れない限り絶対理解することのできない紛争理論をたくさん学びました」と、生存者にインタビューをした学生グループにいたボイデンは語る。「人々はまだ恐怖のなかで暮らしているのです。お互いを信用していません。あちらの方が息をすることすら、大変です」。ボイデンは身体的またはメンタルに障害を負った子どもたちに対する政府の支援を理解しようとした――ルワンダには特別の支援を必要とする子どもたちについて検討する政府関係者が全国で一人しかいなかった。

アンガーはガウチャー大学が、学生が世界の複雑な問題や機会を理解するのに正しい道を与えていると信じている。「海外に行って後悔したか、と学生にいつも聞く」とアンガーは語る。「今まで誰一人として、それを肯定した者はいない」。

リン大学（フロリダ州）──大問題を探索する学部生

　「今時の雇用者は、クリティカル・シンキングとライティング・スキルを有する人材を求めている」とリン大学の教育担当副学長であるグレッグ・コックスは語る。「そして学生はまさに、そこが弱い」。フロリダ州ボカラトンに在し、学部生の多くがマネジメントやホスピタリティ、コミュニケーションやビジネスなどを学ぶ、私立大学であるリン大学は、こうした求められているスキルを習得できる新しいカリキュラムを開発した。

　開設されて 4 年ほどたったカリキュラムは「学習の対話（Dialogues of Learning）」と呼ばれ、文明の始まりから人類を魅惑し、困らせてきた大問題を検討する。学部の時代の間に学生は、対話を構成する 3 つのテーマから 12 のセミナーを履修しなければいけない──自己と社会、信念と理由、正義と市民生活である。

　セミナーの名前は多くの場合キャッチーで軽く、大学生に明確にアピールするようにしてある。ただしこれらセミナーの要求は厳しい。「殺人、と彼女は書いた」という科目において学生は、ウェストパームビーチでの殺人の裁判を詳細に分析する。犯罪のセンセーショナルな側面を騒ぎ立てるのではなく、彼らはこの殺人の被疑者が検察側にどのように扱われたか、検察側の行動を分析、批判し、最も重要なのは、これについて説得力をもって記述をすることを要求される。

　専攻分野に依らず、学生は全員、幅広いリベラルアーツのマイルストーンに晒される。たとえば「自己と社会」の下級生のための対話は、プラトンの「洞窟の比喩」やエマーソンの「自己信頼」などの、古典から現代にまたがる 32 のテーマから構成される。「対話は人生に対して良い視野を与える」と最近卒業したばかりのジャーナリズム専攻のタミー・レイエスは語る。「いろいろな問題が大昔からあったことに気づかされる」。彼女のお気に入りは、16 世紀のオランダのヒューマニストかつ学者であるデジデリウス・エラスムスによる『痴愚神礼賛』という、多くの場合見逃される古典であった。

　リン大学は、卒業生が科学に対する十分な理解を有することも要求する。

「細胞の細部を知る必要はありません」とコックスは語る。「しかし、科学の基本的な手法は理解している必要があります」。科学は、地球温暖化や環境問題などの、学生が教室の外で直面することとなる課題に多くの場合、関連している。同様に、定量的分析（quantitative reasoning）の科目は、代数のように抽象的なものではなく、現実世界の実践的な内容のものである。「定量的分析の科目は、私が車を購入したときの自動車ローンの実際のコストを理解するのに役立ちました」と初年次学生のステフェン・プロアノ‐アマヤは語る。

ノースイースタン大学（マサチューセッツ州）
──代表的 co-op プログラムのグローバル展開

　未来の大学生は、世界経済と徐々に密接に絡まりあうアメリカ経済のなかで働くこととなる。多くの大学は海外留学や海外におけるインターンシップを勧める。ノースイースタン大学はさらに一歩進んでいる。

　同大学は、学生が約半年間、給料を得ながら本物の仕事に就くプログラムを創設したのである。ノースイースタン大学の協同教育プログラム（cooperative-education program）の学生は、目が飛び出るような環境で働くこととなる──欧州やアジアの都市部の企業のオフィスや、エキゾチックな場所にある政府や NPO である。ある生物化学専攻の学生は、海洋の温度変化が魚の胚の発達に及ぼす影響を観察するために、南極で冬を過ごすこととなった。

　「我々のは、他に類を見ないプログラムなのです」とブルース・ロンキン副プロボストは語る。「これらの課題は、学生が数ヶ月だけ行う無休のインターンシップとは全く異なるものです。これらは 6 ヶ月にも及ぶ可能性のある、本物の仕事なのです」。

　学生個人には有用であるが、特別の公共の目的を持たないインターンシップと違い、ノースイースタン大学の co-op プログラムの学生は、経験を教室に持ち帰らなければならない──それは類を見ない優れた価値がある。「た

とえば、私は授業で音楽産業を取り上げ、契約について議論をします」とロンキンは語る。「それはそれでいいのです。しかし教室に、ロンドンのレコード会社で働き、実際に契約交渉をした学生がいる場合、この学生は私では提供できない視野を教室に与えることができます」。

ノースイースタン大学の学生の大多数がこの co-op プログラムを履修するが、その多くは米国内の仕事を選択する。多くの学生は、アメリカ人の容姿やマナーが異質にみられる不慣れな場で、自身で切り開いていくことに不安を感じる。ノースイースタン大学にとっても学部生のために、仕事をあらゆる場所、特に海外で、探し出すことは容易ではない。

米国の外で仕事を得ることのできた学生にとって、得るものは大きい。言ってみれば、観光客の一時的な滞在と違い、これは地に足のついたグローバルな体験である。小規模なオフィスであるなどの場合、海外の企業のヒエラルキーは、米国より緩い場合がある。

コネチカット州チェシャー出身のノースイースタン大学の学生であるクリストファー・ターネイは、インドのバンガロールの IBM で、オペレーション・マネジャーのアシスタントとして働く契約を得た。「IBM はインドで常に事業拡張をしています」とターネイは語る。「新しい設備において、たとえば配線などで、うまくいかないことがあったとします。全てのトラブルはオペレーション・マネジャーを経る必要があり、私は彼の責任窓口でした。私はすべての執行部の会議に同席しました」。ターネイは、最も優秀な若手の執行役員ですら理解するのに数年かかる可能性のある、企業が直面する予測不能な事態について、初期の知見を得ることができた。

ポートランド州立大学（オレゴン州）——都市再生の中心にて

ポートランド州立大学は全米で急速に成長しているキャンパスの一つである。新世紀の初めの 10 年で学生総数は約 50％拡大し、約 3 万人規模となった。規模の拡大を他大学と同様に借金を重ね、最終的には学生に授業料やその他経費で負担させるのではなく、ポートランド州立大学は公的および民間

の機関と提携してこれを実現した。同時に、同大学は環境的にサステイナブルになるという野心的な目標も追及した。

「大学は、街の要となる機関である」とポートランド州立大学のウィム・ウィーウェル学長は語る。「大学は地域の守り神である」。

近年、同大学はサステイナビリティの教育プログラムを創設するための助成を獲得し、サステイナブルな交通プロジェクトと再生可能エネルギーの研究ラボ、そして全米で最もグリーンなビルのために地域のユティリティ・プロバイダと提携した。9000万ドルの学生寮の大部分は、民間企業の財政支援を得て建設された。

同大学の直近のプロジェクトは、キャンパス周り160エーカーの地域開発である。大学執行部は行政を説得し、通常であればカウンティ、町、学校に流れる税金を用いての、都市再開発地域の創成にこぎつけた。向こう3年間で約1.7億ドルが使われる。内5000万ドルはポートランド州立大学に流れる。「大学が町に裨益していた歳月の結果として、このようになった」とウィーウェルは語る。「しかしこれは同時に我々の学生に、地域と繋がるための更なる機会となる」。

プロジェクトの一部として、カウンティは人事部のための新しい本部を設置し、大学はそこに社会福祉プログラムを設置予定である。これら二つの組織はカウンティにとっての重要課題について、共同研究や評価プロジェクトを行う予定である。外部からの資金援助が得られない場合は、大学が資金を補填する予定である。学生が中心となって研究を推進する。こうしたパートナーシップは学生に実世界に対する感覚を与え、教育を日々の問題につなげることを可能とする。「だから本学の学位は価値あると見られているのです」とウィーウェルは語る。

セントメアリーズ・カレッジ（カリフォルニア州）──空き時間を利用する

多くのキャンパスにおいて1月は静かな月であるが、サン・フランシスコの東20マイルのカリフォルニア州モラガにあるリベラルアーツ・カレッジ

であるセントメアリーズ・カレッジは違う。そこでは睦月ターム（Jan Term）と呼ばれるプログラムにより、単一の科目による集中的かつ要求の高い学術経験が、年始の月を飾るのである。

「当該科目の唯一の要件は、学生の専攻分野のいかなる要件科目でもない、ということだけである」と睦月タームのディレクターであるスー・ファリスは語る。「ここは学生が自身の専門分野以外の分野を探索する時期です」。生物専攻の学生が、作詩の授業を取ることがある。あるいは英語専攻の学生が、化学教授による科学捜査に深入りする。これは勿論、キャンパスで最も人気の高い科目である。

多くの科目はキャンパスで教授され、1日2時間半の授業と課外学習がある。睦月タームは必修科目で、学生には成績も付与されるが、学生は120もの創意に富んだ科目から科目を選択できる。たとえば社会学の准教授であるロバート・バルマンは新しい科目を創りだし、これは後に『ハリウッド、高校に行く（Hollywood Goes to High School）』という本にもなった。「ハリウッドの映画で高校がどのように表現されているかを学生に観察させたのです」とバルマンは語る。「彼らは多様なパターンやトレンドをみつけ、レポートは示唆に満ちていました。彼らが楽しんでいるのを見て初めはうれしかったのですが、そのうちそれを羨むようになりました」。夏の間バルマンは自身でも研究活動を行い、100以上の映画を分析し、最終的に本を書いた。（一つの結論として、郊外の中流階級の学校でヒーローは一般に、白人学生である。貧困地域の非白人学校でヒーローは一般に、白人教師である）。

セントメアリーズ・カレッジの2800名の学生の1割近くは1月に、海外に滞在する。ショウニー・アンダーソン副学部長は30名の学生を連れて、2010年の大地震で荒廃したハイチの村を訪れた。「現地の人たちに協力して、何でもやろうとしました」とアンダーソンは語る。「11名に対して家を一軒建ててやりましたが、この村が本当に必要としているのは、給水設備であると思いました」。しかし水は川からふんだんに来ると主張して、村の人々は乗り気ではなかった。そのうちコレラが発生し、村人も清潔な水が必要であることを認識した。セントメアリーズのチームは雨水を貯める装置を作り、

学生の一人の親が寄付した太陽発電の浄水装置を据え付けた。

　次の睦月タームに向けてセントメアリーズ・カレッジは学生を十数名ずつ、サンゴ礁や文化を研究するためインドネシアへ、ルワンダの孤児院へ、歴史と環境を調査するためにキューバへ派遣する計画を練っている。全員が海外に行くわけではない。映画監督の引率のもとユタ州パークシティで開催されるサンダンス映画祭を見学に行くグループ、自然と文化史を調査にハワイに行くグループなどがある。1月以外の月を魅力的にするのは、セントメアリーズにとって大変に違いない。

サスケハナ大学（ペンシルバニア州）——学生を巻き込むための新しいカリキュラム

　学生の多くはコアカリキュラムを、専攻に集中する前にこなすべきチェックリスト、とみなしている。サスケハナ大学が2005年にカリキュラムの見直しを開始した際、単なる「要件科目をボルト止めしたようなもの」ではないものを作りたいと思った、とプロボストであるカール・モーゼスは語る。このため新カリキュラムは「セントラル・カリキュラム」と命名された。「これが全ての中心であると言っているのです」。

　このカリキュラムはサスケハナ大学の学部生の授業の4割を占める。これはとても多くの時間を占めるように見えるが、多くの専攻の要件科目はセントラル・カリキュラムの科目も含む、とモーゼスは説明する。カリキュラムの改訂はある面、全米学生エンゲージメント調査（NSSE）において、教員は学生の学業経験が不十分であると感じ、他方で学生は教員と一対一の対話が不十分であると感じていることが判明したことに後押しを受けた。新カリキュラムの一部は古典的なリベラルアーツで、これに「異文化体験」と呼ばれるスキル開発が組み合わさる。どの学生も米国、あるいはより多くの場合において海外で、2週間以上の体験をし、キャンパスに戻ったあかつきには、省察のための科目を取らなければならない。

　改訂は、学生に良いとされる10のハイ・インパクトの教育・学習実践の影響も強く受けている。これら実践のうち、サスケハナ大学の学生全員が6

つは経験し、多くの学生がこれに加えて3つ経験する。モーゼスがセントラル・カリキュラムについて言うには、「学生は、いくつかのスキルと知識を獲得し、自分自身についての理解と、他者に対する責任について認識を得て、大学を卒業していく」。

大学入学希望者にセントラル・カリキュラムの利点を説明するのは難しい可能性があるが、キャンパスに来ると学生はそれを理解する。アリアナ・ストーは最終学年の学生であるが、セントラル・カリキュラムのおかげで、多様な年次の学生と教室にいることが多い。「カリキュラムのどの段階にいるかによって、学生が教室に持ち込んでくるものが異なるのです」と、女子バスケチームのメンバーで、異文化交流経験としてコスタリカで青年スポーツクラブと働いたストーは語る。「これで授業がとても刺激的になります」。

テュレーン大学（ルイジアナ州）──ハリケーンにより新しい経験が必要とされる

困っている人を助けないと学部教育は修了しない。これはテュレーン大学の信念で、同大学の学生は、コミュニティへのサービスをする科目を2つ履修しないといけない。サービスは主に、大学の在するニューオーリンズに対してである。「初めに開始したとき、これはハリケーン・カタリーナからの復興プログラムの一部でした」とプロボストであるマイケル・バーンシュタインは語る。「全員総力戦でした」。

2005年に都心部を叩きのめした台風は、テュレーン大学も同様に荒廃させ、キャンパスの大半が浸水した。キャンパスが修復された後、大学は学生の注意をニューオーリンズの市民生活の改善に向けた。ニューオーリンズは、全米のなかでも健康や教育などの施策で遅れており、犯罪も多い。運に見放された人々に支援の手をさしのべることで、学生は成長し、文化的コンピテンシーを向上させる、とバーンシュタインは語る。これは後に彼らのキャリアに役立つこととなる。「学生は、異なる文化からくる、自分たちと異なる人々と関係することを学ぶ」とバーンシュタインは観察する。「現代の職場では必要とされる能力である」。

学生が携わる公共サービスは、履修している授業と関連がある必要がある。ジョリア・レイモンドは音楽の科目を履修し、同時に小学校におけるエリートのマーチング・バンドのチューターとなった。バンドにいるためには、成績が良くなくてはいけなかった。「ニューオーリンズの教育システムでは、一対一の支援を得ることの出来る生徒は限られています」とレイモンドは指摘する。「このバンドにおける条件はとても珍しく、かつ生徒にとってとても重要な経験でした」。

アマンダ・ブラックマンは演劇を専攻するために、テュレーン大学に入学した。このため彼女の最初のプロジェクトは高齢者福祉施設で、カタリーナの前、間、後の9名の人生に基づく演劇とダンスのパフォーマンスをすることだった。「このプログラムは住民に本当に大きな影響を与えました」とブラックマンは語る。「家族の多くが他の町に移住してしまったため、訪問してくれる人がいることにとても感謝されたのです」。

学生の初めてのプロジェクトは比較的簡単で、2つ目はより要求が高い。専攻を人類学に変更したブラックマンは2つ目のプロジェクトでテュレーン大学のコーエン研究所でインターンシップをし、教育改革に携わった。ブラックマンは小学生の学習の進み具合を調査する、という複雑なプロジェクトに関わった。ここでは、その小学生の成長を同級生との比較ではなく、その子の過去のベンチマークと比較する。

テュレーン大学の公共サービスは、どのようなインパクトを持ったのであろう？コミュニティ、そしてニューオーリンズの支援のために来た他の機関にどの程度役立ったかは、年数がたたないと分からないだろう。テュレーン大学にとってはこのプログラムは効果があった。「高校生の間で、我々のやっていることが噂になっているようです」とバーンシュタインは語る。

アイオワ大学——キャンパスにおける仕事を学習経験にする

多くの学生にとって、キャンパスにおけるアルバイトは単なる仕事である——学生生活を維持するための収入をもたらす、必要な労苦である。学生の

見方によれば、アルバイトは単に彼らの学習時間や余暇の時間を縮小するだけのものである。

アイオワ大学はこれらのアルバイトを、教育の重要な一部とみなす。フラタニティ[2]などのキャンパス活動や、ダンス・マラソン[3]ですら、学生が他者と協働することを学ぶ機会となることを発見した者もいる。「にもかかわらず、我々はキャンパスで長い時間、食堂やレセプション、警備などで働いて過ごす学生のことを放置しています」と評価および戦略的イニシアティブ担当ディレクターのセーラ・ハンセンは語る。

学生はアルバイトを通して、コミュニケーションをとること、異なる人々と働くこと、柔軟に対応すること、問題を解決することを学び、学業につなげることができる。アルバイトの監督者は一学期に二回、学生と面談し、学生が次の四つの問いについて考えるように、質問することとなっている——この仕事はあなたの学業にどう関係するのか？大学生活においてここで学んだ何が役に立つか？授業で学んだことで、仕事に活かせるものは何か？ここで学んだことで、後に職業で役に立つと思うものの事例をいくつか挙げよ。

「学生の一部は、ここで単にサンドイッチ作りを学んでいるだけである、と思っています」とハンセンは語る。「実際には、気むずかしい誰かなどと協働することを学んでいるのです。仕事というものが、決められた時間に自分がいなくてはいけないという場を与えている、ということを理解します。絵文字なしの電子メールの書き方を学びます」。

ケイトリン・クロフォードとヘイリー・ミラーの二人は、健康科学専攻の学部生としてヘルス・アイオワ（Health Iowa）という、アルコールや栄養、セックスなどのイシューへの知的行動を促進する機関で、有給で働いた。「授業ではアルコール依存症のプログラムの実施方法を学びました」とクロフォードは語る。「しかしキャンパスでアルコール行動に関わる調査をしたところ、間違いを犯したり、指示を誤って解釈したりする人々を相手にしなくてはいけない、ということを理解しました」。

---

2) フラタニティ（fraternity）：米国、カナダの大学などにおける男子学生の社交クラブ。
3) ダンス・マラソン（dance marathon）：ダンスをし続ける耐久性を競う競技。賞金などが多くの場合でる。1920 年代から始まり、大恐慌の 1930 年代に米国で特に大流行し、その後、多様なかたちで発展している。

ミラーは学生を対象として、危険な飲酒をコントロールするためのプログラムを実施した。ヘルス・アイオワは二年次の学生全員に電子メールをだし、一回の飲み会に5杯以上の飲酒を普段するかといった質問をした。この問いに肯定した者はカウンセリングに招かれた。ミラーはカウンセラーの一人であった。男子より女子学生をカウンセリングする方が容易である、と通常は思うだろう。しかし実際はそうではなかった。「男子学生はよりリラックスしていて、飲酒の習慣について話すことを厭いませんでした」とミラーは語る。「女子学生はより防御的でした。社会が、女性の飲酒より男性の飲酒を容認していることを反映していると思います」。

ミネソタ大学ロチェスター校（UMR）──メイヨー・クリニックとの提携

ラボやエリート教授に何億ドルも費やさずに、ワールドクラスの健康や科学教育を学部生に提供するにはどうすれば良いだろう？

ミネソタ大学は大学のブランチ・キャンパスを、世界最大級のロチェスターの医療機関であるメイヨー・クリニックのすぐ隣に構築することで、この問題を乗り越えた。「大学はメイヨー・クリニックの知的資源を活用でき、医師にここで講義をしてもらい、学生にも会ってもらえます」とUMR学長のステフェン・レムクールは語る。学生はメイヨーの研究室や、手術用のマネキンロボットを完備する巨大な医療シミュレーション・センターなどの優れた施設へのアクセスがある。

このパートナーシップはメイヨーにとっても好都合である。病院は分娩監視（妊娠時の胎児の心拍や子宮収縮の記録）などの奥義について資格のある技術者が必要であるが、近年こうした技術者にも学士号が要求されるようになっている。メイヨーは自身では学部プログラムは有さないため、UMRの卒業生がこうしたポジションに就くことは望ましい。

UMRは学生に対して、健康と科学をキャリアの飛び台として提供することを強く重視している、とレムクールは語る。このため、どの科目も科学あるいは医療に関係あるようになっている。

ジェシカ・ガスコインは同級生とともに短編『黄色の壁紙』を読んだ、英語の授業を思い出す。語り手は原因不明のメンタルな病に冒された 19 世紀の女性であった。教室での議論は、当該短編の文学的価値ではなく、語り手の患っている病の治療方法について展開された。「同時期の人々は、彼女が単に神経質であると考え、より睡眠をとるべきと思ったのです」とガスコインは語る。「しかし我々は、彼女が不安神経症を患っている可能性を検討し、現代的な治療が必要と考えました」。

ある歴史のクラスは伝統的医療を支配する男性のバイアスを詳細に分析し、攻撃的な精子が受動的な卵子により受胎が成立するという考え方があることを発見した。しかし現代では、卵子も精子と同等のパートナーで、精子を自らに引き寄せると考えられている。

ロチェスター・キャンパス外においても、UMR の学生はメイヨーと連携する。最終年次のエリー・リンシャイトは医師助手になりたいと思っている——これは、人間ドックや処方箋書きなど、医師と同じような仕事に携わることが出来る。彼女はホンジュラスの小さな郊外の都市までメイヨーの医師に同行し、4 日間で 1200 名の診療を行った。

「私はスペイン語が話せるので、医師のために通訳をたくさんしました」と彼女は語る。「そのほか、血圧や体重、その他の測定などをすることもできました」。さらに彼女は教科書にない、実世界の問題をじっくり考える機会を得た。「米国では患者に、水を大量に摂取するように指導することができます」と彼女は観察する。「しかしホンジュラスには清潔な水がないのです」。

レムクールは医学教育の未来が、巨大でダイナミックな健康産業から膨大な課題が突きつけられていると感じている。「今まだ存在しない職業に向けて学生を養成することを要求されているのです」と彼は語る。「どのようなものかも未だ知らない問題を、まだ発明すらされていない技術で解決することを求められています」。メイヨーと隣り合わせであることだけで、これらの課題のすべてを解決できる訳ではないが、はじめの一歩であることは確かである。

テキサス大学オースティン校──学習をゲームに転換する

RTTP というとても強力なゲームのおかげで、学生はフェイスブックに無関心になり、WoW [4] という PC ゲームをダウンロードすることも忘れると言われている。ニューヨークにあるペース大学の学生寮では、RTTP に参加しない学生が、学生寮の雰囲気が台無しになっていると不機嫌になるほど、17 世紀ボストンにおけるピューリタニズムの熱狂的ブームが巻き起こっている。「学生寮の半分がピューリタニズムについて会話している状態で、どうやってパーティーなんてするのか？」とある学生寮のアシスタントは聞く。

RTTP は、「過去に反応する（Reacting To The Past）」の略で、バーナード・カレッジのマーク・カーンズ教授とその仲間の素晴らしい発明品である。全米 300 の大学において学生を、歴史や政治哲学、同様な学術的追求の虜にする。テキサス大学オースティン校でリベラルアーツのオナーズ・プログラムのディレクターであるラリー・カーヴァーは 2003 年に、彼と同じような教員 40 名が RTTP を楽しむワークショップで、このゲームに巡り会った。「こんなにアカデミアが楽しそうにしているのを見たことがありません」とカーヴァーは語る。「しかも彼らは勝つつもりで参加しているのです」。

カーヴァーはこのコンセプトをオースティン・キャンパスに持ち帰り、一学期に 3 回ほど授業で RTTP を学生にさせる。二十数名の学生はチームに分かれ、イデオロギー的な立場や歴史の転換期──たとえば、ペロポネソス戦争や 1947 年のインド分割、フランス革命におけるパリなど──における立場を熱っぽく、しかし思慮深く議論する。

学生一人一人が参加者の役割を与えられ、当該人物の経歴や物の見方を詳しく調べ、それらに基づいて主張をしなければならない。「これまで講義やセミナーですら教えることのできなかった物の見方を彼らは最終的に理解し、内在化させます」とカーヴァーは語る。

1791 年のフランスの議会の再現で、ある学生はフランス国民軍の長マー

---

4) WoW（World of Warcraft）：米 Blizzart Entertainment 社が開発した、世界的にヒットし大成功を収めている大規模多人数同時参加型オンライン・ロールプレイング・ゲーム（Massive Multiplayer Online Role-Playing Game, MMORPG）。

キス・ド・ラファイエット侯爵として国の規律を維持しようとし、別の学生は王冠と自身の人生に執着するルイ16世の役を演じ、もう一人はその当時の代表的な革命家ジョルジュ・ダントンとなり、他の学生は商人や小作農などのマイナーな役ではあるが、革命についてはそれぞれに強い主張のある役となった。「これを通じて学生が一つ学ぶのは、歴史の多くは必然ではないということです」とカーヴァーは観察する。「ルイ16世がもう少し賢かったら、フランスは立憲君主制になっていたでしょう」。

　学生が事前調査をする時間も含めるとゲームは数週間に及び、その間に学生のチームはとても強くなる。「表面上はすべて礼儀正しいです」とカーヴァーは語る。「しかし水面下では、つばぜり合いが起きています」。チームのメンバーは夜遅くに集い、レポートを書き、メールを交換し、時にはホームページも開設する。口頭議論と補足のレポートの最後に審判（通常は教授）が優勝チームを決め、各学生に成績も付与する。

ウェイクフォレスト大学（ノースカロライナ州）──キャリア開発への着目

　ウェイクフォレスト大学は、キャンパスで初年次を開始する前から、学生をキャリアパスに載せる。オリエンテーションにおいて、自己およびキャリア開発担当のアンディー・チャン副学長は学生に、学部4年間に利用できる同室のサービスを紹介し、初日から自身の関心や熱意について自覚的になるように促す。

　大学の多くはチャンのようなオフィスをキャンパスの片隅に隔離する。チャンに副学長の称号を与えたことは、ウェイクフォレスト大学が学生のキャリア開発の支援を重要視していることの現れである。チャンはオフィスの仕事を進めるために800万ドル以上の寄付金を獲得した。

　オリエンテーションで学生はキャリア・パスポートという小さなノートをもらう。このノートには、卒業後のキャリアのために学生が毎年準備すべきことが記載されている。そのなかには、学生が自身に最も適している専攻を見つけるため、あるいはすでに決めた専攻で良いということを確認するため

の、適性テストも含まれている。リベラルアーツ専攻における最大の課題は、「このような専攻で自分は一体何ができるのか・・・？」である。

「実用的な専攻でないと職を得られないという感覚があり、それはとても悲しいことです」とチャンは語る。彼は学科の教員の協力を得て、当該学位で働く卒業生の職をリストアップしている。また、非実用的に見える分野の学位でどのようにして職を得たのかを卒業生が語る、ウェブ上のパネル討論も行っている。「これらを通じて学生は、教室の内外で自分たちが得ている経験が雇用主にとって価値がある、ということを認識します」とチャンは語る。「私たちの仕事の一つは、彼らに強い自意識と自信を持たせることです」。

ウェイクフォレスト大学のキャリア開発プログラムは、高等教育界のリーダーとして見なされている。その理由の一つは、職の探し方、お金の管理などの生活力、キャリア探しなどを授業で教えているからである。同様の授業を提供する大学はほかにもあるが、ウェイクフォレスト大学はこれらに単位を与えている、ということでユニークである——大学が、学生の卒業後の生活を真剣に考えていることの証である。

ウェイク・テクニカル・コミュニティ・カレッジ（ノースカロライナ州）
——早期からの学位取得開始

ノースカロライナ州ローリー（Raleigh）にあるウェイクアーリー健康・科学カレッジは毎年、グレーター・ローリー地域の8年生から75名を選抜し、4年、場合によっては5年で、高校の卒業証書とコミュニティ・カレッジの学位または健康科学の分野における修了書を得ることのできる加速プログラムに入学させる。

これらはまじめな学生です、とリザ・カミンズ校長は語る。しかし学力や芸術、スポーツなどで特別に優れているという訳ではありません。他の同年代と彼らが異なるのは、健康科学の分野のキャリアを追求したい、という目標があることである。「他の高校は生徒に、自分探しや自分の興味・関心を見いだす時間をたっぷり与え、自分が将来進むべき道を探させます」とカミ

ンズは語る。「我々はそのようなことはしません」。2006 年に開設された同校が一般的な高校のカリキュラムを提供しているといっても、ウェイクアーリーは、ヘルス・ケア領域の職につながることを明確に意識している。スポーツチームやその他の課外活動のような、学生の気をそらすような活動もない。

　学生たちは、自分たちより年上の大学生とともに、ウェイク・テクニカル・コミュニティ・カレッジで授業を受ける。ウェイクアーリー卒業生の約85％は、2 年分のコミュニティ・カレッジの単位をもって、四年制大学に入学する。残りの 15％はコミュニティ・カレッジに残り、准看護師や救命士、採血専門職[5]となるためのいくつかの科目をとる。

　ウェイクアーリーはノースカロライナ州の 70 の同様のプログラムの一つで、早期大学運動のリーダー的存在である。同様のプログラムはカリフォルニア、ニューヨーク、テキサスなどでも行われている。早期大学プログラムは、すべての 13 歳や 14 歳の生徒に適している訳ではないだろう。一部の生徒は何を専攻したいかを決めるために、学生として複数の科目をとってみる必要があるだろう。しかし目標が明確なティーネージャー、特に経済的に困窮している家庭の生徒には、このファーストトラックはまさにぴったしのスピードである可能性がある。

ウェストミンスター・カレッジ（ユタ州）──履歴書への一瞥

　多くの採用担当は、応募者の履歴書を数分で流し読みする。多くの場合、履歴書を見ただけでは、応募者が本当に仕事ができるかを判断するのは難しい。

　ウェストミンスター・カレッジの卒業生にとって、それはもう問題ではない。2011 年秋に入学した学生から学部生は全員、電子的なポートフォリオを作成することを求められる。ビデオであれ、レポートであれ、芸術展示であれ、背後にある仕事を他人が確認できる個人のウェブページを想定して欲しい。大学が定めた学習目標とポートフォリオのなかの証拠がどのように関

5）　採血専門職（phlebotomist）：資格を有する採血専門の専門職。日本にはこの資格は存在しない。

連付けられるのかについてのレポートも、学生は書く。

「このポートフォリオは成績表では伝達しきれない、学生のコンピテンシーを示します」とウェストミンスターの e- ポートフォリオ・コーディネーターのケリ・カーターは語る。

特定の産業の雇用主もこれを評価している。たとえばコミュニケーションの人事担当者は、口頭の説明ではなく、学生が実際に作成した作品を確認することができる。多くの場合、採用プロセスのどこかの段階で企業は作品のサンプルを見ることを希望し、e- ポートフォリオは選べるほど多くのサンプルを提供する、とカーターは語る。「企業がポートフォリオにアクセスすることができるため、ポートフォリオはうちの学生に就職市場において強みを与えます」と彼女は語る。

ウースター工科大学（マサチューセッツ州）──プロジェクトベースの学位

何世代も前、技術者は部屋の片隅で複雑な問題に取り組む一匹狼として知られていた。しかし現代の技術者はチームで働き、たまには非技術者と、また時間帯を越えて、クライアントと定期的にコミュニケーションをとりながら、仕事をする。そのような世界に備えるために、ウースター工科大学はプロジェクトベースの厳格なカリキュラムを、学生に提供する。21 世紀に社会が直面する大課題（エネルギー、高齢化、水、食糧）について検討する初年次のグランドチャレンジ・セミナー（Grand Challenges Seminar）において学生たちはプロジェクト・チームで、最難関の工学的問題に対しての可能性をデザインする。

最も重要な二つのプロジェクトは三年次と四年次に行う。三年次のプロジェクトは、社会の問題を、科学を通じて解決する。このプロジェクトはウースター工科大学の 3 科目分に匹敵し、学生グループは学外の組織や海外で、プロジェクトに携わる。レベッカ・シャープは三年次のプロジェクトで他の学生とともにナンビアに 7 週間滞在し、アフリカ諸国間の通商路を活性化するプロジェクトに関わった。現在シャープは四年次の学生で、彼女の

専攻分野であるバイオメディカル工学における卒業制作をしている。他二名の学生と協力しながら、彼らは幹細胞を筋肉組織に送り込み、外傷を得た後のモビリティを向上させようとしている。「これらのプロジェクトは、トラブルシューティングや必要なときの問題解決の方法を教えてくれました」とシャープは語る。「教室にいると、真に問題解決することはありません」。

このプロジェクトベースのカリキュラムは全般に、学生に有益であるとされるハイ・インパクトの教育・学習実践を複数含む——初年次ゼミ、協働プロジェクト、学部時代の研究活動、グローバル学習、卒業制作などである。

このような卒業要件が定められた 1970 年代にウースター工科大学を卒業した、電気・コンピュータ科学の教授であるデイビッド・シガンスキーは、これらプロジェクトにより、新しいことにでもすぐに全力で取り組むことが出来るようになるため、卒業生が労働市場で即戦力になると指摘する。「これは真の問題解決なのです」と彼は語る。「本物の問題解決を通じてしか、成長はできないのです」。

これらのプロジェクトは真のインパクトもある。数年前、三年次のあるプロジェクト・チームは、エネルギーを必要とする地元の学校のために風力発電を設計し、翌年、その発電所を作った。「講義して、どうすればうまくいくかを教える、というものではないのです」とシガンスキーは語る。「現地に自分たちで赴き、自分たちで解決方法を考え出さなければいけないのです」。

未来のためのチェックリスト

　この本のレポルタージュのため、私は 2012 年に二十以上の大学を訪問し、キャンパス見学をする学生のツアーを見かけるたびに、目立たないように一緒に歩いてみた。

　あるツアーでは、二ヶ月で 6 つのツアー見学を娘とした父親と話をした。「訓練は完璧さをもたらします」と彼は私に言った。今では彼はキャンパス見学のエキスパートで、他のツアーで親や生徒がした質問を網羅したノートをもっていた。

　多くの質問は、彼の娘がその日に見学したキャンパスと同じようなタイプのもので、その娘が数年後にいるであろうキャンパスを想定したものではなかった。この本は、多様な種類のキャンパスツアーのようなものである——高等教育システムの現状と将来の変わりうるべき方向性を伝える。以下に挙げるチェックリストは、特に親と大学入学志願者である生徒が、将来の大学を検討する際のガイドとして作成したものである。

　序章で警告したように、キャンパス訪問で、表面的な飾り付けや宣伝にだまされないで欲しい。大学は市場の混乱をうまく利用している。彼らは、入学志願者が大学のことについて知っている以上に、入学志願者のことを知っている。このようなバランスを変えるのはあなたである。できる限り大学について学んで欲しい。

投資利益率（ROI）を計算しよう

　大学教育は一つの投資である。可能な限り選抜性の高い大学に入学するようにしよう。調査によると、こうした大学の学生は卒業にまでこぎ着け、生涯賃金も高い。自分が選んだ大学が授業料の価値だけあるかを決める手段はないが、いくつかの指標を検討することで、自分が抱えるであろう借金の値打ちがあるかぐらいは、評価できる（第 8 章）。

- 同大学における、あなた同様の世帯出身者と学力の持ち主の、卒業率はどの程度か？
- あなたと同様のバックグラウンドを持つ学生のどの程度が二学期、そして二年次にまで進級するか？
- 卒業生の就職率はいくらか？どのように計算されているか？
- どの大学も宣伝する、有名な卒業生以外の、昨年の一般の卒業生は、どこで働いているか？5年前はどうか？10年前は？

単位の持ち運び可能性を確認しよう

　未来の学生は、複数の大学や非伝統的なプロバイダ、異なる国を渡り歩き、学位をつなぎ合わせることとなる。入学を希望する大学が、あなたの多様な学習経験を学位の一部として認定してくれるか、確認しよう（第7章）。

- 毎年編入学する学生の比率はいくらぐらいか？
- 編入者の単位の何割を、大学は毎年認定しているか？認められない単位は、どのような基準で認められていないのか？
- 入学希望の大学は単位認定に関連して、他大学との協定はあるか？
- 米国教育協議会（ACE）が認定した大規模公開オンライン講座（MOOC）を学生が修了した場合、大学はその単位を認定してくれるか？
- 学生が、授業時間数ではなく、自分の知っていることで単位をもらえる、コンピテンシーベースドの学位や単位の選択肢はあるか？

大学はどの程度、テクノロジーに精通しているか？

　入学者全員に iPad を配布しているか、キャンパスの隅々までワイヤレス・ネットワークが行き渡っているかなどは、どうでもよい。未来におけるテクノロジーの力は、学習を向上させ、コストを低下させることにある。大学が MOOC を提供しているのであれば、当該大学の教授と授業の雰囲気を味わうために、履修してみよう（第5、6章）。

・大学の科目のどれかで、学生が自分が知らないことに焦点をあてることのできるようなパーソナル化した学習は、アダプティブ・テクノロジーを通じて提供されているだろうか？

・大学の科目のどれかで、カーネギーメロン大学のオープンラーニング・イニシアティブあるいは他のプロバイダによるオープン教材は使われているだろうか？

・科目は多様な形態で提供されているか？たとえばハイブリッドの科目（対面授業とオンラインの組み合わせ）とオンラインのみの科目を、伝統的な対面授業と並行して履修している学生はどの程度いるだろうか？

・教授は基本的には講義をしているだろうか？それともテクノロジーを用い、講義の大部分を教室外で学ぶことができ、教室内では難しい概念をマスターするために用いることができるようになっているだろうか？

大学の優先事項と学術的堅牢性についてセンスを持とう

大学の優先事項がより名声を得ることにあるか、学生を教育することにあるかを把握しよう。一つか二つ、授業を実際に受講してみよう。授業評価のサンプルをリクエストして、学生が教授をどのように評価しているかを見てみよう。学生新聞も読んでみよう（第1、2章）。

・大学が認証評価において指摘を受けたこと、あるいは認証がなされなかったことはあるか？

・成績においてAまたはBを得ている学生の比率はどの程度か？

・フルタイム教員の比率はどの程度か？初年次学生の授業の何割が、これら教員により担当されているか？

・授業においてライティングとリーディングはどの程度要求されているか？一週間に40頁以上のリーディング、または一学期に20頁以上のライティングを要求する授業の比率はどの程度か？

・大学は、大学学習評価テスト（CLA）に参加しているか？ほとんど公表はされていないが、その平均点を聞き、四年次学生が初年次学生に比べ

てどうかを見てみよう。

・教育にあてられている予算は、学生サービスに対する予算に比べてどの程度か？

大学が学生の、第1ではなく、第5の職に向けて準備してくるかを確認しよう

　高校の最高年時に達する頃には学生はおおかた、どのキャンパスに行きたいか、心を決めている。しかし家族は実際に大学のためにいくら払うことになるのか知らず、更に重要なことには、それをどのように経済的に負担するかを、最終決断する数週間前まで知らない。大学からの学資援助の書類は共通のフォーマットではないため、十分に吟味しよう（第3章）。

・借金を抱えて卒業する学生の比率はどの程度か？
・卒業時の学生の借金額の平均はいくらか？
・どの程度学資援助が得られるかを典型的な学生が知るのはいつか？学資援助の通知文のサンプルをリクエストしてみよう。
・昨年度2.5万ドル以上の学生ローンを抱えて卒業した学生の比率はどの程度か？5万ドル以上の場合はどうか？
・親のローンの平均額はいくらか？
・志願者が「大学に経済的に適しているか」はどのように判断されているか？

大学の財務的健全性を評価しよう

　米国の大学の実に3分の1は、リーマンショック以前より如実に悪い財務状況にあり、サステイナブルではない財務パスにある。残りの大学の4分の1は、その仲間になる危険性が極めて高い。入学希望者は希望する大学の財務的健全性を知っているべきである（第4章）。

・大学授業料のディスカウント率はどの程度か？その比率は拡大しているか？

・過去数年において大学は、入学者数の目標を達成できているか？

・大学が支出する学資援助額を差し引いた授業料収入（正味の授業料）は拡大、あるいは維持できているか？それとも縮小しているか？

・大学の債券格付けはどうか？ただし、全ての大学が格付けされている訳ではないことには留意しよう。もし格付けされている場合は、最新の債券格付けの報告書のコピーを入手しよう。

・過去10年間で大学がした借金総額はいくらか？それは何に使われたか？

謝辞

優れた教育は熱意のある教師から始まる。私は自分の人生において、公式および非公式にも優れた教師に恵まれた。彼らは皆、この本になんらかの形で寄与している。

過去15年間、私はクロニクル・オブ・ハイヤー・エデュケーション紙において全米で最も優れたジャーナリストとともに働く名誉にあやかった。私の高等教育についての知見の大部分は、クロニクル紙における経験による——優れた記事を求めて世界中を飛び回らせてくれたこと、紙面をどのような内容でカバーすべきかに深く気に掛け、その知識を私にも共有してくれたレポーターやエディタたちによる。この本の準備および執筆するにあたって長い会話に付き合ってくれた Goldie Blumenstyk、Scott Carlson、Tom Bartlett、Sara Hebel、Marc Parry、Scott Smallwood、Karin Fischer、Jeffery R. Young、Eric Hoover、Sara Lipka、そして前同僚である Paul Fain から多くを学んだ。彼らは私のアイディアを聞いてくれて、助言や情報を提供し、そして時には章を読んでくれた。クロニクル紙もこのプロジェクトを初めから支援してくれた。エディタである Liz McMillen は、あらゆる場面で私を力強く勇気づけてくれ、出版業界に関する知見を授けてくれた。そして編集長の Phil Semas は、混乱や革新がある所にはどこにでも行けるような柔軟性を与えてくれた。この本の部分部分は幾ばくか異なるかたちでクロニクル紙に掲載され、その材料をここにリプリントする許可を得たことに私は感謝している。

私の高等教育の未来に対する関心は、私が2011年の夏に参加したハーバード・ビジネススクールの一日のセッションでかき立てられた。クレイ・クリステンセンが主催したものであり、私はサザン・ニューハンプシャー大学のポール・ルブラン学長を通じてこの小さな集まりへの招待を得た。この招待およびポール・ルブラン学長がこの原稿にしてくれたフィードバックに感謝している。そのハーバードでの会議を通じて、その他いくつかの集会に

参加することができ、この本の材料集めやアイディアを聞いてもらう機会を得た。これらのプロジェクトは、そこで出会えた人々およびそこで出来た調査の双方において、すこぶる有益であった。これについて、American Enterprise Institute の Andrew Kelly、前ビル＆メリンダ・ゲイツ財団の Hilary Pennington、American Institutes of Research のマーク・シュナイダー、ベイン・アンド・カンパニーの Jeff Denneen、スターリングパートナーズの Tom Dretler に私は恩義がある。

　この本でレポートするために、全米の大学を訪問し、とても魅力的かつ協力的な執行役員、教授、学生達に会った。そのうちの何名かは特別にミーティングを用意してくれたり、データを収集してくれたり、重要な情報を教えてくれたりし、特別の感謝を表明するのに値する——Randy Bass、John Burness、アンソニー・カーネベル、ダン・ポルターフィールド、Jeff Strohl である。ハフィントンポストの Peter Cherukuri にも、彼が示してくれた友情と、この本に重要な示唆を与えてくれたワシントン DC の最も興味深い人々を紹介してくれた好意に感謝したい。

　私は Sheila McMillen、Paul Heaton、Kathleen Santora、Mark Kantrowitz、Jay Lemons、Tracy McPherson から各章や本全体について優れたフィードバックを得た。Meg Handley と Imran Oomer の二人の研究者は、出典を探し、番号を確認する労をとってくれた。もし事実や解釈に誤りがある場合は、それは全て私のみのせいである。

　このプロジェクトは数年前、良き友人で、メンターで、前隣人である Lee Smith とのランチの席から開始した。彼はフォーチュン紙のシニア・ライターとエディタとしての優れたキャリアを有し、東京とワシントンの出版支社のチーフを務めた。Lee は背後で、この本に登場する大学のプロファイルを集めるのを手伝ってくれ、執筆が壁に突き当たっているときも私の気持ちを支えてくれ、何よりも重要だったのは、Spieler Agency の John Thornton という著作権代理人を紹介してくれた。新米ライターとしてこれ以上の支持者は望めなかっただろう。

　この本を執筆しだす前、私は他の著者に助言を求めた。多くはエディタと

のトラブルを教えてくれた。しかしアマゾンの Katie Salisbury と会ったとき、私の本は安泰であると思った。彼女はこのトピックに強く共感してくれ、私の読者に対する認識を鮮明にしてくれ、いくつもの思慮深い編集を通じてこの原稿の世話をしてくれた。実際、アマゾンのチーム全員と、そのインプリントである New Harvest は Houghton Mifflin Harcourt と共に、素晴らしい協力者だった。彼らには全員感謝をしたい。

私のこのプロジェクトの考えに寄与してくれた二名はもうこの世にいない——US ニューズ＆ワールド・レポートの Al Sanoff と、ジョージア大学の Doug Toma である。両者とも私に高等教育について多くを教えてくれたが、彼らは癌で早くしてこの世を去った。彼らの影響はこの本の隅々まで浸透している。

この本は、私が時間が少しでもある時、朝や夜遅く、週末などに執筆された。これは友人のネットワークと家で助けてくれたベビーシッター、特に Maria Orozco なしでは実現しなかった。執筆中、私を応援してくれていたのは私の両親、Jim と Carmella、姉の Jamie と兄の Dave である。兄は私の人生を通じて、特に私の教育に関して、私を勇気づけ、動機を与え、支援してくれた。私は協力的な親戚にも恵まれラッキーであったが、彼らは多すぎてここでは挙げきれない。私は特に義理の父と母、Gene と Sandy Salko に感謝している。彼らは私の執筆活動中に家や休暇でピンチヒッターを演じてくれた。そして私がタイトルで苦慮しているとき、言葉に対する才能のある義理の妹 Tracey Selingo が救いの手を差し伸べてくれた。

私の家族以上に、彼らが引き受けてくれた犠牲について感謝に値する者はいない。私の娘達、Hadley と Rory は幼すぎて、パパがどうしてレポーティングや執筆活動でこんなにも長い時間離れていなければいけなかったのか理解することができない。この本を私が書いて良いかについて、彼らは口を挟むことが出来なかった。このため、いつか彼らがこの本を読むときに理解してくれることを期待している。

最後に、私の妻 Heather は 1 年半の間、一緒に過ごした起きている時間の全てにおいて、私がこの本について話すのに耳を傾けてくれた。彼女は各章

の初期のバージョンにおいて、そして後の研究活動において有用なフィードバックをくれた。私が〆切におびえ、自分の理論やアイディア、結論に疑問を持ったとき、それが彼らをより多くの時間締め出すことを意味しても、いつも私を勇気づけてくれた。彼女は、私がレポートのための出張や単に執筆作業のために家を離れている間、新生児と幼児とともに、留守を守ってくれた。しかし何よりも、彼女の愛情と私の人生のパートナーとしての支援は、私を全体としてより良い人間にしてくれた。

257

原注

序

1 これは、2009 年に大学入学し、2010 年にまだ在籍していた学生について推定した数値である。毎年何名の学生がドロップアウトしたかを正確に求めることは、連邦政府がアメリカの大学やカレッジの卒業率を追跡調査している方法からして、難しい。公式の大学生の卒業率は、パートタイム学生や編入予定の学生など多くの学生を除外している。本書では特別に明記しないかぎり、大学卒業率ウェブサイト（collegecompletion.chronicle.com）の 2010 年の卒業率を使用した。

2 経済協力開発機構（OECD）による。高等教育達成率について米国は他の諸国に対して大きく遅れを取ったと広く信じられている。しかし実際にそうであるかは OECD の数字をどのように解釈するか、またこの指標に全ての学位や年齢層が含まれているかに依存する。

3 Pew Research Center. *Is College Worth It?* （Washington, D.C.: Pew Research Center, 2011）.

4 U.S. Department of Education. *Test of Leadership: Charting the Future of Higher Education.* Washington, D.C.: U.S. Department of Education, 2006.

5 "State Fiscal Support for Operating Expenses of Higher Education per $1,000 of Personal Income." *Postsecondary Education Opportunity.* February 2012.

6 Tanya Caldwell, "Harvard, Yale and Other Ivy League Schools Are Most Selective This Year," *The Choice* （blog）, *New York Times*, March 29, 2012, http://thechoice.blogs.nytimes.com/2012/03/29/ivy-league-college-admission-rates/

7 David Leonhardt, "Top Colleges, Largely for the Elite," *New York Times*, May 24, 2011, http:// www.nytimes.com/2011/05/25/business/economy/25leonhardt.html

1. 信用保証に向けての激レース

1 "The Top 1 Percent: What Jobs Do They Have?" *New York Times*, January 15, 2012, http://www.nytimes.com/packages/html/newsgraphics/2012/0115-one-percent-occupations/index.htm l

2 Sabrina Tavernise, "A Gap in College Graduates Leaves Some Cities Behind," *New York Times*, May 30, 2012, http://www.nytimes.com/2012/05/31/us/as-college-graduates-cluster-some-cities-are-left-behind.html

3 As quoted in Scott Carlson, "Sprawling Mesa, Ariz., Aims to Become a College Town," *Chronicle of Higher Education*, March 18, 2012, http://chronicle.com/article/Sprawling-Mesa-Ariz-Aims-to/131230/

4 Carl L. Blankston III, "The Mass Production of Credentials: Subsidies and the Rise

of the Higher Education Industry," *The Independent Review* (Winter 2011) : 325–49.

5　David Glenn, "Discipline by Discipline, Accreditors Multiply," *Chronicle of Higher Education*, July 24, 2011, http://chronicle.com/article/As-Accreditors-in-Particular/128377/

6　Eric Kelderman, "Struggling Colleges Question the Cost　— and Worth　— of Specialized Accreditation," *Chronicle of Higher Education*, October 5, 2009, http://chronicle.com/article/Struggling-Colleges-Question/48685/

7　J. Douglas Toma, "Institutional Strategy: Positioning for Prestige," in *The Organization of Higher Education: Managing Colleges for a New Era*, ed. Michael N. Bastedo (Baltimore: The Johns Hopkins University Press, 2012), 119.

8　Elizabeth F. Farrell and Martin VanDerWerf, "Playing the Rankings Game," *Chronicle of Higher Education*, May 25, 2007, http://chronicle.com/article/Playing-the-Rankings-Game/4451/

9　Robin Wilson and Jeffrey Brainard, "The Research Drain," *Chronicle of Higher Education*, May 8, 2011, http://chronicle.com/article/Universities-Ante-Up-Own-Money/127428/

10　Katherine Mangan, "A Growth Spurt for Medical Schools," *Chronicle of Higher Education*, January 12, 2007, http://chronicle.com/article/A-Growth-Spurt-for-Medical/4846/; Peter Schmidt, "Florida's Board of Regents Wings a Reprieve (for Now) Fromthe Legislature," *Chronicle of Higher Education*, May 19, 2000, http://chronicle.com/article/Floridas-Board-of-Regents/15069/; Karin Fischer, "Florida's Board of Governors Approves 2 New Medical Schools," *Chronicle of Higher Education*, April 7, 2006, http://chronicle.com/article/Floridas-Board-of-Governors/5423/

11　"ABA-Approved Law Schools," American Bar Association, accessed April 8, 2012, http://www.americanbar.org/groups/legal_education/resources/aba_approved_law_schools.html

12　Jeffrey F. Milem, Joseph B. Berger, and Eric L. Dey, "Faculty Time Allocation: A Study of Change over Twenty Years," The Journal of Higher Education (2000), 454–75.

2.　消費者はいつも正しい

1　David Glenn, "A Professor at Louisiana State Is Flunked Because of Her Grades," *Chronicle of Higher Education*, May 16, 2010, http://chronicle.com/article/A-Professor-at-Louisiana-State/65555/

2　Hemi H. Gandhi, "Combating the Facebook Index," *Harvard Crimson*, October 24, 2011, http://www.thecrimson.com/article/2011/10/24/facebook-class-phenomenon/

3　Stuart Rojstaczer and Christopher Healy, "Where A Is Ordinary: The Evolution of American College and University Grading, 1940–2009," *Teachers College Record*, Volume

原 注 259

114, Number 7, accessed April 12, 2012.

4　David Glenn, "A Professor at Louisiana State Is Flunked Because of Her Grades."

5　Patrick Healy, "Harvard's Honors Fall to the Merely Average," *Boston Globe*, October 8, 2001, http://www.hsj.org/modules/lesson_plans/article. cfm?ArticleId=184&menu_id=&submenu_id=&module_id=2

6　Richard Arum and Josipa Roksa, *Academically Adrift: Limited Learning on College Campuses* (Chicago: The University of Chicago Press, 2011). Kindle edition.

7　Richard Arum, Esther Cho, Jeannie Kim, and Josipa Roksa, *Documenting Uncertain Times: Post-Graduate Outcomes of the Academically Adrift Cohort* (New York Social Science Research Council, 2012), 3–4.

8　Based on interviews with Jane Wellman and Delta Cost Project on Postsecondary Education Costs, Productivity, and Accountability, *Trends in College Spending 1999–2009: Where Does the Money Come From?* (Washington, DC: Delta Cost Project, 2011).

9　Gary Rhoades, "The Study of American Professionals," in *Sociology of Higher Education: Contributions and their Contexts*, ed. Patricia Gumport (Baltimore: Johns Hopkins Press, 2007), 128.

10　As quoted in Beckie Supiano, "Swanky Suites, More Students?" *Chronicle of Higher Education*, April 11, 2008, http://chronicle.com/article/Swanky-Suites-More-Students-/33537

11　As quoted in Tracy Jan, "BU dorm offers a study in luxury," *Boston Globe*, September 2, 2009, http://www.boston.com/news/education/higher/articles/2009/09/02/bu_dorm_offers_a_study_in_luxury/

12　Buildings & Grounds (blog), *Chronicle of Higher Education*, http://chronicle.com/blogs/buildings/, accessed May 15, 2012.

13　The story of the changes in campus tours is adapted from Eric Hoover, "Golden Walk Gets a Makeover From an Auditor of Campus Visits," *Chronicle of Higher Education*, March 6, 2009, http://chronicle.com/article/Golden-Walk-Gets-a-Makeover/21806/; Eric Hoover, "Campus Tours Go Disney," *Washington Monthly*, April 2011, http://www.washingtonmonthly.com/college_guide/feature/campus_tours_go_disney.php?page=all; Jacques Steinberg, "Colleges Seek to Remake the Campus Tour," *New York Times*, August 18, 2009, http://www.nytimes.com/2009/08/19/education/19college.html?_r=1

14　Greg Winter, "Jacuzzi U.? A Battle of Perks to Lure Students," *New York Times*, October 5, 2003, http://www.nytimes.com/2003/10/05/us/jacuzzi-u-a-battle-of-perks-to-lure-students.html?pagewanted=all&src=pm

15　Elizabeth Armstrong and Laura Hamilton, research to be included in a forthcoming book from Harvard University Press, http://www-personal.umich.edu/~elarmstr/research.html.

260

3. 1兆ドルの問題

1 Kelsey Griffith の話は著者インタビューに基づき、次の記事に紹介された。Andrew Martin and Andrew W. Lehren, "A Generation Hobbled by the Soaring Cost of College," *New York Times*, May 12, 2012, http://www.nytimes.com/2012/05/13/business/student-loans-weighing-down-a-generation-with-heavy-debt.html?pagewanted=all&_r=0; Kelsey Griffith, interview by Robin Young, *Here & Now*, WBUR, May 15, 2012, http://hereandnow.wbur.org/2012/05/15/student-loans-debt

2 Meta Brown, Andrew Haughwout, Donghoon Lee, Maricar Mabutas, and Wilbert van der Klaauw, "Grading Student Loans," Liberty Street Economics (blog), Federal Reserve Bank of New York, March 5, 2012, http://libertystreeteconomics.newyorkfed.org/2012/03/grading-student-loans.html

3 History of tuition and financial aid policies adapted from Michael Mumper, *Removing College Price Barriers* (Albany, NY: State University of New York Press, 1996); Donald E. Heller, "The policy shift in state financial aid programs." *Higher Education: Handbook of Theory and Research*, Volume XVII. Ed. J. C. Smart (New York: Agathon Press, 2002).

4 William J. Bennett, "Our Greedy Colleges," *New York Times*, February 18, 1987, http://www.nytimes.com/1987/02/18/opinion/our-greedy-colleges.html

5 Name has been changed to protect the family's privacy.

6 Jonathan D. Glater, "A Cruise, and in Turn, Perhaps a Loan?" *New York Times*, May 9, 2007, http://www.nytimes.com/2007/05/09/us/09cruise.html

7 "Illegal Inducements and Preferred Lender Lists," accessed July 16, 2012, http://www.finaid.org/educators/illegalinducements.phtml

8 Beckie Supiano, "When a Student's First-Choice College Is Out of Financial Reach," Head Count (blog), *Chronicle of Higher Education*, May 11, 2011, http://chronicle.com/blogs/headcount/when-a-students-first-choice-college-is-out-of-financial-reach/28205

9 Story of Katherine Cooper adapted from lawsuit filing, *Alexandra Gomex-Jimenez, Scott Tiedke and Katherine Cooper v. New York Law School*, Supreme Court of the State of New York, County of New York, August 10, 2011, and Matthew Shaer, "The Case (s) Against Law School," New York Magazine, March 4, 2012, http://nymag.com/news/features/law-schools-2012-3/index1.html

10 David Segal, "Law School Economics: Ka-Ching!" *New York Times*, July 16, 2011, http://www.nytimes.com/2011/07/17/business/law-school-economics-job-market-weakens-tuition-rises.html?pagewanted=all

11 David Segal, "Is Law School a Losing Game?" *New York Times*, January 8, 2011, http://www.nytimes.com/2011/01/09/business/09law.html?pagewanted=all

12 "Grading Student Loans," Liberty Street Economics (blog).

原 注 261

4. 高等教育を未来永劫変える 5 つの破壊的力

1 Teresa Sullivan 学長についての著者インタビューと、Paul Schwartzman, Daniel de-Vise, Anita Kumar, and Jenna Johnson, "U-Va. upheaval: 18 days of leadership crisis," *Washington Post*, June 30, 2012, http://www.washingtonpost.com/local/education/u-va-upheaval-18-days-of-leadership-crisis/2012/06/30/gJQAVXEgEW_story.html

2 Eric Hoover and Beckie Supiano, "This Year Colleges Recruited in a 'Hall of Mirrors,'" *Chronicle of Higher Education*, May 29, 2009, http://chronicle.com/article/This-Year-Colleges-Recruited/47490/

3 Audrey Williams June, "After Costly Foray Into Big-Time Sports, a College Returns to Its Roots," *Chronicle of Higher Education*, May 18, 2007, http://chronicle.com/article/After-Costly-Foray-Into-Big/22156/

4 Paul Fain, "Birmingham-Southern's President Resigns While Trustees Explain College's Financial Meltdown," *Chronicle of Higher Education*, August 11, 2010, http://chronicle.com/article/Birmingham-Southerns/123880/

5 Jeff Denneen and Tom Dretler, "The Financially Sustainable University," Bain Brief, July 6, 2012, http://www.bain.com/publications/articles/financially-sustainable-university.aspx

6 Kelly Field and Alex Richards, "180 Private Colleges Fail Education Dept.'s Latest Financial-Responsibility Test," *Chronicle of Higher Education*, October 12, 2011, http://chronicle.com/article/180-Private-Colleges-Fail/129356/

7 "Moody's downgrades Drew University's（NJ）long-term rating to Baa1 from A3; outlook is stable," accessed July 29, 2012, http://www.moodys.com/research/Moodys-downgrades-Drew-Universitys-NJ-long-term-rating-to-Baa1--PR_249768

8 Thomas G. Mortenson, "State Funding: A Race to the Bottom," *The Presidency*, Winter 2012, http://www.acenet.edu/the-presidency/columns-and-features/Pages/state-funding-a-race-to-the-bottom.aspx

9 Tom Bartlett and Karin Fischer, "The China Conundrum," *New York Times*, November 3, 2011, http://www.nytimes.com/2011/11/06/education/edlife/the-china-conundrum.html?pagewanted=all

10 Eric Hoover and Josh Keller, "More Students Migrate Away From Home," *Chronicle of Higher Education*, October 30, 2011, http://chronicle.com/article/The-Cross-Country-Recruitment/129577/

11 As quoted in Mara Hvistendahl, "Asia Rising: Countries Funnel Billions Into Universities," *Chronicle of Higher Education*, October 5, 2009, http://chronicle.com/article/Asia-Rising-Countries-Funnel/48682/

12 Sara Lipka, "Student Services, in Outside Hands," *Chronicle of Higher Education*, June 13, 2010, http://chronicle.com/article/Student-Services-in-Outside/65908/

13 Penelope Wang, "Is college still worth the price?" *Money Magazine*, April 13, 2009,

http://money.cnn.com/2008/08/20/pf/college/college_price.moneymag/

14 Frederick Rudolph and John Thelin, *The American College and University: A History* (Athens, GA: University of Georgia Press, 1990), 219.

5. パーソナル化された教育

1 As quoted in Dan Berrett, "How 'Flipping' the Classroom Can Improve the Traditional Lecture," Chronicle of Higher Education, February 19, 2012, http://chronicle.com/article/How-Flipping-the-Classroom/130857/

2 National Association for College Admission Counseling, "Early Notification Study," September 2010, http://www.nacacnet.org/research/research-data/nacac-research/Documents/EarlyNotificationStudy2010.pdf

3 Steve Cohen, "What Colleges Don't Know About Admissions," Chronicle of Higher Education, September 21, 2009, http://chronicle.com/article/What-Colleges-Dont-Know-About/48487/

4 "How a Match.com for Students Could Make College Admissions Obsolete," The Atlantic, accessed June 28, 2012, http://www.theatlantic.com/business/archive/2011/09/how-a-matchcom-for-students-could-make-college-admissions-obsolete/245970/

5 Robert Bardwell, "A Veteran High School Counselor Responds to a Report Critical of the Profession," The Choice (blog), New York Times, March 5, 2010, http://thechoice.blogs.nytimes.com/2010/03/05/bardwell/

6 Complete College America, "Time is the Enemy," September 2011, http://www.completecollege.org/resources_and_reports/time_is_the_enemy/

6. オンライン革命

1 William Poundstone, "How to Ace a Google Interview," *Wall Street Journal*, December 24, 2011, http://online.wsj.com/article/SB10001424052970204552304577112522982505222.html

2 Kevin Carey, "Stanford's Credential Problem," Brainstorm (blog), *Chronicle of Higher Education*, May 14, 2012, http://chronicle.com/blogs/brainstorm/stanfords-credential-problem/46851

3 As quoted in Jeffrey R. Young, "Inside the Coursera Contract: How an Upstart Company Might Profit From Free Courses," *Chronicle of Higher Education*, July 19, 2012, http://chronicle.com/article/How-an-Upstart-Company-Might/133065/

4 Steven Leckart, "The Stanford Education Experiment Could Change Higher Learning Forever," *Wired*, March 20, 2012, http://www.wired.com/wiredscience/2012/03/ff_aiclass/

5 Dan Berrett, "3 Colleges' Different Approaches Shape Learning in Econ 101," *Chronicle of Higher Education*, June 18, 2012, http://chronicle.com/article/Econ-101-

原 注 263

From-College-to/132299/

6　William J. Baumol, "Health care, education and the cost disease: A looming crisis for public choice," *Public Choice*, Volume 77, Number 1 (1993), 17–28, DOI: 10.1007/BF01049216.

7　The Sloan Consortium, "Going the Distance: Online Education in the United States, 2011," accessed August 15, 2012, http://sloanconsortium.org/publications/survey/going_distance_2011

8　Pew Research Center, *The Digital Revolution and Higher Education* (Washington, D.C.: Pew Research Center, 2011).

9　Marc Parry, "Tomorrow's College," *Chronicle of Higher Education*, October 31, 2010, http://chronicle.com/article/Tomorrows-College/125120/

10　William G. Bowen, Matthew M. Chingos, Kelly A. Lack, and Thomas I. Nygren, "Interactive Learning Online at Public Universities: Evidence from Randomized Trials," Ithaka S+R, May 2012.

11　As quoted in Tamar Lewin, "Harvard and M.I.T. Team Up to Offer Free Online Courses," *New York Times*, May 2, 2012, http://www.nytimes.com/2012/05/03/education/harvard-and-mit-team-up-to-offer-free-online-courses.html/

12　As quoted in David Wessel, "Tapping Technology to Keep Lid on Tuition," *Wall Street Journal*, July 19, 2012, http://online.wsj.com/article/SB10001424052702303942404577534691028046050.html

7.　学生の渦

1　Sara Lipka, "Ambitious Provider of Online Courses Loses Fans Among Colleges," *Chronicle of Higher Education*, September 18, 2011, http://chronicle.com/article/Ambitious-Provider-of-Online/129052/

2　Don Hossler, Doug Shapiro, and Afet Dundar, *Transfer & Mobility: A National View of Pre-Degree Student Movement in Postsecondary Institutions* (Herndon, VA: National Student Clearinghouse Research Center, February 2012).

3　As quoted in Lee Gardner and Goldie Blumenstyk, "At Calif. Public Colleges, Dreams Deferred," *Chronicle of Higher Education*, August 13, 2012, http://chronicle.com/article/For-Golden-States-Public/133565/

4　John Gravois, "The College For-Profits Should Fear," *Washington Monthly*, September/October 2011, http://www.washingtonmonthly.com/magazine/septemberoctober_2011/features/the_college_forprofits_should031640.php

5　Council for Adult and Experiential Learning, *Moving the Starting Line Through Prior Learning Assessment* (PLA) (Chicago: Council for Adult and Experiential Learning, August 2011).

6　Jeffrey R. Young, "A Conversation With Bill Gates About the Future of Higher Education," *Chronicle of Higher Education*, June 25, 2012, http://chronicle.com/article/

A-Conversation-With-Bill-Gates/132591/

8. 価値の対価としての学位

1 Anthony P. Carnevale, Stephen J. Rose and Ban Cheah, The College Payoff (Washington, DC: The Georgetown University Center on Education and the Workforce, 2012).

2 Higher Education Research Institute, "The American Freshmen: National Norms Fall 2011," Research Brief, January 2012, http://www.heri.ucla.edu/PDFs/pubs/TFS/Norms/Briefs/Norms2011ResearchBrief.pdf

3 Melissa E. Clinedinst, Sarah F. Hurley, and David A. Hawkins, 2011 State of College Admission, National Association for College Admission Counseling, http://www.nacacnet.org/research/research-data/Documents/2011SOCA.pdf

4 Higher Education Research Institute, "The American Freshmen: National Norms Fall 2011."

5 Stacy Berg Dale and Alan B. Krueger, "Selective College: An Application of Selection on Observables and Unobservables," The Quarterly Journal of Economics (November 2002) : 1491–1527.

6 Caroline Hoxby, "The Return to Attending a More Selective College: 1960 to the Present," in Forum Futures: Exploring the Future of Higher Education, eds. Maureen Devlin and Joel Meyerson (Jossey-Bass Inc., 2001) : 13–42.

7 Mark Hoekstra, "The Effect of Attending the Flagship State University on Earnings: A Discontinuity-Based Approach," The Review of Economics and Statistics (November 2009) : 717–24.

8 As quoted in William G. Bowen, Matthew M. Chingos, and Michael S. McPherson, Crossing the Finish Line: Completing College at America's Public Universities (Princeton, NJ: Princeton University Press, 2009). Kindle edition.

9 Joshua Goodman and Sarah Cohodes, First Degree Earns: The Impact of College Quality on College Completion Rates (Cambridge, MA: Harvard Kennedy School, August 2012).

10 As quoted in Elizabeth F. Farrell and Martin VanDerWerf, "Playing the Rankings Game."

11 As quoted in Doug Lederman, "The Secretary Offers a Preview," Inside Higher Ed, September 8, 2006, http://www.insidehighered.com/news/2006/09/08/measure#ixzz25bAr4ASe

12 As quoted in "Q&A: Former Secretary of Education Margaret Spellings Discusses the Impact of Her Commission," Chronicle of Higher Education, September 17, 2011, http://chronicle.com/article/Q-A-Former-Secretary-of/129065/

13 As quoted in Doug Lederman, "Campus Accountability Proposals Evolve," Inside Higher Ed, June 26, 2007, http://www.insidehighered.com/news/2007/06/26/

原 注　265

accountability#ixzz25nK2G4hM

9.　未来に必要なスキル

1　Carl Bialik, "Seven Careers in a Lifetime? Think Twice, Researchers Say," Wall Street Journal, September 4, 2010, http://online.wsj.com/article/SB10001424052748704206 80457546816280587799.html

2　Sarah E. Turner and William Bowen, "The Flight from the Arts and Sciences: Trends in Degrees Conferred," Science 250 (1990) : 517–21; Steven Brint, "The Rise of the Practical Arts" in The Future of the City of Intellect: The Changing American University, ed. Steven Brint (Stanford, CA: Stanford University Press, 2002), 222.

3　William Damon, The Path to Purpose: How Young People Find Their Calling in Life (New York: Free Press, 2008), 5.

4　Association of American Colleges and Universities, "Raising the Bar: Employers' Views On College Learning In The Wake Of The Economic Downturn," accessed August 5, 2012, http://www.aacu.org/leap/documents/2009_EmployerSurvey.pdf

5　Roger Schank, Teaching Minds: How Cognitive Science Can Save Our Schools (New York: Teachers College Press, 2011) : 46.

6　Mark C. Taylor, "End the University as We Know It," New York Times, April 26, 2009, http://www.nytimes.com/2009/04/27/opinion/27taylor.html?pagewanted=all

7　As quoted in Lila Guterman, "What Good Is Undergraduate Research, Anyway?" Chronicle of Higher Education, August 17, 2007, http://chronicle.com/article/What-Good-Is-Undergraduate/6927/

8　Institute for International Education, Open Doors 2012: Report on International Educational Exchange (Washington, D.C.: Institute for International Education, 2012). Previous annual editions of this report also consulted.

9　Karin Fischer, "Short Study-Abroad Trips Can Have Lasting Effect, Research Suggests," Chronicle of Higher Education, February 20, 2009, http://chronicle.com/article/Short-Study-Abroad-Trips-Can/1541

10　Sue Shellenbarger, "Better Ideas Through Failure," Wall Street Journal, September 27, 2011, http://online.wsj.com/article/SB10001424052970204010604576594671572 584158.html

11　A. G. Lafley, "Keynote Speech" (speech, Wake Forest University, Winston-Salem, NC, April 12, 2012).

12　As quoted in Ron Daniels, "Deep, smart, and diverse," Johns Hopkins Magazine, Spring 2012, http://hub.jhu.edu/magazine/2012/spring/deep-smart-and-diverse

13　Eric C. Wiseman, "The Current and Future World of Work" (panel discussion, Wake Forest University, Winston-Salem, NC, April 12, 2012).

10. なぜ大学か？

1 Claire Cain Miller, "Want Success in Silicon Valley? Drop Out of School," Bits 〔blog〕, New York Times, May 25, 2011, http://bits.blogs.nytimes.com/2011/05/25/want-success-in-silicon-valley-drop-out-of-school/n o t e s / 225

2 Anthony P. Carnevale, Tamara Jayasundara, and Andrew R. Hanson, Career and Technical Education: Five Ways That Pay Along the Way to the B.A. 〔Washington, D.C.: The Georgetown University Center on Education and the Workforce, 2012〕.

3 Harvard Graduate School of Education, Pathways to Prosperity: Meeting the Challenges of Preparing Young Americans for the 21st Century 〔Cambridge, MA: Harvard Graduate School of Education, 2011〕.

4 Sabrina Tavernise, "A Gap in College Graduates Leaves Some Cities Behind."

5 Andrew Delbanco, College: What It Was, Is, and Should Be 〔Princeton, NJ: Princeton University Press, 2012〕. Kindle edition.

6 Michael Mumper, Removing College Price Barriers 〔Albany, NY: State University of New York Press, 1996〕.

7 Pew Research Center, Is College Worth It?

結語

1 Thomas Bartlett, "Phoenix Risen," Chronicle of Higher Education, July 6, 2009, http://chronicle.com/article/Phoenix-Risen/46988/

2 Indiana University Center for Evaluation and Education Policy, Charting the Path from Engagement to Achievement: A Report on the 2009 High School Survey of Student Engagement 〔Bloomington, IN: Indiana University Center for Evaluation and Education Policy, 2010〕.

3 Marc Prensky, "Digital Natives, Digital Immigrants," On the Horizon 〔Vol. 9, No. 5〕, October 2001.

4 Marc Prensky, "Digital Natives, Digital Immigrants, Part II: Do They Really Think Differently?" On the Horizon 〔Vol. 9, No. 6〕, December 2001.

5 Peter Cookson Jr., Blended Learning: Creating the Classrooms of Tomorrow Today, forthcoming from ASCD book.

6 John Seely Brown, "Growing Up Digital: How the Web Changes Work, Education, and the Ways People Learn," USDLA Journal 〔Vol. 16, No. 2〕, February 2002.

データソース

特別に明記しない限り、カギ括弧は著者のインタビューあるいは集会や会議のプレゼンテーションに依る。

卒業率

この本に記載されている卒業率は、特別に異なる記載がない限り、2010年の6年以内卒業率で、http://collegecompletion.chronicle.com に依る。

授業料、その他経費、学資援助

College Board, Trends in Higher Education

http://trends.collegeboard.org/

教育と学歴別の所得

U.S. Censes, Current Population Survey

http://www.census.gov/cps/

その他の全米教育統計

National Center for Education Statistics

http://nces.ed.gov/

Integrated Postsecondary Education Data System

http://nces.ed.gov/ipeds/

専攻別の収入と失業率

Georgetown Center on Education and the Workforce。

http://cew.georgetown.edu/

大学生の意識調査

Higher Education Research Institute, University of California at Los Angeles

http://www.heri.ucla.edu/

［解説］日本の高等教育に寄せて——訳者からのメッセージ

訳者　船守 美穂

本書の概要

　本書は米国の高等教育の混乱を、高等教育クロニクル紙（Chronicle of Higher Education）の編集長である著者セリンゴ氏が、取材等から得たエピソードをふんだんに取り入れながら、鮮明に描き出しています。

　年間数万ドルにものぼる学費、卒業時に10万ドルを越えることもある学生ローン、そして待っているのは非正規雇用に借金地獄。これに対して、大学に行くことをしきりに勧める高校の進路カウンセラーに、授業料の定価ショックを乗り越えるように助言する大学のアドミッションオフィス。そして、豪華ホテルのような学生寮、流れるプールなどのアメニティ、新設学部、授業料ディスカウントなどで高校生を魅惑する大学。さらに問題なのは大学中退者の多さ。米国では6年以内卒業率が平均でも6割程度なのです。これでは大学が教育投資に見合わないという批判を受けてもしょうがないでしょう。セリンゴ氏は、大学選びにおいて、フィーリングという曖昧な基準で判断するのではなく、大学授業料や学資援助の額、卒業率、そして卒業後の就職状況を必ず確認することを勧めています。

　本書は大規模公開オンライン講座（MOOC）がブームとなった翌年の2013年に出版されたこともあり、未来に向けての方向性がオンライン教育や、それが可能とするパーソナライズド教育、そしてコンピテンシーベースド教育に見いだされています。学部段階において、フルタイムで働きながら大学に通う学生が4割にのぼり、扶養家族があったり、家庭から経済的に独立していたりなど、なんらかの形でノン・トラディショナルである学生が7割以上を占める状況において、学生が昼間の授業に毎回参加することを前提とした教育方法には無理があります。また近年のインターネットおよび個人の携帯端末の普及を考えると、この方向性は現実味を帯びてきます。特に、

講義を受けた時間を基準とするのではなく、獲得している知識やスキルを測り、単位を付与するコンピテンシーベースド教育は、一定の知識やスキルを既に有しており、1単位45時間の学修に付き合いきれない社会人学生にとって、需要の高い教育方法です。

とは言っても、セリンゴ氏も高等教育の未来がこれらオンライン教育やパーソナライズド教育、コンピテンシーベースド教育のみにあるとは思っていません。これにフィットする学生もいれば、従来通りの教室における教育に向く学生もいる。特に高校卒業とともに入学してくる学生にとっては後者の方が良い場合が多いし、ハーバード大学のような威信高い大学はこれから何十年たっても大きくは変わらない。しかし大きな流れとして、つまり高等教育がユニバーサル化し、多くの人々が人生の多様なライフステージにおいて、自身のライフスタイルや価値観に合った方法で大学と関っていく時代において、高等教育もより柔軟性をもつ方向に変わらざるを得ない、とセリンゴ氏は見ています。

結語においてセリンゴ氏は未来の大学の方向性として、①パーソナル化した教育、②ハイブリッド授業、③学位のアンバンドリング、④流動的なタイムライン、⑤大学を金銭面からみることの5つを挙げ、10年後の大学像として、在学期間中に自分だけのオンリーワンの学位を編み出す学生を描いています。ここで学生は、自分のライフステージに応じて自身が必要とする科目を、自分の所属大学からだけでなく、所属以外の大学や企業等との連携プログラム、学外の主体が提供するオンライン科目などから選び出して受講し、単位を取得していきます。教育形態も、対面授業やオンライン授業、これらの組み合わせであるハイブリッド授業などがあり、また授業方式も座学や実験・演習だけでなく、問題解決型学習（PBL）やアクティブラーニング、インターンシップなど多様です。授業料も、科目形態ごとに異なります。セリンゴ氏は、こうした未来の高等教育に向けた取り組みを行っている大学を複数、付録に紹介しています。ここに紹介された大学の多くが、社会や職業とのレレバンスをもった教育学習活動を組み込んでいることは特筆すべきでしょう。

日本で本書を読む意義

さて、このような米国の高等教育の現状が日本の高等教育に示唆するものは何でしょう？私が本書を翻訳することを決めたのには、3つの理由があります。

◆決してバラ色とは言えない米国高等教育の現実を知る

一つは、本書が米国の高等教育の混沌とした現状を、多くの具体例とともに、鮮明かつ分かりやすく描き出していることです。日本は米国をお手本にした政策を打ち出すことが多い。それは米国の高等教育が成功していると信じられているからですが、本書にも述べられているように、それは過去の栄光であり、過去10年で米国の高等教育は急速に状況を悪化させていっています。その現状を知った上で、何を取り入れ、何を回避した方が良いかを、日本は検討した方が良いと思われます。

無論、3つのポリシーやルーブリック、GPAなど、日本で取り入れた高等教育のパーツが直接、米国のこうした高等教育の混乱の原因となっている訳ではありません。しかし、たとえば日本国内の高大接続の議論において言及されることの多い、米国のAPプログラムや大学進学適正試験（特にSAT）は、当初は大学に進学する優秀な学生層のみを対象としてデザインされたものであったものの、より多くの学生が利用するよう、高校低学年の生徒も対象とし、受験の機会を複数回提供するように、途中から変わりました。これにより、教育機関が実施している訳でもない大学進学適性試験やAPプログラムが、大学教育や高校教育に浸食し、高等教育および中等教育のあり方に大きな影響を及ぼしていると言われています。ある意味、高等教育マス段階における高大接続は、これらプログラムの拡大により整備されたとも言えますが、一方で、このようなプログラムの対象拡大が、収入拡大を必要とする、これらの運営主体であるカレッジボードによりもたされたという事実も見逃すわけにはいきません。米国大学関係者からは、本来は自分たちで、自分たちの大学に適した入学選抜を行いたいのにそれもできない、といった

ぼやきも聞かれます。たとえば、難関校の理数系などではSATやACTの問題では易しすぎ、学力を十分に測れないのです。

いずれの制度も、導入当初は適切な理念のもとに運営されていても、時間の経過とともに制度疲労を起こします。米国は日本の20年先を行くとしばしば指摘されていますが、であるならば、制度を取り入れる際に、導入当初の設計コンセプトだけでなく、それが使用とともに、どのような効果や副作用を及ぼしたのかも含めて吟味し、導入したいものです。本書に紹介されているエピソードの多くは、現在の高等教育システムに翻弄されながらも、たくましく生きる人々の悲喜こもごもを紹介しており、堅苦しい論文や統計などからは読み取れない、現代の高等教育システムに内在する矛盾を体感できます。

◆新しい手法を模索する米国のダイナミズムに学ぶ

本書を訳すこととしたもう一つの理由は、本書が先駆的な大学や関係機関の取り組みをふんだんに紹介していることです。セリンゴ氏が高等教育クロニクル紙の編集長であるという立場を活かして行った、大学長やCEOとのインタビューの内容が多数紹介されているので、これら大学等がどのような背景のもとに構想、デザインされ、運営されているのかが手に取るように分かります。また日本において米国の大学の取り組みが紹介されるときは、ハーバード大学やMIT、スタンフォード大学などのエリート大学の取り組みが多いのですが、ここで紹介されているのは中堅以下の大学や学生がほとんどです。これらの層こそが、現在の高等教育の混乱の波をもろに被っているので、この状況になんらかの解決を与えようとして切磋琢磨する大学の切実さが肌身をもって感じられますし、模索を続ける日本の中堅以下の大学にも参考となると考えられます。

日本はこうした新しい取り組みが少なすぎ、かつ、取り組みが行われていても社会でなかなか受け入れられず、いつの間にか消えていくことが多いように感じます。また、中堅以下の大学において学生と日々真剣に向き合っている大学教員の取り組みが、日本では日の目を見ていないということも事実

[解説] 日本の高等教育に寄せて　273

でしょう。かと思えば、「新しい時代の教育」に向けて、どの大学も3つの
ポリシーをたて、GPAにルーブリック、FDを導入し、課題解決型のアクティ
ブラーニングや地域密着型の教育プログラムを随所に宣伝するという、「新
しい取り組みの金太郎飴状態」が発生する。これは、国の政策としてこれら
がチェックポイントとして提示されるため、ある程度はしょうがないことで
はあります。しかし学生には、汎用的能力として論理的思考力や問題解決力
を要求しておきながら、大学側は皆同じアプローチしかしていないというの
はどうか、と感じます。

　受け入れている学生や大学の設置形態、取り巻く環境は、大学ごとに異な
り、単一のアプローチで日本全国の大学の問題が解決されることは、到底あ
りえません。無論、打つ手がないからこそ、新しい取り組みの金太郎飴状態
が発生しているとも言えるのですが、それだからこそ、本書から新しい発想
を見いだしてほしい。本書に紹介されている取り組みでそのまま導入できる
ものは少ないと思いますが、それでも、学生側のニーズを注意深く読み取り、
それに応える教育プログラムを企画し、場合によっては新しい市場も生み出
そうとする米国の大学の姿勢には、学べるものがあります。

◆日米高等教育の現状の共通点と差異を吟味する

　最後に指摘したいのは、本書から描き出される、微妙に類似も乖離もして
いる、日米の高等教育についてです。

①大学授業料の高騰問題

　本書に描写されているような米国の高等教育の現状について話をすると、
日本も大学授業料がじわじわと値上がりしているし、奨学金が返済できず自
己破産するというニュースも聞く。経済的理由で大学進学を断念したり中退
したりする学生もいるので、早晩米国と同じ状況になるのではないか。だか
ら日本も、オンライン教育に反転授業、コンピテンシーベースド教育に切り
替わらなくてはいけないのではないか、と一足飛びに結論付ける人がいます。
2015年12月に文部科学省が衆議院の委員会において、国立大学法人の運営

費交付金に依存する割合と自己収入割合を同じとする場合に必要となる授業料値上げ幅の試算を報告し、その場合、「15 年後には授業料が現在から 40 万円増の 93 万円となる必要がある」と示したことが騒ぎとなりました。これについては文部科学省が、「向こう 15 年間、国立大学授業料の大幅値上げの予定はない」と翌年 3 月に明言し、騒ぎを打ち消しましたが、この社会のリアクションはまさに、英米で現在起きている大学授業料の高騰を念頭に起きたものと思われます。

　授業料の高騰は、高等教育のマス化を背景に、公財政では負担しきれなくなった高等教育に関わる経費を一般家庭で負担してもらわざるを得ないというところに端を発していますから、知識基盤社会への移行に伴い、どこの国でも直面する問題で、検討される課題です。しかしながら、高等教育経費をどのような財源で負担するかには多様な方法がありますし、日本のように、少子化により高等教育人口が縮小傾向にあるとなれば、高等教育経費の上昇が鈍化するという効果もあるでしょう。また日本はそもそも、戦後の高等教育の量的拡大を私立大学が担ったため、一般家計が高等教育費を負担する率の高い国として知られています。高等教育への公財政支出が国の経済規模 (GDP) の 0.5% のみで、OECD 加盟国のなかで最下位というのは、頻繁に指摘されることです。これが良いことであるとは一概には言えませんが、一方で、このような事情により、他国に比べると、逼迫する公財政の影響を受けにくい構造にあるとは言えます。

　文部科学省が向こう 15 年間の国立大学授業料の大幅値上げなしと言っていたからといって、そうなるという保証はありませんが、他国よりは長く粘ることができる可能性はあります。しかし、授業料を値上げすることで、経済的に豊かな学生には授業料を多く負担してもらい、経済的に困窮する学生には学資援助を通じて負担軽減を図るという考え方もあり、実際米国ではそのような考え方のもとで授業料値上げしているということもありますから、「授業料値上げ」と聞いただけでリアクションするのではなく、高等教育を社会としてどのように維持・負担していくのが適切なのかに立ち戻って、考えていきたいものです。

[解説] 日本の高等教育に寄せて　275

　なお米国では、本書が執筆された後の 2014 年、テネシー州がコミュニティ・カレッジの授業料無償化に踏みきり、これに複数の州が続き、2018 年 1 月の時点で 12 の州と 2 つの市が、それぞれの州または市の高等教育予算で、これを実現しています。オバマ前大統領も、"America's College Promise" として、コミュニティ・カレッジの授業料無償化を 2015 年 1 月に掲げましたが、その後の大統領選で民主党が敗北したため、連邦政府による支援は実現していません。米国のコミュニティ・カレッジは、成績に依らず、意欲があれば誰でも受け入れ、社会における成功への機会を提供する、米国民主主義の理念を具現化する機関です。二年制で、四年制大学への編入が可能となる準学士号取得プログラムのほか、さまざまな職業に向けての職業教育や資格取得、成人教育、文化教育、外国人のための英語教育など、幅広い教育プログラムを提供しています。

　日本では、人づくり革命の一環として、高等教育の無償化が 2017 年に打ち出され、現在、その具体化に向けての検討がなされています。米国の授業料無償化政策との相違点は、こちらは授業料無償化の範囲が「高等教育機関（＝コミュニティ・カレッジ）」で規定されるのではなく、「進学希望の生徒（＝低所得者層）」で規定されていることです。また、実務家教員や外部人材の登用、成績評価の厳格な管理、財務・経営情報の開示など、生徒が進学する大学について一定の条件が課されており、基本的には、優良大学に通う苦学生への支援が想定されていることが、見て取れます。日米、いずれの無償化政策が正しいというものでもありませんが、政策の目的が格差是正なのであれば、意欲があれば誰でも受け入れる高等教育機関を対象とした支援という考え方があっても良いのかもしれません。これは、高等教育のマスからユニバーサル段階への移行にもつながるでしょう。

②大学の中途退学問題

　大学中退については、経済的理由で学業を断念する学生が本書に描かれており、日本においても、スケールはより小さいものの、経済的理由で中退する学生が、長引く不景気とともに拡大しています。2012 年度中の中途退学

と休学等の状況について文部科学省が行った調査によると、中途退学者と休学者はそれぞれ全体の2.65％と2.3％にのぼり、「経済的理由」が両者の最大の原因となっています。

　しかしながら、この調査とは別に、文部科学省からの委託で行われた「経済的理由による学生等の中途退学の状況に関する実態把握・分析等及び学生等に対する経済的支援の在り方に関する調査研究」（2016年3月）の報告書では、中途退学についてはそもそも統計調査が少ない上、大学によって留年や休学、学費滞納等による除籍などの統計の取り方がマチマチで、実態を正確に把握することは難しいことが指摘されています。また文部科学省の調査は、中途退学の理由を複数の選択肢から一つ挙げるという単一回答のため、経済的理由が上位に挙がっていますが、委託調査の方では中退理由一つ一つに対して4件法で調査しており、ここでは「勉強に興味や関心を持てなかった」「学校生活に適応できなかった」「単位が取れず卒業できそうになかった」について、「当てはまる」「まあ当てはまる」とした回答者がそれぞれ6割前後に上り、これらが上位3つの理由となっています。4－6位の理由にはそれぞれ回答者の約3割が当てはまると回答し、「経済的理由」は6位にきます。

　両調査を同時に説明するとしたら、委託調査の上位3つの理由は、中途退学の直接の理由となるには漠然としているものの、中途退学者の全体的なムード感を示している。一方で中途退学に至る実際の引き金は、文部科学省調査で示された「経済的理由」が引いている、ということではないでしょうか。

　本書にも、「高額な授業料を負担してまで大学に行く理由が見いだせなかった」と語る学生の事例が複数紹介されていますが、中退対策をするのであれば、このような学生の悩みにまず、大学人としては応えていく必要があります。つまり、社会とのレレバンスがますます稀薄となっている昨今の大学教育についての再検討が、必要とされています。ここを改善することが、中途退学者予備軍の縮小と活気あるキャンパスライフの実現につながると期待されます。

［解説］日本の高等教育に寄せて　277

③オンライン教育の可能性

　オンライン教育については、日本ではこれまでなかなか根付かずにいましたが、ラーニングマネジメントシステム（LMS）の利用が拡大し、特別の知識がなくても教材の製作・管理・公開がオンラインでできるようになり、だいぶ普及してきたように感じます。学生がスマホなどの携帯端末を一人一台持つようになり、インターネットを通じた方が学生に連絡が取りやすくなるにつれ、事務連絡や教材受け渡し、自宅学習の材料などがLMSを通じてやりとりされるようになっており、LMSを用いて授業運営をシステマチックに行う教員も増えています。おそらく、学部段階の基礎的な科目については、網羅的に提供できるだけの教材が、オンライン上にほどなくして集積すると思われます。

　米国のような営利目的であったり、大学の正規プログラムとして提供されたりするオンライン教育は、成人学生やノントラディショナル学生が日本の大学には未だ少ないこと、こうしたオンライン教育を加速するベンチャーキャピタルや教育IT企業が日本では極めて弱いことなどから、現状では伸びる兆しがまだ見えません。しかし日本においても、企業等ではe-ラーニングを用いた研修などが徐々に拡大しています。また、技術発展により参入障壁が下がり、同時に、社会における高等教育や生涯学習に対する需要が拡大していけば、大学においてもオンライン教育が徐々に伸びる可能性は否定できません。しかし、日本の大学におけるオンライン教育は第一段階としてはとりあえず、部分的な反転授業やハイブリッド型授業の実施、リメディアル教育やキャリア教育、入学前教育におけるオンライン教育の利用といったところから拡大していくように思います。

　といっても、このような時代錯誤的な感覚をもっているのは高等教育提供側だけで、学生は友人と常時ネットでつながってレポート課題の確認や関連の情報収集を行い、サークルの運営やバイトの日程調整などもネットを通して行い、運動系などであれば毎回の練習を動画に撮り、お互いに品評しながら研鑽を積むのは、当たり前の行動となっているので、大学がインターネットやネット上のサービスをより駆使していないことの方が、疑問に感じられ

るようになっています。上述のように、教育コンテンツやその解説はネット上にあふれていますから、そのうちにネット塾や学習コミュニティが、教え方の上手いカリスマのユーチューバーなどのもとに、ネット上に自然発生的に形成されてくるのかもしれません。そのときに高等教育機関がどのような立ち位置で教育を行うのか。単なる単位や学位の発行機関とならないようにする必要があります。

④コンピテンシーベースド教育

コンピテンシーベースド教育については、世界的に注目がなされているものの、その教育の定義や範囲が文脈によって異なるため、注意が必要です。

コンピテンシーは、OECD の「キーコンピテンシー」や米国 IT 企業等による「21 世紀型スキル」、文部科学省の「学士力」や経済産業省の「社会人基礎力」のように、所謂「知識や学力」とは異なる、社会において人々と協力しながらうまくやっていくための「汎用的能力」を一般には指します。しかし米国においては、学習時間に全く依らずに、指定されたコンピテンシーをマスターしたことを示すと単位が取得できる「ダイレクトアセスメント・プログラムズ」について、連邦政府による学資援助を適用するということが 2013 年に教育省により再確認されて以来、「コンピテンシーベースド教育」と言うと、ここで認定されたプログラムを指すようになっています。同時に、ここで認定されたプログラムの多くが、コンピテンシーを有していることを示すことが比較的容易かつ明快な、看護師などの専門職学位を対象としていることにも、留意が必要です。またこれらは多くの場合、成人学生や社会人学生を対象とした、オンラインによるプログラムです。

一方、コンピテンシーという言葉は使っていないものの、本書にも紹介されている全米大学協会（AAC&U）の提唱する LEAP プログラムにおける「ハイ・インパクト実践（HIP）」というのは、はじめに示した「汎用的能力」であるコンピテンシーを醸成するための 10 の教育手法を指しています。また、学位取得により学生が習得しているべき力を表現した、ルミナ財団主導の「DQP（Degree Qualification Profile）」も、一般にイメージされる「コンピ

［解説］日本の高等教育に寄せて　279

テンシー」に近い取り組みです。前者は大学発の取り組みであるのに対して、後者は第三セクターの財団主導で、取り組みのコンテクストが異なり、大学における受け止められ方も異なりますが、いずれも社会のなかでやっていくための力を、育成ないし評価する試みです。

　大学の中途退学問題の節でも指摘しましたが、現代の学生は、大学教育と社会とのあいだのレレバンスを見いだせずに、苦悩しています。大学で提供されるアカデミックな科目が、社会に出たときにどのように役に立つのか理解できないし、就職活動に役に立つようにも思えないのです。これは大学教育が、エリート層のみを対象としていた時代の伝統的な教育内容や手法を現代にまで引きずり、高等教育がマス化した現状に対応していないためと理解されます。社会にでたときに必要となる力を効果的に身に付けさせる高等教育が、中堅以下の層に対して提供されていない。またエリート層にとっても、社会がボーダーレスとなり、領域横断的に複雑に絡み合った問題を解決していかなければいけない時代において、旧来型の専門領域を深めていくアカデミックな教育だけでは、通用しなくなっている可能性があります。

　米国も模索中であることもあり、米国で行われている取り組みがそのまま役に立つとは限りませんが、日本は日本なりの模索をしていきたいものです。

21世紀高等教育に向けての模索

　世界の高等教育は変化の渦のなかにあります。知識基盤社会の到来、産業構造の変化、データ爆発、グローバル化、市場化、資本主義の行き詰まり、地球規模の課題の噴出など、大規模な変化の時代にあって、高等教育だけでなく、社会が大きな構造変化に晒されています。大学においては、大学改革に続く大学改革で、「改革疲れ」が頻繁に指摘されていますが、社会の側の落ち着く先がまだ見えていないので、大学の方もまだまだ、社会とともに改革を続けなければいけないでしょう。大学人は一般に、真理を追求することを本業とするため、最終型や理想型を求めがちで、このような終わりの見えない変革に次ぐ変革には、ストレスを強く感じることが多いようです。しか

しそうはいっても、誰にも最終的な落着点は見えていないので、これはこういうものとして受け入れ、アダプティブに変革をし続ける必要があるでしょう。

　そのときに大事なのは、高等教育が教育課程の最終段階にあり、社会と教育課程の接合点にあるということを認識することにあると思います。それまでの教育の総仕上げをして、社会に出たときに、社会を支えていくことのできる人材として、学生を仕立て上げる。これまで大学がこれを意識せずとも、十分に機能していたのは、大学に進学する層は社会の上位数割にとどまり、これら優秀層は何を特別にしなくとも、社会に出ても組織の随所で社会をリードする存在でいたからであると思われます。これら層は自らの力で社会を切り開いていくことができ、大学の、ややもすれば放任主義的とも言える教育が、効果的に作用する層であった。しかし大学進学率が5割を超え、専門学校も含めたら、18歳人口の大多数がなんらかの高等教育を得る時代においては、それらの人材および、それら人材が社会に出て担う役割を十分に吟味し、これに適した大学教育をデザインする必要があります。「20年後に、今ある職業の半分はなくなる！」とまことしやかに言われていますが、それであるからこそ汎用的な力を身に付けさせることに意味があります。また職業も20年かけて変わっていくのですから、学生が卒業する4年後ぐらいの時点は十分に見越しながら、教育をしていくことができます。

　現代から未来につながる大学教育やアカデミアそのもののあり方をデザインすることは創造性を必要とし、アカデミアにまさにふさわしい営みと言えます。大学改革を厭うのではなく、先頭を切って社会のリデザインを先導し、21世紀にふさわしい豊かでダイナミックな社会を提案し、生み出していきたいものです。

索引

事項索引

日本語	英語	ページ
アート＆サイエンス・グループ	Art & Science Group	154
アイオワ大学 - キャンパス内アルバイト	University of Iowa: campus jobs at	238-240
アカデミック・カレンダー	academic calendar: redesign of	217
アサバスカ大学技術拡張知識研究所	Technology Enhanced Knowledge Research Institute	100
アマゾン	Amazon	99, 103, 109, 255
アメリカ合衆国科学技術政策局	White Office of Science and Technology Policy	104
アメリカ国立衛生研究所（NIH）	National Institutes of Health	84
アメリカ法曹協会（ABA）	American Bar Association	31-32
アメリコー（AmeriCorps）	AmeriCorps	166, 202
アリゾナ州メサ - 高等教育	Mesa, Arizona: higher education in	20
アリゾナ大学 - 州外学生	University of Arizona: out-of-state	89
アルトゥッシャー、ジェームズ『生きている最もラッキーな人となる方法』	Altucher James: How to Be the Luckiest Person Alive	196
生きている最もラッキーな人となる方法（アルトゥッシャー著）	How to Be the Luckiest Person Alive (Altucher)	196
イサイドア・ニューマン・スクール	Isidore Newman School	175
イタリア - 大学中退率	Italy: college drop-out rate in	5
インターンシップ	internships	72, 142, 147, 171, 178, 199, 232, 238
インド - 高等教育	India: higher education in	188, 212

ヴァイディアナサン, シヴァ『グーグル化の見えざる代償 ウェブ・書籍・知識・記憶の変容』	Vaidhyanathan, Siva: The Googlization of Everything (and Why We Should Worry)	41
ウィルクスバリ, ペンシルバニア州	Wilkes-Barre, Pennsylvania	204
ウースター工科大学 - プロジェクトベースド・カリキュラム	Worcester Polytechnic Institute: projectbased curriculum at	246-247
ウェイクフォレスト大学 - キャリア・カウンセリング	Wake Forest University: career counseling at	243-244
ウェスタンガバナーズ大学 - コンピテンシーベースド教育	Western Governors University: competency-based education at	143-147, 152
ウォール街を占拠せよ	Occupy Wall Street Movement	19, 57, 204, 218
エンパイアステートカレッジ - コンピテンシーベースド教育	Empire State College: competency-based education at	148
落ちこぼれゼロ法	No Child Left Behind	172
親共同負担ローン	Parent PLUS loan	65
オリンピック（ロンドン）	Olympic Games (London)	223
オレゴン大学 - 州外学生	University of Oregon: out-of-state students at	89
オンショア・アウトソーシング	Onshore Outsourcing	199-201
オンライン学習	online learning	10, 14, 42, 79, 91-94, 100-104, 114-131, 134-138, 142-147, 150-152, 184, 207, 209-210, 214-216, 220-221, 242-243, 249
カーン・アカデミー	Khan Academy	91-94, 115, 117, 150, 210
ガウチャー大学 - スタディ・アブロード	Goucher College: promotes study abroad	229-230
学位コンパス	Degree Compass	109, 111, 112
学業的漂流（アラムとロクサ）	Academically Adrift (Arum and Roksa)	44, 54, 182

学習転換のための全米センター（NCAT）	National Center for Academic Transformation	216
革新技術 - アリゾナ州立大学	technology, innovative: at Arizona State University	7-8, 100-103, 110-111
革新的大学（クリステンセン著）	Innovative University	11, 91
学生寮	dormitories	9, 15-16, 38, 49-53, 70, 92, 97, 126, 128, 139, 152, 155, 209, 228, 234, 242
学生ローン借金	student loan debt	11-12, 21, 27, 56-66, 67-68, 72-75, 95, 112, 218-219, 228, 251
学部生研究の全米大会	National Conference on Undergraduate Research	187
カッツ, ローレンスとクラウディア・ゴルディン『教育と技術のレース』	Katz, Lawrence and Goldin, Claudia :The Race Between Education and Technology	205
カペッリ, ピーター -『なぜ優秀な人材が職に就けないか』	Cappelli, Peter: Why Good People Can't Get Jobs	192
カリフォルニア州 - 高等教育マスタープラン	California: Master Plan for Higher Education	206
カレッジボード	College Board	58, 59, 62, 148, 149, 154, 182, 270
環境サステイナビリティ - ポートランド州立大学	environmental sustainability: Portland State University and	234
看護教育	nursing education	85-87
既学習経験 - コンピテンシーベースド教育	prior learning experience: in competencybased education	15, 143-144, 147-152, 249
キャリア教育協会（ACTE）	Association for Career and Technical Education	198
急速成長企業	Fast Company	145
教育イノベーション・サミット（2012）	Education Innovation Summit (2012)	7, 103, 151
教育, オープン	education, open	118-121
教育 - 協同教育プログラム	instruction: co-op programs in	220-221, 232-233

教育と技術のレース（カッツ、ゴルディン著）	Race Between Education and Technology, The (Katz and Goldin)	205
教育, リベラルアーツ	education, liberal arts	23, 151, 161-162, 181, 190, 191-195, 231, 236, 244
教員養成大学 - 大学への拡張	teachers colleges: overdeveloped as universities	32-33
協同教育プログラム（co-op プログラム）	cooperative-education program	220-221, 232-233
グーグル	Google	10, 21, 92, 99, 103, 114-115, 118, 178, 225
グーグル化の見えざる代償 ウェブ・書籍・知識・記憶の変容（ヴァイディアナサン著）	Googlization of Everything (and Why We Should Worry), The (Vaidhyanathan)	41
クラーク, ベン - 『冬のサーカス』	Clark, Ben: Circus in Winter	223
クロニクル・オブ・ハイヤー・エデュケーション紙	Chronicle of Higher Education	29, 62, 123, 126, 141, 150
経済不況（2008）- 大学への影響	recession (2008): effect on colleges	15, 79-81, 86
ゲイツ財団（ビル＆メリンダ）	Gates (Bill & Melinda) Foundation	109, 147, 152
研究 - 大学における政府助成	research: federal funding of in colleges and universities	30, 84, 174
健康科学 - 教育の信用保証	health sciences: educational credentials in	244-245
高等教育の将来に関する委員会	Commission on the Future of Higher Education	172
高等教育法（1965）	Higher Education Act (1965)	62
コネクト EDU	ConnectEDU	106-107, 214
コミュニティ・カレッジ	community colleges	6, 32, 38, 46, 69, 70, 85-87, 96, 135, 137, 139, 141, 150, 155, 157, 201, 206, 209, 224, 244-245
サウジアラビア - 高等教育	Saudi Arabia: higher education in	212

サスケハナ大学 - セントラル・カリキュラム	Susquehanna University: "central curriculum" at	236-237
ジェネラル・アセンブリー社	General Assembly	150-151
支援スタッフ	support staff	46
思考を教育する（シャンク著）	Teaching Minds (Schank)	182
市場の力 - 高等教育	market forces: higher education and	13, 40-42, 48
シャンク, ロジャー『思考を教育する』	Schank, Roger: Teaching Minds	182
就職状況 - 大学別	job placement: by colleges	193-195, 248-249
収入予測	earnings, projected	74
生涯賃金	earnings, lifetime	74, 153, 161, 163-165, 170, 180, 197, 248
奨学金 - 学資援助	grants: as financial aid	4, 34, 49, 57-59, 62, 64, 170, 209, 214, 219-220, 228-229
消費者としてみなされる学生	customers: students seen as	15, 20, 28, 36, 38, 40, 50, 52
情報技術 - 高等教育	information technology: and higher education	98, 103-104
所得格差	income inequality	12, 153, 161-163, 164, 165, 204-205
新アジア半球（マーピバニ, 著）	New Asian Hemisphere, The (Mahbubani)	90
人生経験（「既学習経験」を参照のこと）	"life experience." See prior learning experience	15, 143-144, 147-152, 200-201, 249
シンプソン・スカボロー社	SimpsonScarborough	48
信用保証	credentials	9, 18-36, 121
スキルシェア社	Skillshare	151
スクラントン大学 - 州外学生をリクルート	University of Scranton: recruits out-of-state students	89
スタートアップ DC	StartupDC	202
スターリングパートナーズ	Sterling Partners	83, 254
スタッフォード・ローン	Stafford loans	64

スタディ・アブロード	study abroad	185, 187-188, 229-230
ストレーター・ライン - オンライン学習	StraighterLine.com: and online learning	134-138
スマートラー社	Smarterer	9
成績インフレーション	grade inflation	37, 43
セントオラフ・カレッジ - 卒業生の就職	St. Olaf College: graduate job-placement at	194
セントメアリーズ・カレッジ - 睦月ターム・プログラム	St. Mary's College (California): "Jan Term" program	234-236
全米学生エンゲージメント調査（NSSE）	National Survey of Student Engagement	185, 236
ソクラティック・アーツ社	Socratic Arts	182
卒業の境界線（ボウエン著）	Crossing the Finish Line (Bowen)	169
大学アドミッション	college admissions	51-53, 104-108, 154, 166, 188, 201, 208, 248
大学学位	college degrees	10, 22, 74, 75, 94, 151, 153, 181, 197, 203-205, 214, 218
大学学習評価（CLA）	Collegiate Learning Assessment (CLA)	44, 45, 54, 250
大学からのドロップアウト	drop-outs of college	5-6, 96, 110, 112, 113, 121, 136, 152, 156, 167-169, 196, 200, 214, 218, 224
大学共同 IR プログラム	Cooperative Institutional Research Program	180
大学選択（「大学アドミッション」も参照のこと）	college selection. See also college admissions	57, 107, 154, 157, 165
大規模公開オンライン講座	massive open online courses (MOOCs)	10, 118, 215, 249
単位互換	credits, college: transfer of	124, 136-137, 149, 249
単位時間	credit hour	26, 142
地域再開発	community redevelopment	227-228, 233-234

中国の留学生	China: and foreign students in U.S.	88
中流階級 - 高等教育と成長	middle class: higher education and growth of	.................22, 198-199
ティーチ・フォー・アメリカ	Teach for America	.....................194, 203
ティーラー, リチャード・H、キャス・R・サンスティン『優しく促す：健康、富、幸せに関する決断を改善する』	Thaler, Richard H. and Cass R. Sunstein Nudge: Improving Decisions About Health, Wealth, and Happiness	 109
データマイニング	data-mining: in higher education	 103
テキサス州 - ロースクールを新設	Texas: opens new law schools	32
テキサス大学オースティン校 -「過去に反応する」プログラム	University of Texas at Austin: "Reacting to the Past" program	 242
デジタル・ネイティブ	"digital natives"	210-211
デラウェア大学 - 外国人学生	University of Delaware: foreign students at	88
デルタ・プロジェクト	Delta Project	45-46
都市部 - 高等教育の集中	urban areas: higher education concentrated in	203-204
徒弟制, 徒弟訓練	apprenticeships	.... 192, 198, 201
トマス・ジェファーソン科学技術高校	Thomas Jefferson High School for Science and Technology	....................202, 210
なぜ優秀な人材が職に就けないか（カペッリ著）	Why Good People Can't Get Jobs (Cappelli)	 192
ナビアンス	Naviance	........................106, 214
ニューアメリカ財団	New America Foundation	 149
ニューヨーク市 - 科学技術系大学の必要性	New York City: need for scienceengineering university in	.... 18, 225-226
ニューヨーク州 - 検事総長オフィス、学生ローン産業を調査	New York State: Attorney General investigates student-loan industry	68
ニューヨーク・タイムズ	New York Times	........19, 35, 52, 57-60, 63, 68, 116, 201

認証評価	accreditation	····27-28, 32, 136-137, 173, 250
認知的能力	cognitive abilities	············182-183, 190
ネットフリックス	Netflix	··············99-100, 109
ノースイースタン大学 - 実世界におけるインターンシップを支援	Northeastern University: sponsors realworld internships	··························232
バージニア大学 - 学長辞任の圧力	University of Virginia: president pressured to resign	·······················78-79
ハーバード・クリムゾン	Harvard Crimson	···························40
ハイ・コンセプト「新しいこと」を考え出す人の時代（ピンク著, 大前研一翻訳）	Whole New Mind, A (Pink)	··························189
ハリウッド、高校に行く（バルマン著）	Hollywood Goes to High School (Bulman)	··························235
ハリケーン・カタリーナ（2005）	Hurricane Katrina (2005)	·······················237-238
バルマン, ロバート『ハリウッド、高校に行く』	Bulman, Robert: Hollywood Goes to High School	··························235
ビジネスモデル	business models	···············92, 97, 207
ピュー研究所	Pew Research Center	·······95, 96, 205, 220
ビューポインツ研究所	Viewpoints Research Institute	··························189
ピンク, ダニエル・H『ハイ・コンセプト—「新しいこと」を考え出す人の時代』	Pink, Daniel H.: A Whole New Mind	··························189
フェイスブック	Facebook	·······8, 40, 75, 78, 99, 101, 108, 112, 127, 150, 152, 196, 210, 225, 242
復員軍人援助法	G.I. Bill	·····························61
冬のサーカス（クラーク作）	Circus in Winter (Clark)	··························223
フリークライミング用の壁	climbing walls	·······16, 47, 50, 54, 96
プロクター・アンド・ギャンブル（P&G）	Procter & Gamble	···············191-192
フロリダ州 - メディカルスクール新設	Florida: opens new medical schools	························30-31
米国教育協議会	American Council on Education (ACE)	·······91, 121, 172, 180, 249

米国 - 教育水準の低下	United States: declining education level in	·····················6, 169
米国大学協会（AAC&U）	Association of American Colleges and Universities	·························· 173
ペイパル	PayPal	························· 196
ベイン・アンド・カンパニー	Bain & Company	····10, 47, 83, 217, 254
ベネット, ウィリアム・J『授業料高騰』	Bennett, William J.: on tuition increases	·······················63
ペル奨学金	Pell Grants	·······················62, 209
ヘルス・アイオワ	Health Iowa	·················239-240
ボウエン, ウィリアム『卒業の境界線』	Bowen, William: Crossing the Finish Line	·························· 169
ボーモルのコスト病	Baumol's cost disease	························· 125
ボール州立大学 - 組込学習	Ball State University: "Immersive Learning" program	·················222-224
ホルウェイ社	Hallway	·························· 210
マービバニ, キッショア -『新アジア半球』	Mahbubani, Kishore: The New Asian Hemisphere	·······················90
マウント・ホルヨーク大学 - 外国人学生	Mount Holyoke College: foreign students at	·······················88
マッカーサー基金 - 教育の質保証	MacArthur Foundation: and educational credentials	·······················94
マニトバ大学 - オンライン学習	University of Manitoba: and online learning	·························· 118
マネーボール（ルイス著）	Moneyball (Lewis)	·························· 108
ミネソタ大学ロチェスター校 - メイヨー・クリニックとの提携	University of Minnesota at Rochester: partnership with Mayo Clinic	·················240-241
ミレニアル世代	"Millennials"	························· 39, 50
ムーディーズ・インベスターズ・サービス - 大学の債券を格下げ	Moody's Investors Service: downgrades college bond-ratings	······· 53, 83-84, 89-90
メイヨー・クリニック - ミネソタ大学との提携	Mayo Clinic: partnership with University of Minnesota	·················240-241
メジャー - 雇用者	college majors: employers and	········24, 87, 162, 167, 175-183, 190, 191-195, 231

メディカルスクール	medical schools	22, 29-31, 36, 67
優しく促す：健康、富、幸せに関する決断を改善する（ティーラー、サンスタイン著）	Nudge: Improving Decisions About Health, Wealth, and Happiness (Thaler and Sunstein)	109
ラーニング・カタリティクス	Learning Catalytics	103
リーマン・ブラザーズの破産 - 大学基金への影響	Lehman Brothers bankruptcy: effect on university endowments	79-81
リン大学 -「学習の対話」プログラム	Lynn University: "Dialogues of Learning" program	231-232
ルイジアナ州立大学 - バトン・ルージュ・キャンパス	Louisiana State University, Baton Rouge campus	37
ルイス, マイケル『マネーボール』	Lewis, Michael: Moneyball	108
ルミナ財団	Lumina Foundation for Education	173, 276
ロースクール	law schools	20, 22, 31-32, 36, 67, 70-71, 72-73, 84, 167, 188
ローリンズ・カレッジ - オンライン学習	Rollins College: and online learning	215
ローレンスビル・スクール	Lawrenceville School	165
ロジャーウィリアムズ大学 - 職業教育	Roger Williams University: voctional education at	199
AIR	American Institutes for Research	158
Coursera	Coursera	10, 119-121, 126, 221
edX- オンライン学習	edX: and online learning	119, 207
FastWeb.com	FastWeb.com	74
FinAid.org	FinAid.org	74, 220
IBM	IBM	172, 191, 192, 233
iTunesU	iTunesU	115, 117
Knewton	Knewton	100-103, 111
LinkedIn	LinkedIn	150

OJT（「徒弟制度」,「職業教育」を参照のこと）	training, on-the-job. See apprenticeships; vocational education	198, 201
PayScale.com- 卒業生の年収推計を公開	PayScale.com: reports projected graduate earnings	60, 159-160, 162
RateMyProfessors.com	RateMyProfessors.com	41, 184
TED カンファレンス	TED Conferences	115
Udacity	Udacity	10, 118, 120
US ニューズ＆ワールド・レポート - 大学ランキング	U.S. News & World Report: college rankings by	29-30, 35, 39, 58, 72-73, 160, 171-173
YouTube- オンライン学習	YouTube: and online learning	115, 150

大学索引

アイオワ大学 - キャンパス内アルバイト	University of Iowa: campus jobs at	238-240
アサバスカ大学	Athabasca University	100, 113
アマースト・カレッジ	Amherst College	164
アメリカン大学	American University	22, 24, 25, 52
アラバマ大学	University of Alabama	47, 82
アリゾナ州立大学	Arizona State University	126, 178, 208-210, 222
アリゾナ大学 - 州外学生	University of Arizona: out-of-state	89
イェール大学	Yale University	24, 151, 182
イサカ・カレッジ	Ithaca College	13
イスラエル工科大学	Israel Institute of Technology	226
インディアナ大学	Indiana University	51, 54, 184, 210
インド工科大学	Indian Institute of Technology	18
ヴァンダービルト大学	Vanderbilt University	176, 195
ウィリアムズ・カレッジ	Williams College	162
ウィルクス大学	Wilkes University	20
ウースター工科大学 - プロジェクトベースド・カリキュラム	Worcester Polytechnic Institute: projectbased curriculum at	246-247

ウースター大学	College of Wooster	186
ウェイクアーリー健康・科学カレッジ	Wake Early College of Health and Sciences	244-245
ウェイク・テクニカル・コミュニティ・カレッジ	Wake Technical Community College	85-87, 244
ウェイクフォレスト大学 - キャリア・カウンセリング	Wake Forest University: career counseling at	243-244
ウェスタンガバナーズ大学 - コンピテンシーベースド教育	Western Governors University: competency-based education at	143-147, 152
ウェストミンスター・カレッジ	Westminster College	20, 245-246
ウォレン・ウィルソン・カレッジ	Warren Wilson College	177
エクロン大学	University of Akron	170
エベレスト・カレッジ	Everest College	41
エンパイアステート・カレッジ - コンピテンシーベースド教育	Empire State College: competency-based education at	148
オースティン・ピー州立大学	Austin Peay State University	108, 109, 111
オーバーン大学	Auburn University	82, 139
オックスフォード大学	Oxford University	202
オハイオ北大学 - 学生ローン	Ohio Northern University: student-loans at	56-60
オハイオ州立大学	Ohio State University	88, 170
オハイオ大学	Ohio University	24, 205
オレゴン大学 - 州外学生	University of Oregon: out-of-state students at	89
カーネギーメロン大学	Carnegie Mellon University	14, 18, 124-126, 129, 250
ガウチャー大学 - スタディ・アブロード	Goucher College: promotes study abroad	229-230
革新技術 - アリゾナ州立大学	technology, innovative: at Arizona State University	7-8, 100-103, 110-111
カリフォルニア工科大学	California Institute of Technology	119
カリフォルニア州立大学ノースリッジ校	California State University at Northridge	51

カリフォルニア州立大学ロング ビーチ校	California State University at Long Beach	141
カリフォルニア大学デービス校	University of California at Davis	176
カリフォルニア大学バークレー 校	University of California at Berkeley	10, 30, 47, 79, 86
カリフォルニア大学ロサンゼル ス校（UCLA）	University of California at Los Angeles	30, 179
環境サステイナビリティ‐ポー トランド州立大学	environmental sustainability: Portland State University and	234
北テキサス大学	University of North Texas	10, 29, 32, 217
北バージニア・コミュニティ・ カレッジ	Northern Virginia Community College	135, 155-156
グランドキャニオン大学	Grand Canyon University	41
グリネル・カレッジ	Grinnell College	187
グレースランド大学	Graceland University	134
ゲッティスバーグ・カレッジ	Gettysburg College	51, 162, 165
コーネル大学	Cornell University	18, 197, 225, 226
コカー・カレッジ	Coker College	159
コルビー・カレッジ	Colby College	162, 171
コロラド州立大学	Colorado State University	166
コロラド大学	University of Colorado	116
コロンビア大学	Columbia University	139, 174, 183, 188
ティーチャーズ・カレッジ	Teachers College	21, 211
サヴァンナ芸術カレッジ	Savannah College of Art and Design	139, 160
サウスカロライナ大学	University of South Carolina	128
ザ・オーザークス大学	College of the Ozarks	177
サザン・ニューハンプシャー大 学	Southern New Hampshire University	21, 27, 68, 70, 145- 146, 178, 199, 222
サスケハナ大学‐セントラル・ カリキュラム	Susquehanna University: "central curriculum" at	236-237
サラ・ローレンス大学	Sarah Lawrence College	177
サンノゼ州立大学	San Jose State University	208
ジェファーソン健康科学大学	Jefferson College of Health Sciences	157
ジョージア工科大学	Georgia Institute of Technology	182, 189

ジョージア州立大学	Georgia State University	228
ジョージア大学	University of Georgia	255
ジョージタウン大学	Georgetown University	24, 73, 161, 175, 176, 178, 179, 184, 199
ジョージ・メーソン大学	George Mason University	49, 123, 157, 158
ジョージ・ワシントン大学	George Washington University	21, 33, 134-136
ジョンズ・ホプキンス大学	Johns Hopkins University	30, 84, 119, 191
スクラントン大学 - 州外学生を リクルート	University of Scranton: recruits out-of-state students	89
スタンフォード大学	Stanford University	11, 18, 114-118, 122, 164, 215
スティーブンス工科大学	Stevens Institute of Technology	28
ステッソン大学	Stetson University	114
ストレーヤー大学	Strayer University	135
セントオラフ・カレッジ - 卒業 生の就職	St. Olaf College: graduate job-placement at	194
セントクラウド州立大学	St. Cloud State University	32
セントジョーンズ・カレッジ	St. John's College	177
セントメアリーズ・カレッジ - 睦月ターム・プログラム	St. Mary's College (California): "Jan Term" program	234-236
セントラルフロリダ大学	University of Central Florida	31, 126, 128, 139-140, 178, 215, 222
セントラル・ミシガン大学	Central Michigan University	32
ダートマス大学	Dartmouth College	202
タフツ大学	Tufts University	130
テキサス A & M 大学	Texas A & M University	164
テキサス工科大学	Texas Tech University	29, 47
テキサス大学オースティン校	University of Texas at Austin	68, 110, 162
テキサス大学オースティン校 - 「過去に反応する」プログラ ム	University of Texas at Austin: "Reacting to the Past" program	242
デニソン大学	Denison University	165
デビッドソン・カレッジ	Davidson College	123, 194
デブライ大学	DeVry University	41

デューク大学	Duke University	⋯⋯ 79, 119, 167, 187-188
テュレーン大学	Tulane University	⋯⋯⋯⋯⋯⋯202, 237
デラウェア大学 - 外国人学生	University of Delaware: foreign students at	⋯⋯⋯⋯⋯⋯⋯⋯88
トリニティ・カレッジ	Trinity College	⋯⋯⋯⋯⋯⋯ 165
ドルー大学	Drew University	⋯⋯⋯⋯⋯⋯ 4, 83
ドレクセル大学	Drexel University	⋯ 51, 58, 63, 65, 227-228
トレド大学	University of Toledo	⋯⋯⋯⋯⋯⋯⋯60
トロント大学	University of Toronto	⋯⋯⋯⋯⋯⋯⋯18
西カロライナ大学	Western Carolina University	⋯⋯⋯⋯⋯ 32, 33
ニュースクール・オブ・建築＆デザイン	New School of Architecture and Design	⋯⋯⋯⋯⋯ 140
ニューメキシコ州立大学	New Mexico State University	⋯⋯⋯⋯⋯⋯30
ニューヨーク州立大学	State University of New York	⋯⋯⋯⋯⋯ 39, 148
ニューヨーク州立大学ストーニーブルック校	Stony Brook University	⋯⋯⋯⋯⋯⋯30
ニューヨーク市立大学	City University of New York	⋯⋯⋯⋯39, 96, 224
ニューヨーク法科大学院	New York Law School	⋯⋯⋯⋯⋯⋯72
ニョヨーク大学	New York University	⋯⋯⋯⋯33, 70, 72
ノースイースタン大学 - 実世界におけるインターンシップを支援	Northeastern University: sponsors realworld internships	⋯⋯⋯⋯⋯ 232
ノースカロライナ大学チャペルヒル校	University of North Carolina at Chapel Hill	⋯⋯47, 58, 62, 85, 171
ハーヴェイ・マッド・カレッジ	Harvey Mudd College	⋯⋯⋯⋯⋯ 160
バージニア工科大学	Virginia Polytechnic Institute (Virginia Tech)	⋯⋯⋯⋯⋯156, 157
バージニア州立大学	Virginia State University	⋯⋯⋯⋯⋯ 157
バージニア大学	University of Virginia	⋯⋯⋯ 30, 40, 86, 157
バージニア大学 - 学長辞任の圧力	University of Virginia: president pressured to resign	⋯⋯⋯⋯⋯78-79
バーナード・カレッジ	Barnard College	⋯⋯⋯⋯⋯⋯ 242

ハーバード大学	Harvard University	11, 12, 18, 24, 40, 43, 52, 72, 79, 91, 103, 119, 130, 136, 152, 164, 170, 201, 205, 207, 212
バーミンガム - サザン・カレッジ	Birmingham-Southern College	82
バーモント大学	University of Vermont	166, 168
ハイポイント大学	High Point University	53, 54
ハミルトン・カレッジ	Hamilton College	165, 191
バレンシア・カレッジ	Valencia College	138-139, 141, 178, 222
東ケンタッキー大学	Eastern Kentucky University	32, 43
ヒューストン大学	University of Houston	52
ビラノバ大学	Villanova University	63, 65
フェアリー・ディッキンソン大学	Fairleigh Dickinson University	4, 6
フェニックス大学	University of Phoenix	41, 129, 208
フォーダム大学	Fordham University	21, 41, 63, 66
ブラウン大学	Brown University	146, 171
フランクリン＆マーシャルカレッジ	Franklin & Marshall College	165-168, 178, 194, 222, 227
プリマス州立大学	Plymouth State University	166-168
プリンストン大学	Princeton University	5, 10, 24, 59, 118, 131, 159, 165, 169, 171
フロリダ A&M 大学	Florida A&M University	20
フロリダ国際大学	Florida International University	31
フロリダ州立大学	Florida State University	31, 126
フロリダ大学	University of Florida	126, 139, 140
フロリダ技工科大学	Florida Technological University	126
ペース大学	Pace University	242
ベネディクティン大学	Benedictine University	20
ペンシルバニア州立大学 (ペン・ステート)	Pennsylvania State University (Penn State)	163

ペンシルバニア大学	University of Pennsylvania	10, 75, 90, 113, 118, 151, 163, 192, 220-221, 227
ペンシルベニア州立インディアナ大学	Indiana University of Pennsylvania	51
ヘンドリクス・カレッジ	Hendrix College	52
ポートランド州立大学 - コミュニティ再開発	Portland State University: and community redevelopment	60, 233-234
ボーリング・グリーン州立大学	Bowling Green State University	60
ボール州立大学 - 組込学習	Ball State University: "Immersive Learning" program	222-224
ボストン大学	Boston University	22, 33, 47, 51
ホフストラ大学	Hofstra University	4, 63
ホリンズ大学	Hollins University	157
ボン大学	University of Bonn	119
マールボロ・カレッジ	Marlboro College	70
マウントサイナイ医科大学	Mount Sinai School of Medicine	189
マウント・ホルヨーク大学 - 外国人学生	Mount Holyork College: foreign students at	88
マサチューセッツ大学	University of Massachusetts	32
マニトバ大学 - オンライン学習	University of Manitoba: and online learning	118
ミシガン州立大学	Michigan State University	60, 207, 221
ミシガン大学	University of Michigan	10, 54, 86, 118, 139, 220
南ニューイングランド法科大学院	Southern New England School of Law	32
ミネソタ州立カレッジ＆大学システム	Minnesota State College and Universities System	129
ミネソタ大学ロチェスター校 - メイヨー・クリニックとの提携	University of Minnesota at Rochester: partnership with Mayo Clinic	240-241
メリーランド大学	University of Maryland	21
メンフィス大学	University of Memphis	51
モバリー・エリア・コミュニティ・カレッジ	Moberly Area Community College	200

モントクレア州立大学	Montclair State University	92
モントゴメリー・カレッジ	Montgomery College	135
ヤングスタウン州立大学	Youngstown State University	170
ユタ大学	University of Utah	30
ユティカ・カレッジ	Utica College	39
ユニオン・カレッジ	Union College	90
ヨーク・カレッジ・オブ・ペンシルベニア	York College of Pennsylvania	52
ラドフォード大学	Radford University	155-157
ラリタンバレー・コミュニティ・カレッジ	Raritan Valley Community College	6
リーハイ大学	Lehigh University	29
リッチモンド大学	University of Richmond	123, 157
リン大学 -「学習の対話」プログラム	Lynn University: "Dialogues of Learning" program	231-232
ルイジアナ州立大学	Louisiana State University	43
ルイジアナ州立大学 - バトン・ルージュ・キャンパス	Louisiana State University, Baton Rouge campus	37
レセル・カレッジ	Lasell College	23
ローズ・カレッジ	Rhodes College	123
ローリンズ・カレッジ - オンライン学習	Rollins College: and online learning	215
ロジャーウィリアムズ大学 - 職業教育	Roger Williams University: voctional education at	199
ロチェスター工科大学	Rochester Institute of Technology	58
ロチェスター大学	University of Rochester	19
ロヨラ・カレッジ（メリーランド州）	Loyola College (Maryland)	22
ロングアイランド大学	Long Island University	138
ロングビーチ・シティ・カレッジ	Long Beach City College	141-142
ワシントン・アンド・リー大学	Washington and Lee University	157
ワシントン大学	University of Washington	84, 119, 162
MIT	MIT	10, 115, 117, 118, 119, 159, 176, 207

人名索引

アームストロング, エリザベス	Armstrong, Elizabeth	54
アイガー, ボブ	Iger, Bob	23
アイスマン, エイミー	Eisman, Amy	25
アラム, リチャード	Arum, Richard	181-182
アラム, リチャードとジョシパ・ロクサ	Arum, Richard and Josipa Roksa:	45
アルトゥッシャー, ジェームズ	Altucher, James	196-197
アレンズ, ビル	Arends, Bill	200
アンガー, スタンフォード・J	Ungar, Sanford J.	229
アンジビーノ, ケーシー	Anzivinio, Kathy	52
アンダーソン, ショウニー	Anderson, Shawny	235
イートン, ランス	Eaton, Lance	42
イーブンベック, スコット・E	Evenbeck, Scott E.	224-225
イヤリー, フランク	Yeary, Frank	47
ヴァイディアナサン, シヴァ	Vaidhyanathan, Siva	40
ウィーウェル, ウィム	Wiewel, Wim	234
ウィンバリー, ロニー	Wimberley, Ronnie	187
ウェルチ, ジャック	Welch, Jack	23
ウェルマン, ジェイン	Wellman, Jane	45, 52
ウォード, デイビッド	Ward, David	172
ウォッターズ, アレン	Watters, Allen	139
ウルファーズ, ジャスティン	Wolfers, Justin	75, 113
エーレンバーグ, ロナルド	Ehrenberg, Ronald	174
エドマンズ, カレン	Edmunds, Cullen	165-169
エラスムス, デジデリウス	Erasmus, Desiderius	231
エルモア, ケネス	Elmore, Kenneth	51
オストロフ, ジム	Ostrow, Jim	23
オバマ大統領, バラク	Obama, Barack	46, 57, 95
オルムステッド, フレデリック・ロー	Olmsted, Frederick Law	50
カーヴァー, ラリー	Carver, Larry	242-243
カーター, ケリ	Carter, Kerri	246
カーネベル, アンソニー	Carnevale, Anthony	23, 24, 161-162, 199

カーマン, ルーシー	Kerman, Lucy	227
カーン, サルマン	Khan, Salman	91, 115, 119, 210
カーンズ, マーク	Carnes, Marc	242
ガスコイン, ジェシカ	Gascoigne, Jessica	241
カッツ, ローレンスとゴルディン, クラウディア	Katz, Lawrence and Goldin, Claudia	205
カッレイ, ジェフ	Kallay, Jeff	52
カペッリ, ピーター	Cappelli, Peter	192-193
カミンズ, リザ	Cummings, Lisa	244
カントロヴィッツ, マーク	Kantrowitz, Mark	74, 220
キルシュナー, アン	Kirschner, Ann	96
キンザー, ケビン	Kinser, Kevin	152
クイレン, キャロル・E	Quillen, Carol E.	194
クー, ジョージ	Kuh, George	184-185
クーパー, キャサリン	Cooper, Katherine	72
グズマン, エドガー	Guzman, Edgar	141
クックソン・ジュニア, ピーター	Cookson, Peter, Jr.	211
グッドウィン, レイコ	Goodwin, Reiko	41
クベイン, ニド	Qubein, Nido	53
クラーク, ベン	Clark, Ben	223
クライズ, ハイディ	Klise, Heidi	185-186
クリステンセン, クレイ	Christensen, Clay	10, 13, 91, 92, 146
グリフィス, ケルシー	Griffith, Kelsey	56-58, 60, 214
クルーガー, アラン	Kreuger, Alan	163-164
クロー, マイケル	Crow, Michael	8, 102, 210
クロフォード, ケイトリン	Crawford, Caitlyn	239
ケイ, アラン	Kay, Alan	189
ゲイツ, ビル	Gates, Bill	92-94, 150, 196
ケーパートン, ガストン	Caperton, Gaston	182
ケーリー, トム	Carey, Tom	155-157
ケデム, ケレン	Kedem, Karen	83
ケリー, ブライアン	Kelly, Brian	36
コーツ, デイビッド	Coates, David	106
ゴーラ, ジョー・アン・M	Gora, Jo Ann M.	222, 224
コール, ジョナサン	Cole, Jonathan	188

ゴールマン, ダニエル	Goleman, Daniel	190
コックス, グレッグ	Cox, Greg	231-232
コラー, ダフネ	Koller, Daphne	115, 119
コロナ, アレハンドラ	Corona, Alejandro	101
ザッカーバーグ, マーク	Zuckerberg, Mark	152, 196
サックス, タイラー	Sax, Tyler	175-176
サムズ, イアン	Samms, Ian	178
サリバン, テレサ	Sullivan, Teresa	78
シーメンス, ジョージ	Siemens, George	100, 113
シガンスキー, デイビッド	Cygansky, David	247
シャープ, レベッカ	Sharpe, Rebecca	246
ジャレット, ジョッシュ	Jarrett, Josh	152
シャンク, ロジャー	Schank, Roger	182-183
シュー, シェリル	Schuh, Sheryl	143, 144, 147
シュナイダー, マーク	Schneider, Mark	158, 168
シュマーダー, サム	Schmader, Sam	165-168
シュワルツ, ジェイク	Schwartz, Jake	151
ジョーンズ, フォンテッラ	Jones, Fontella	142
ジョブズ, スティーブ	Jobs, Steve	196
シリング, ハイデン	Schilling, Hayden	186
スカボロー, エリザベス	Scarborough, Elizabeth	48
スコット, ステフェン	Scott, Stephen	87
スターンズ, ピーター	Sterns, Peter	158
ストー, アリアナ	Stowe, Ariana	237
スパーリング, ジョン	Sperling, John	208
スペリングス, マーガレット	Spellings, Margaret	172-173
スミス, スコット	Smith, Scott	20
スミス, スティーブ	Smith, Steve	106
スミス, バーク	Smith, Burck	136, 137, 142, 151
スラン, セバスチャン	Thrun, Sebastian	10, 114-120, 122
セックストン, ジョン	Sexton, John	70
ソーバー, ケン	Sorber, Ken	144
ターコット, ベス	Turcotte, Beth	223
ターネイ, クリストファー	Turney, Christopher	233
ダンカン, アーン	Duncan, Arne	94

チャン, アンディー	Chan, Andy	243-244
ディーツ, サマンサ	Dietz, Samantha	3-5, 214
ティール, ピーター	Thiel, Peter	196
ティキ・バーバー	Tiki Barber	66
ディピエトロ, ルネ	DiPietro, Rene	178
テイラー, マーク	Taylor, Mark	183
ティル, カンダス	Thille, Candace	125
デイル, ステイシィ・バーグ	Dale, Stacy Berg	163, 164
デーモン, ウィリアム	Damon, William	180
デンニーン, ジェフ	Denneen, Jeff	83
デンリー, トリスタン	Denley, Tristan	108, 111
ドラガス, ヘレン	Dragas, Helen	78
ナタシャとマライヤ・ヴァン・ドレン	Van Doren, Natasha and Mariah	68-70
ノーヴィグ, ピーター	Norvig, Peter	10, 114-116, 122
バーダロ, ケイティ	Bardaro, Katie	160
バーフィールド, エヴァン	Burfield, Evan	202-203, 206, 210
バーンシュタイン, マイケル	Bernstein, Michael	237, 238
ハイメス, ホセ	Jaimes, Jose	140
パウエル, クレイグ	Powell, Craig	106
バコウ, ローレンス	Bacow, Lawrence	130
バック, ケイト	Buck, Kait	223
ハムペ, ステフェン	Hampe, Stephen	39
バルマン, ロバート	Bulman, Robert	235
パルミザノ, サミュエル	Palmisano, Samuel	191-192
ハンセン, セーラ	Hansen, Sarah	239
ハント, ジェームズ・B	Hunt, James B.	172
ピット, リチャード	Pitt, Richard	176, 195
ピンク, ダニエル・H	Pink, Daniel H.	189-190
ファリス, スー	Fallis, Sue	235
フィリップス, エリザベス	Phillips, Elizabeth	102, 111
フェレイラ, ホセ	Ferreira, Jose	100, 102
フックストラ, マイク	Hoekstra, Mike	164
フッテンロッハー, ダン	Huttenlocher, Dan	225-226
ブドロー, ドナルド	Boudreaux, Donald	123

フライ, ジョン	Fry, John	227
プライヤ, ジョン	Pryor, John	180
ブラウン, ジョン・シーリー	Brown, John Seely	211
ブラウン, ホセ	Brown, Jose	134-136, 138, 147
ブラック, ジェニファー	Black, Jennifer	126-128
ブラックマン, アマンダ	Brackman, Amanda	238
フラナガン, セーラ	Flanagan, Sarah	159
フリーモント - スミス, ジェニファー	Fremont-Smith, Jennifer	9
ブルームバーグ, マイケル	Bloomberg, Michael	18
ブルックス, デイビッド	Brooks, David	35
ブレイ, ジャネット	Bray, Janet	198
プレンスキー, マーク	Prensky, Marc	211
プロアノ - アマヤ, ステフェン	Proano-Amaya, Stephen	232
フロリダ, リチャード	Florida, Richard	204
ヘーゼル, リチャード	Hesel, Richard	154
ペーリス, デイヴィッド	Paris, David	173
ヘネシー, ジョン	Hennessy, John	18
ヘラー, ドン	Heller, Don	60
ベリー, ポール	Berry, Paul	178
ヘンダーソン, ブルース	Henderson, Bruce	32
ヘンドリックス, ローレン	Hendricks, Lauren	188
ボイデン, レイ	Boyden, Leih	230
ボウエン, ウィリアム	Bowen, William	131, 169, 170
ボウラー・トーマス	Bowler, Thomas	199
ボチョコ, スティーブン	Bochco, Steven	178
ホックスビー, キャロライン	Hoxby, Caroline	164
ボルコナイディナ, イネッサ	Volkonidina, Inessa	138
ポルターフィールド, ダン	Porterfield, Dan	194
ホンバーガー, ドミニク	Homberger, Dominique	37
マケラフ, ショーン	McElrath, Sean	210
マルダナド, ペドロ	Maldonado, Pedro	198-199
マワッキル, ザキヤ	Muwwakkil, Zakiya	20
マンパー, マイケル	Mumper, Michael	205
ミューア, デビッド	Muir, David	180-181

ミラー, ヘイリー	Miller, Haylie	239-240
メー, サリー	Mae, Sallie	141
モーゼス, カール	Moses, Carl	236-237
ラッキー, ロンダ・H	Luckey, Rhonda H.	51
ラフリー, A.G.	Lafley, A. G.	191-192
ラントクイスト, ダン	Lundquist, Dan	90
リチャード・ヴェッダー	Vedder, Richard	24
リッチ, アリソン	Rich, Allison	230
リトキー, デニス	Littky, Dennis	199
リンシャイト, エリー	Linscheid, Ellie	241
ルイス, デボラ	Louis, Deborah	43
ルコフ, ブライアン	Lukoff, Brian	103
ルジェーロ, チャック	Ruggiero, Chuck	200
ルッソ, マイク	Russo, Mike	147-149
ルニック, ティモシー	Renick, Timothy	228-229
ルブラン, ポール	LeBlanc, Paul	27, 68, 145-147
レイエス, タミー	Reyes, Tammy	231
レイティネン, エミー	Laitinen, Amy	149
レイモンド, ジョリア	Raymond, Jolia	238
レヴィン, ウォルター	Lewin, Walter	117
レジヤー, フィル	Regier, Phil	101-102
レムクール, ステフェン	Lehmkuhle, Stephen	240-241
ロバソン, ブルック	Roberson, Brooke	85
ロパット, デイビッド	Lopatto, David	187
ロマーノ, サム	Romano, Sam	114-118
ロンキン, ブルース	Ronkin, Bruce	232-233
ワイズマン, エリック・C	Wiseman, Eric C.	193
ワイマン, カール・E	Wieman, Carl E.	104
ング, アンドレリュー	Ng, Andrew	115-116, 119

著者紹介

ジェフリー・J・セリンゴは、クロニクル・オブ・ハイヤー・エデュケーション紙のエディタで、過去15年間多様な役割で働き、そのうち4年はトップ・エディターであった。全米の高等教育団体において頻繁に講演し、NPR、PBS、ABC、MSNBC、CBSを含む、地域や全米のラジオやテレビに定期的に出演する。高等教育とテクノロジーに関する記事はニューヨーク・タイムズ、ワシントンポスト、ハッフィングトンポストに掲載された。National Magazine Awards、Education Writers Association、Society of Professional Journalists、Associated Press において評価されている。教育政策に関わる独立したシンクタンクである Education Sector のシニア・フェローでもある。ノースカロライナ州の Wilmington Star News、The Arizona Republic、Ithaca Journal で働いたことがあり、US ニューズ＆ワールド・レポートでインターンをし、Best Colleges Guide の雑誌に関わった。イサカ・カレッジにおいてジャーナリズムの学士号、ジョンズ・ホプキンス大学にて行政学の修士号を得ている。妻の Heather Salko と二人の娘 Hadley と Rory とワシントン DC に居住している。

訳者紹介

船守 美穂（ふなもり　みほ）
東京大学理学部卒業。同大学大学院理学系研究科地球惑星物理学専攻修士課程修了。三菱総合研究所科学・技術ユニット、文部科学省大臣官房国際課国際協力政策室、政策研究大学院大学国際開発戦略研究センターを経て、東京大学本部にてインスティテューショナル・リサーチ担当特任准教授。同大学国際連携本部、評価支援室、教育企画室を経て、現在、国立情報学研究所情報社会相関研究系准教授。
東京大学本部において大学運営に関わり、世界の有力大学の動向や高等教育政策を広く触れた経験に基づき、高等教育の現代の動向に関心を有す。「大学の国際化」や「オンライン教育／協働学習」、「大学マネジメント／ IR」、「オープンサイエンス／学術情報流通」などのテーマで論考を執筆し発信している。

カレッジ（アン）バウンド──米国高等教育の現状と近未来のパノラマ

2018年8月30日　初版第1刷発行　　　　　　　　　〔検印省略〕

　著　者 © ジェフリー・J・セリンゴ　訳　者 © 船守美穂
　　　　　　　　　　　　　　＊定価はカバーに表示してあります。
　　　　　　　　発行者　下田勝司　印刷・製本　中央精版印刷

東京都文京区向丘 1-20-6　郵便振替 00110-6-37828　　　　　発行所
〒 113-0023　TEL 03-3818-5521（代）　FAX 03-3818-5514　　株式会社 東信堂
　　　　　　　Published by TOSHINDO PUBLISHING CO.,LTD.
　　　　　　　1-20-6, Mukougaoka, Bunkyo-ku, Tokyo, 113-0023, Japan
　　　　　　E-Mail: tk203444@fsinet.or.jp　http://www.toshindo-pub.com

---

ISBN978-4-7989-1500-5　C3037　　©2018 Funamori Miho

東信堂

- 転換期を読み解く——潮木守一時評・書評集　潮木守一　二七〇〇円
- 大学再生への具体像——大学とは何か【第二版】　潮木守一　二四〇〇円
- リベラル・アーツの源泉を訪ねて　絹川正吉　三二〇〇円
- 「大学の死」、そして復活　絹川正吉　二八〇〇円
- 大学教育の思想——学士課程教育のデザイン　絹川正吉　二八〇〇円
- 大学教育の在り方を問う　山田宣夫　二三〇〇円
- 北大 教養教育のすべて——エクセレンスの共有を目指して　小笠原正明編著　二四〇〇円
- 検証 国立大学法人化と大学の責任——その制定過程と大学自立への構想　田中弘允・佐藤博明・田原博人 著　三六〇〇円
- 国立大学職員の人事システム——管理職への昇進と能力開発　渡辺恵子　四二〇〇円
- 国立大学法人の形成　大崎仁　二六〇〇円
- 国立大学法人化の行方——自立と格差のはざまで　天野郁夫　二六〇〇円
- 教育と比較の眼　江原武一　三六〇〇円
- 大学は社会の希望か——大学改革の実態からその先を読む　江原武一　二六〇〇円
- 転換期日本の大学改革——アメリカとの比較　江原武一　三六〇〇円
- 大学戦略経営とマネジメント　新藤豊久　二五〇〇円
- 大学戦略経営の核心　杉本和弘・新藤豊久編著　三六〇〇円
- 戦略経営III 大学事例集　篠田道夫　三六〇〇円
- 戦略経営論　篠田道夫　三六〇〇円
- 大学戦略経営論　篠田道夫　三四〇〇円
- 中長期計画の実質化によるマネジメント改革　篠田道夫　三六〇〇円
- カレッジ（アン）バウンド——米国高等教育の現状と近未来のパノラマ　J・J・セリンゴ著／船守美穂訳　三四〇〇円
- 大学の財政と経営　丸山文裕　三三〇〇円
- 米国高等教育の拡大する個人寄付　福井文威　三六〇〇円
- 私立大学マネジメント　（社）私立大学連盟編　四七〇〇円
- 私立大学の経営と拡大・再編———九八〇年代後半以降の動態　両角亜希子　四三〇〇円
- 学長奮闘記——学長変われば大学変えられる　岩田年浩　二〇〇〇円
- 大学の発想転換——体験的イノベーション論二五年　坂本和一　二〇〇〇円
- 大学のカリキュラムマネジメント　中留武昭　三二〇〇円
- イギリス大学経営人材の養成　高野篤子　三三〇〇円
- アメリカ大学管理運営職の養成　高野篤子　二七〇〇円
- [新版] 大学事務職員のための高等教育システム論——より良い大学経営専門職となるために　山本眞一　一八〇〇円

〒113-0023　東京都文京区向丘 1-20-6　TEL 03-3818-5521　FAX03-3818-5514　振替 00110-6-37828
Email tk203444@fsinet.or.jp　URL:http://www.toshindo-pub.com/

※定価：表示価格（本体）＋税

東信堂

大学の自己変革とオートノミー —点検から創造へ	寺﨑昌男	二五〇〇円
大学教育の創造 —歴史・システム・カリキュラム	寺﨑昌男	二五〇〇円
大学教育の可能性 —教養教育・評価・実践	寺﨑昌男	二五〇〇円
大学は歴史の思想で変わる —FD・評価・私学	寺﨑昌男	二八〇〇円
大学改革 その先を読む	寺﨑昌男	二八〇〇円
大学自らの総合力 —理念とFD そしてSD	寺﨑昌男	一三〇〇円
大学自らの総合力II —大学再生への構想力	寺﨑昌男	二〇〇〇円
21世紀の大学：職員の希望とリテラシー	寺﨑昌男 立教学院職員研究会編著	二四〇〇円
ミッション・スクールと戦争 —立教学院のディレンマ	老川慶喜 前田一男編著	二五〇〇円
一貫連携英語教育をどう構築するか —『道具』としての英語観を超えて	鳥飼玖美子編著	五八〇〇円
英語の一貫教育へ向けて	立教学院英語教育研究会編	一八〇〇円
大学評価の体系化	大学基準協会編	三二〇〇円
高等教育の質とその評価 —日本と世界	山田礼子編著	二八〇〇円
アウトカムに基づく大学教育の質保証 —チューニングとアセスメントにみる世界の動向	深堀聰子	三六〇〇円
高等教育質保証の国際比較	杉本和弘 羽田貴史 米澤彰純編	三六〇〇円
学士課程教育の質保証へむけて —学生調査と初年次教育からみえてきたもの	山田礼子	三三〇〇円
新自由主義大学改革 —国際機関と各国の動向	細井克彦編集代表	三八〇〇円
新興国家の世界大学戦略	米澤彰純監訳	四八〇〇円
東京帝国大学の真実	舘昭	四六〇〇円
日本近代大学形成の検証と洞察	舘昭	二〇〇〇円
原理・原則を踏まえた大学改革を —場当たり策からの脱却こそグローバル化の条件	大島英幸	二八〇〇円
学生支援のGPの実践と新しい学びのかたち —学生支援に求められる条件	清野多司人	二八〇〇円
アカデミック・アドバイジング その専門性と実践 —日本の大学へのアメリカの示唆	清水栄子	二四〇〇円

〒113-0023　東京都文京区向丘1-20-6　TEL 03-3818-5521　FAX03-3818-5514　振替 00110-6-37828　Email tk203444@fsinet.or.jp　URL:http://www.toshindo-pub.com/

※定価：表示価格（本体）＋税

東信堂

アクティブラーニング型授業の基本形と生徒の身体性　溝上慎一　一〇〇〇円

アクティブラーニングと教授学習パラダイムの転換　溝上慎一　二四〇〇円

グローバル社会における日本の大学教育
―全国大学調査からみえてきた現状と課題　河合塾編著　三八〇〇円

大学のアクティブラーニング　河合塾編著　二〇〇〇円

「学び」の質を保証するアクティブラーニング
―3年間の全国大学調査から　河合塾編著　三二〇〇円

「深い学び」につながるアクティブラーニング
―全国大学の学科調査報告とカリキュラム設計の課題　河合塾編著　二八〇〇円

アクティブ・ラーニングでなぜ学生が成長するのか
―経済系・工学系の全国大学調査からみえてきたこと　河合塾編著　二八〇〇円

附属新潟中式「3つの重点」を生かした確かな学びを促す授業
―教科独自の眼鏡を育むことが「主体的・対話的で深い学びの鍵となる!　新潟大学教育学部附属新潟中学校　編著　二〇〇〇円

主体的・対話的で深い学びの環境とICT
―アクティブ・ラーニングによる資質・能力の育成　久保田賢一・今野貴之編著　二三〇〇円

ICEモデルで拓く主体的な学び
―成長を促すフレームワークの実践　柞磨昭孝著　二〇〇〇円

児童の教育と支援――学びをみつめる　塚原塚磨編著　二〇〇〇円

ICEモデルで拓く主体的な学び
―成長を促すフレームワークの実践　土持ゲーリー法一　二五〇〇円

社会に通用する持続可能なアクティブラーニング
―ICEモデルが大学と社会をつなぐ　土持ゲーリー法一　二〇〇〇円

ポートフォリオが日本の大学を変える
―ティーチング/ラーニング/アカデミック・ポートフォリオの活用　土持ゲーリー法一　二五〇〇円

ティーチング・ポートフォリオ――授業改善の秘訣　土持ゲーリー法一　二〇〇〇円

ラーニング・ポートフォリオ――学習改善の秘訣　土持ゲーリー法一　二五〇〇円

「主体的学び」につなげる評価と学習方法
―カナダで実践されるICEモデル　S・ヤング&R・ウィルソン著　土持ゲーリー法一監訳　一〇〇〇円

主体的学び　創刊号　主体的学び研究所編　一八〇〇円

主体的学び　2号　主体的学び研究所編　一六〇〇円

主体的学び　3号　主体的学び研究所編　一六〇〇円

主体的学び　4号　主体的学び研究所編　二〇〇〇円

主体的学び　5号　主体的学び研究所編　一八〇〇円

主体的学び　別冊　高大接続改革　主体的学び研究所編　一八〇〇円

〒113-0023　東京都文京区向丘1-20-6　TEL 03-3818-5521　FAX03-3818-5514　振替 00110-6-37828
Email tk203444@fsinet.or.jp　URL:http://www.toshindo-pub.com/

※定価：表示価格（本体）＋税

東信堂

ネオリベラル期教育の思想と構造
—書き換えられた教育の原理　福田誠治　六二〇〇円

アメリカ公立学校の社会史
—コモンスクールからNCLB法まで　W・J・リース著　小川佳万・浅沼茂監訳　四六〇〇円

現代学力テスト批判
—実態調査・思想・認識論からのアプローチ　北野秋男・下司晶・小笠原喜康編　二七〇〇円

ポストドクター
—若手研究者養成の現状と課題　北野秋男　三六〇〇円

日本のティーチング・アシスタント制度
—大学教育の改善と人的資源の活用　北野秋男著　二八〇〇円

現代アメリカの教育アセスメント行政の展開
—マサチューセッツ州（MCASテスト）を中心に　北野秋男編　四八〇〇円

アメリカ公民教育におけるサービス・ラーニング　唐木清志　四六〇〇円

【増補版】現代アメリカにおける学力形成論の展開
—スタンダードに基づくカリキュラムの設計　石井英真　四六〇〇円

ハーバード・プロジェクト・ゼロの芸術認知理論とその実践
—内なる知性とクリエティビティを育むハワード・ガードナーの教育戦略　池内慈朗　六五〇〇円

アメリカにおける学校認証評価の現代的展開　浜田博文編著　二八〇〇円

アメリカにおける多文化的歴史カリキュラム　桐谷正信　三六〇〇円

現代教育制度改革への提言　上・下　日本教育制度学会編　各二八〇〇円

日本の教育をどうデザインするか　日本教育制度学会編　二八〇〇円

現代日本の教育課題
—二一世紀の方向性を探る　関西教育行政学会編　二五〇〇円

日本の教育制度と教育行政（英語版）　村田翼夫・上田学編著　三八〇〇円

バイリンガルテキスト現代日本の教育　村田翼夫・岩槻知也編著　二八〇〇円

社会形成力育成カリキュラムの研究　西村公孝　六五〇〇円

社会科は「不確実性」で活性化する
—未来を開くコミュニケーション型授業の提案　吉永潤　二四〇〇円

アメリカ教育研究28号　アメリカ教育学会編　二〇〇〇円

〒113-0023　東京都文京区向丘 1·20·6　TEL 03·3818·5521　FAX03·3818·5514　振替 00110·6·37828
Email tk203444@fsinet.or.jp　URL·http://www.toshindo-pub.com/

※定価：表示価格（本体）＋税

東信堂

- 放送大学に学んで —未来を拓く学びの軌跡　放送大学中国・四国ブロック学習センター編　二〇〇〇円
- ソーシャルキャピタルと生涯学習　J・フィールド／矢野裕俊監訳　二五〇〇円
- NPOの公共性と生涯学習のガバナンス　高橋満　二八〇〇円
- コミュニティワークの教育的実践　高橋満　二〇〇〇円
- 学級規模と指導方法の社会学　山崎博敏　二二〇〇円
- 高等専修学校における適応と進路 —後期中等教育のセーフティネット ⊠実態と教育効果　伊藤秀樹　四六〇〇円
- 「夢追い」型進路形成の功罪 —高校改革の社会学　荒川葉　二八〇〇円
- 進路形成に対する「在り方生き方指導」の功罪 —高校進路指導の社会学　望月由起　三六〇〇円
- 教育から職業へのトランジション —若者の就労と進路職業選択の社会学　山内乾史編著　二六〇〇円
- 教育と不平等の社会理論 —再生産論をこえて　中西啓喜　二四〇〇円
- 学力格差拡大の社会学的研究 —小中学生への追跡的学力調査結果が示すもの　小内透　三三〇〇円
- マナーと作法の社会学　加野芳正編著　二四〇〇円
- マナーと作法の人間学　矢野智司編著　二〇〇〇円

〈シリーズ 日本の教育を問いなおす〉

- 拡大する社会格差に挑む教育　西村和雄・大森不二雄／倉元直樹・木村拓也編　二四〇〇円
- 混迷する評価の時代 —教育評価を根底から問う
- 教育における評価とモラル　西村和雄・大森不二雄／倉元直樹・木村拓也編　二四〇〇円

《大転換期と教育社会構造：地域社会変革の学習社会論的考察》　戸村和雄之編

- 第1巻 教育社会史 —日本とイタリアと　小林甫　七八〇〇円
- 第2巻 現代的教養I —生活者と生涯学習の地域的展開　小林甫　六八〇〇円
- 第3巻 現代的教養II —技術者と生涯学習の展望　小林甫　六八〇〇円
- 第3巻 学習力変革 —地域自治と社会構築　小林甫　近刊
- 第4巻 社会共生力 —東アジアと成人学習　小林甫　近刊

〒113-0023　東京都文京区向丘1-20-6
TEL 03-3818-5521　FAX03-3818-5514　振替 00110-6-37828
Email tk203444@fsinet.or.jp　URL・http://www.toshindo-pub.com/

※定価：表示価格（本体）＋税